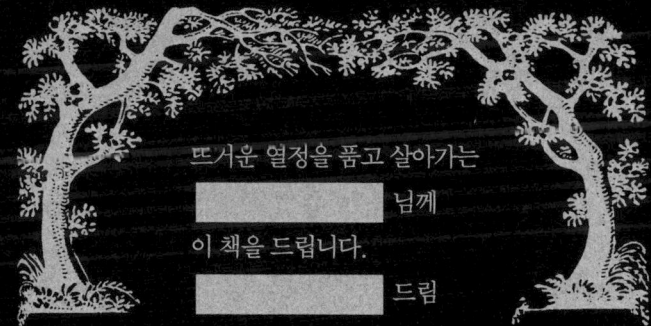

뜨거운 열정을 품고 살아가는

　　　　　　　님께

이 책을 드립니다.

　　　　　　　드림

워렌 버핏처럼 부자되고 반기문처럼 성공하라

어떻게 하면 잘 살 수 있을지를 고민하고,
지금 하는 일을 사랑하라.

contemplate how to live well and love what you do

- 워렌 버핏 -

워렌 버핏처럼 부자되고

The Rich & Success

반기문처럼 성공하라

서정명 지음

무한

| 블루칩 인간형 테스트 |

워렌 버핏 회장이 강조하는 부(富)의 습관과 반기문 총장이 보여주는 성공 원칙을 우리는 얼마큼 실천하며 살아가고 있는 것일까.

우리 시대 최고의 멘토들이 매일 평범한 삶을 살아가는 우리들에게 가르쳐 주는 삶의 교훈을 다음과 같은 40개의 질문으로 구성했다. 각 항목별로 '예(YES)'와 '아니오(NO)' 중 하나로 답하고 '예'로 답한 개수가 몇 개인지 체크하기 바란다.
그 결과에 따라 여러분은 블루칩(Blue chip) 인간, 오디세이(Odyssey) 인간, 시지푸스(Sisyphus) 인간, 레몬형(Lemon) 인간 등으로 분류되고, 이를 통해 앞으로 어떠한 습관의 변화와 사고의 전환이 필요한지 자신을 되돌아보게 될 것이다.
과연 나는 어떤 인간형으로 오늘을 살아가고 있는 것일까. 테스트에 들어가보자. 당신이 '예'라고 말한 답변은 모두 몇 개인가.

1. 말을 하기보다는 경청하는 쪽이다. ☐
2. 상사의 지시가 있으면 변명하지 않고 일단 '해보겠다'고 말한다. ☐
3. 2주일에 한 권 이상의 책을 읽는다. ☐
4. 출퇴근길에 외국어 공부를 하거나 책을 읽는 등 자기계발을 한다. ☐
5. 직장에서의 월급 이외에 가욋일로 돈을 번다. ☐
6. 직장생활 이외에 인생역전을 꾀할 만한 도전이나 시도를 하고 있다. ☐
7. 나를 비판하는 사람을 멀리하기보다는 나의 친구로 만든다. ☐
8. 말보다는 행동을 중시한다. ☐
9. 내 인생의 멘토(스승)가 이미 설정되어 있다. ☐
10. 20세 이전에 이미 나만의 재테크 방법을 터득했다. ☐
11. 평소에는 조용하다가 이길 승산이 있으면 공격적으로 변한다. ☐
12. 어린 자녀들에게 주식투자를 권하고 싶다. ☐
13. 상대방이 위압적으로 나오더라도 용기 있게 맞대응한다. ☐
14. 무대 공포증을 타개하기 위해 별도의 노력을 한 적이 있다. ☐
15. 노래방에서 애창하는 노래를 2~3개는 준비하고 있다. ☐
16. 서로 믿으며 평생을 함께할 친구가 있다. ☐
17. 주말에는 회사일보다 가족이 더 중요하다. ☐
18. 남들에게 소심하기보다는 대담하다는 말을 자주 듣는다. ☐
19. 신문의 재테크 기사에 관심이 많다. ☐
20. 인생의 단계별로 시나리오가 세워져 있다. ☐
21. 성공을 약속하는 새로운 전략 세우기를 좋아한다. ☐
22. 부모 대의 가난은 내가 깨트릴 수 있다고 생각한다. ☐
23. 월급의 절반 이상은 저축하거나 금융상품에 가입한다. ☐
24. 불리한 상황이 전개될 것 같으면 나의 존재를 부각시킨다. ☐
25. 서점가에서 현재 어떤 책이 베스트셀러로 팔리고 있는지 체크한다. ☐

26. 유머나 대화의 기술을 높이기 위해 노력하고 있다. ☐
27. 인생을 살면서 남들에게 거의 돈을 빌린 적이 없다. ☐
28. '당신은 신용이 좋다'는 말을 자주 듣는다. ☐
29. 매일 자신의 삶이 개선되고 있다고 느낀다. ☐
30. 부자가 되어도 분수에 넘치는 생활은 하지 않을 것이다. ☐
31. 남과 말다툼하면 져주는 편이다. ☐
32. 나의 외모가 시원치 않지만 개의치 않는다. ☐
33. 소식이 뜸한 친구들에게 내가 먼저 안부 전화를 하는 편이다. ☐
34. 회사를 퇴근한 뒤에는 재테크나 자기계발 노력을 한다. ☐
35. 잠자리에 들기 전에 내일 아침이 기다려지며 가슴이 설렌다. ☐
36. 임기응변 처세술이 뛰어나다고 생각한다. ☐
37. 회의시간에 대화는 내가 주도한다. ☐
38. 지하철 자리가 비면 대부분 양보한다. ☐
39. 100원짜리 동전은 저금통에 넣어 나중에 목돈이 되도록 한다. ☐
40. 남들과 마주쳤을 때 먼저 인사를 건네는 건 나다. ☐

레몬(깡통) 인간 | 1~10개

　레몬은 겉으로 보기에는 색깔도 아름답고 향기롭지만, 막상 먹으려고 하면 맛이 너무 셔서 뱉어버리게 된다. 미국에서는 쓸모가 없어 폐기처분해야 되는 물건이나 형편없는 인물을 '레몬(Lemon)'이라고 부른다. 자신을 변화시키려는 노력을 게을리하고, 인생을 대충대충 살아가려고 하기 때문에 주위에서 냉대와 버림을 받는 인간형이다. 인생을 마감하고 눈을 감을 때 패배자의 눈물을 흘릴 사람들이다.

　삶을 진지하게 되돌아보고 습관의 작은 변화부터 시도해야 한다. 자신을 변화시키려는 1%의 노력이 평생을 좌우한다는 사실을 명심하고, 당장 실천에 옮겨야 한다. 피를 토하는 노력을 기울이지 않는다면 평생 패배자의 굴레를 벗어나지 못하는 스타일이다.

시지푸스 인간 | 11~20개

　시지푸스는 고대 그리스 신화에 나오는 인물로 죄를 지어 큰 돌을 산꼭대기로 밀어 올리는 벌을 받았다. 하지만 정상에 돌을 올려놓으면 둥근 돌은 다시 밑으로 굴러내려갔고 시지푸스는 처음부터 다시 돌을 정상에 올렸다. 그가 하는 일은 온종일, 아니 평생 언덕을 오르내리며 돌을 굴리는 일뿐이었다. 시지푸스는 '오늘의 나'에 만족하는 인물로 '내일의 나'를 생각하지 않는 스타일이다. 다람쥐 쳇바퀴 돌듯 하루하루 살아가기에 바쁜 인물이다.

　변화와 도전을 싫어하고 현실에 안주하는 사람들이 이에 속한다. 서서히 데워지는 냄비 속에서 환경의 변화를 감지하지 못하고 죽어가는 개구리가 바로 시지푸스 스타일이다.

오디세이 인간 | 21~30개

호메로스가 기원전 8세기 무렵에 지은 고대 그리스의 장편 서사시에 나오는 인물로 트로이 원정에 성공한 영웅이다. 그리스 군대는 트로이와 전쟁을 치를 때 처음에는 패배의 쓴잔을 마셨다. 하지만 오디세이는 트로이에 선물을 바친다는 명목으로 대형 목마(木馬)를 만들고, 여기에 그리스 군대를 몰래 숨겨 하룻밤 만에 트로이를 함락시킨다. '부정의 나'를 '긍정의 나'로 변화시킨 인물이 오디세이다.

오늘이 힘들고 고달프더라도 나의 노력 여하에 따라 내일의 삶을 변화시킬 수 있다는 확신을 가지고 있다. 시대의 변화에 맞춰 자신을 계발하고 자신의 능력을 배가시키려고 노력한다. '부와 성공에 이르는 길'의 초입(初入)에 들어선 인물이다. 도전하고자 하는 열정과 변화를 두려워하지 않는 용기를 가지고 있기 때문에 승리의 개선문을 통과할 가능성이 크다.

블루칩 인간 | 31~40개

주식시장에서 재무구조가 튼튼하고 경기변동에 강한 대형 우량주를 '블루칩'이라고 한다. 세계 금융의 중심지인 미국 뉴욕의 월가(Wall Street)는 원래 유명한 소(牛)시장으로 정기적인 황소품평회가 열렸다. 품평회에서 가장 좋은 품종으로 뽑힌 소에게 파란색 천을 둘러주었는데, 이는 후에 월가의 강세장을 상징하는 심벌로 우량주(블루칩)라는 뜻을 내포하게 되었다.

블루칩 인간은 '베스트 오브 베스트(Best of Best)'를 지향한다. 우리 시대 최고의 멘토인 워렌 버핏 회장과 반기문 총장이 오늘을 사는 우리들에게 주문하는 인간형이 블루칩 인간이다. 시대 변화를 따라가기보다는 시대 변화를 예상해 먼저 대응하고, 실패에 굴하지 않는 도전정신으로 오늘보다 나은 미래를 위해 자기계발에 힘쓴다. 블루칩 인간의 그림자 속에는 부와 성공이 숨어 있다.

CONTENTS

워렌 버핏 편

1장 부자 비결

1. 작은 돈을 아껴야 큰돈을 번다 / 절약 **014**
2. 조기 경제교육이 평생의 부를 결정한다 / 경제교육 **024**
3. 우리 집은 가난하다고 변명하지 마라 / 가난 **033**
4. 아빠, 저 주식투자를 하고 싶어요 / 투자 **041**
5. 책과 신문 속에 부(富)가 있다 / 독서 **050**
6. 본받고 싶은 성공모델을 찾아라 / 멘토 **061**
7. 부(富)는 알리는 것이 아니라 감추는 것이다 / 검소 **068**

2장 생활 습관

8. 돈보다 중요한 것은 청렴과 신용이다 / 청렴 **080**
9. 시간 부자가 진짜 부자다 / 시간관리 **090**
10. 정직하게 번 돈은 세상에서 가장 아름답다 / 정직 **100**
11. 고기를 잡으려면 물에 들어가야 한다 / 용기 **107**
12. 많이 버는 것보다 잘 쓰는 것이 더 중요하다 / 베품 **116**
13. 남에게 관대하고, 자신에게 엄격하라 / 자기 관리 **126**
14. 실패는 절망이 아니라 포기할 때 온다 / 끈기 **134**

3장 처세술

15. 한국과의 깊은 인연 / 인연 146
16. 인생 최고의 투자는 친구다 / 친구 152
17. 자신의 일을 즐기면 돈은 따라온다 / 일과 직업 160
18. 남과 다른 자신만의 원칙을 세워라 / 원칙 167
19. 젊음이 가장 큰 자산이다 / 젊음 175
20. 은혜 입은 일은 대리석에 새겨라 / 보답 180

반기문 총장 편

4장 인간 관계

21. 인생 최고의 지혜는 친절이다 / 친절 186
22. 나를 비판하는 사람을 친구로 만들어라 / 포용 193
23. 베푸는 것이 얻는 것이다 / 배려 199
24. 유머감각은 큰 자산이다 / 유머 204
25. 진실한 대화로 승리하는 법을 배워라 / 설득 220
26. 여러분의 친구는 누구입니까 / 인간관계 227
27. 세계 역사를 바꿀 수 있는 리더십을 배워라 / 리더십 234

5장 자기계발

28. 1등이 되어라. 2등은 패배다 / 최선 **244**
29. 세계는 멀티 플레이어를 원한다 / 멀티 플레이어 **250**
30. 직업은 일찍 결정하라 / 직업 **257**
31. 실력이 있어야 행운도 따른다 / 실력 **266**
32. 잠들어 있는 도전 DNA를 깨워라 / 도전 **272**
33. 자신부터 변화하라 / 자기 개혁 **279**
34. 여러분의 가치는 얼마입니까 / 자기 가치 **285**

6장 성공 습관

35. 벙어리처럼 침묵하고 임금처럼 말하라 / 경청 **294**
36. 자기를 낮추는 지혜를 배워라 / 겸손 **304**
37. 자신의 생각이 옳다면 굽히지 마라 / 소신 **311**
38. 자신이 누구인지 알려라 / 긍지 **319**
39. 헛된 이름을 쫓지 마라 / 절제 **326**
40. 지금 잠을 자면 꿈을 꾸지만 공부하면 꿈을 이룬다 / 공부 **332**
41. 근면한 사람에게 '정지' 란 없다 / 근면 **339**

Warren Edward Buffett
The rich & secret

1장 부자 비결

01 작은 돈을 아껴야 **큰돈을 번다**

절약

> 가지고 싶은 것은 사지 마라. 꼭 필요한 것만 사라.
> 작은 지출을 삼가라. 작은 구멍이 거대한 배를 침몰시킨다.
>
> ─벤저민 프랭클린

지난 2007년 5월, 나는 워렌 버핏 회장을 만나 인터뷰를 했다. 버핏 회장이 경영하는 버크셔 해서웨이의 주주총회에 참석했을 때인데, 버크셔 해서웨이 주주들이 3만 명 이상 모였다. 독자들도 잘 알다시피 버크셔 해서웨이의 주식가격은 2011년 1월 기준 1주당 12만 달러로 우리 돈으로 1억 5,000만 원에 달한다. 한국을 대표하는 삼성전자의 주식가격이 1주당 90만 원대인 것을 감안하면 버크셔 해서웨이 주식이 얼마나 비싼지 알 수 있다.

버크셔 해서웨이의 주주총회에 참석하는 주주들은 주식을 최소 1주 이상은 가지고 있는 부자들이다. 10주만 가지고 있어도 재산은 15억 원에 달한다. 그들은 버핏 회장과 마찬가지로 갑부들이다.

"저는 버크셔 해서웨이 주식 50주를 가지고 있어요. 우리 부부는 현재 직장생활을 은퇴하고 세상 여기저기를 여행하면서 시간을 보내고 있어요. 여기 모인 버크셔 해서웨이 주주들은 모두 부자라는 동료의식을 가지고 있다는 것을 많이 느낍니다."

미국 동부의 남단 플로리다에서 비행기로 4시간을 날아왔다는 제임스 할아버지가 아내의 손을 꼭 잡고 나에게 말했다. 70세를 훌쩍 넘긴 제임스 할아버지는 할머니와 함께 세상을 돌아다니며 여행을 하는 것이 삶의 기쁨이자 즐거움이라고 자랑스럽게 말했다.

"젊은이, 오늘 주주총회가 끝나면 주주들을 위한 조촐한 파티가 있을 거예요. 나는 매년 여기에 오기 때문에 행사 일정을 잘 알고 있어요. 당신이 세계적인 부자들이 어떻게 생각하고 행동하는지 알고 싶다면, 꼭 파티장에 가보기를 권해요. 나도 오늘 저녁에 파티장에 갈 거예요."

버핏 회장의 짠돌이 후예들

나는 제임스 할아버지에게 좋은 정보를 알려 주어서 고맙다는 인사를 건넸다. 주주총회가 끝나고 행사장에서 차로 20분가량 떨어진 곳에서 주주들을 위한 파티가 조촐하게 열렸다. 시계바늘은 저녁 6시를 넘어가고 있었고, 사방에는 어둠이 조금씩 찾아오기 시작했다.

제임스 할아버지의 조언도 있고, 세계에서 몰려든 부자들은 어떻게 생활하는지 궁금하기도 해서 파티에 참석했다.

파티장 주변에 들어서자 200미터는 족히 넘을 정도로 사람들이 긴 줄을 서 있었다. 그야말로 장사진을 이룬 긴 줄 사이에 제임스 할아버지와 할머니가 함께 있는 것이 눈에 띄었다. 나는 할아버지에게 물었다.

"날씨도 추운데 왜 사람들이 이렇게 긴 줄을 서 있는 거예요?"

"여기 있는 사람들은 모두 버크셔 해서웨이의 주주들이에요. 부자들이란 말이지요. 버크셔 해서웨이 주주들을 위해 햄버거를 2달러에 팔고 있는데, 여기 있는 사람들은 2달러로 저녁식사를 해결하려고 줄을 서 있는 사람들입니다. 다른 식당에 가면 햄버거가 8달러를 넘는데 여기서는 2달러밖에 안하거든요."

"그럼, 햄버거 하나 먹으려고 30분 이상 줄을 선다는 겁니까?"

"물론 버크셔 해서웨이 주주총회에 찾아왔다는 상징적인 의미가 있기 때문에 애써 햄버거를 먹으려는 점도 있을 거예요. 하지만 이들은 남부럽지 않은 부자들이지만 쓸데없는 데는 작은 돈도 허투루 낭비하지 않아요. 자세히 보세요. 부모들과 함께 온 어린 자녀들이 많이 있을 거예요. 이들 부모는 자녀들에게 어떻게 돈을 써야 하는지 산교육을 시키고 있다고 보면 됩니다."

나는 세계에서 모인 부자들이 2,000원짜리 햄버거 하나 먹으려고 찬바람을 맞아가면서 30분 이상 긴 줄을 기다리는 것을 보고 혀를 내둘렀다. 나도 햄버거를 먹어보려고 줄을 섰지만 주위도 어둑어둑해지고, 날씨도 춥고 해서 주위의 레스토랑으로 발걸음을 옮기고 말았다.

레스토랑으로 향하는 도중에 몇 번이나 뒤를 돌아다보니까 자기 차례를 기다리는 줄은 더욱 길어져 있었다.

"과연 워렌 버핏의 후예들이구만."

레스토랑으로 향하면서 나는 혼자말로 중얼거렸다.

진정한 부자는 돈을 꼭 써야 할 때는 아끼지 않고 사용하지만, 돈을 아낄 수 있을 때에는 10원도 낭비하지 않는다는 것을 버핏의 추종자들을 통해 확인할 수 있었다. 작은 돈을 아껴야 큰돈을 벌 수 있다는 것을 부자들은 알고 있는 것이다. 버핏 회장도 그렇고, 버크셔 해서웨이 주주들도 그러했다. 버핏 회장과 그의 추종자들은 인생에서 패배하지 않고 승리하는 삶을 살기 위해서는 무엇보다 절약하는 정신을 바탕에 깔고 있어야 한다는 것을 보여준다.

절약은 습관이다

혹시 '라테 밀리어네어'라고 들어 본 적이 있는가?

나는 뉴욕 퀸즈Queens의 롱아일랜드시티Long Island City에 위치한 사무실에서 일을 했었다. 이 동네에는 점심시간이 되면 유난히 손님들로 북적거리는 곳이 있는데, 큰 도로변에 위치한 던킨 도넛과 바로 옆에 있는 로또복권 판매점이 그곳이다.

점심식사를 끝낸 직장인들이 입가심을 하기 위해 던킨 도넛에 우르르 몰려든다. 여름에는 냉커피, 겨울에는 따뜻한 커피라테가 단연 인기다. 여기에 도넛 하나도 보태진다. 이래저래 4~5달러, 우리 돈으로 5,000원이 지갑에서 나간다. 직장인들은 점심식사를 끝내고 사무실로 다시 돌아가는 길에 복권 판매점에 들러 메가밀리언 복권 3장을 3달러에 산다. 또 담배를 피우는 직장인이라면 말보로 담배를 7달러에 산다. 어림잡아 계산해보니 14달러가 짧은 점심시간에 직장인들의 주머니에서 빠져나간다.

미국은 간식의 천국이다. 점심시간에 뉴욕 맨해튼에 나가면 커피체인점인 스타벅스와 이탈리아 피자체인점인 스바루, 던킨 도넛, 버거킹, 서브웨이 등은 사람들로 장사진을 이룬다. 미국을 '뚱보'의 나라라고 부르는 데는 다 그만한 이유가 있다.

스타벅스가 미국인의 기호식품인 커피 가격을 지속적으로 올리며 비싼 가격에 팔고 있지만, 손님들은 가격에 아랑곳하지 않고 기꺼이 지갑을 연다.

미국은 또 복권의 천국이다. 미국에서 고속도로를 달리다 보면 로또 당첨금이 8,000만 달러[800억 원]라는 광고를 쉽게 볼 수 있고, 대형 상업건물의 전광판에는 복권구매를 권유하는 광고물이 덕지덕지 붙어있다.

매주 수천만 달러의 당첨금이 걸려 있는 뉴욕의 메가밀리언 복권은 한국의 복권시스템과 비슷하다. 자기가 번호를 선택할 수도 있고, 기계가 자동적으로 번호를 찍어내는 것도 있다. 6개의 숫자를 모두 맞춰야 한다. 이외에 뉴욕은 다양한 형태의 복권을 판매하고 있으며, 일간 신문들은 매주 5~6개나 되는 서로 다른 복권당첨 번호를 싣고 있다.

내 집 갖는 것이 꿈인 서민들은 주택 로또에 열을 올린다. 최근에는 150~200달러를 투자해 100만 달러대의 근사한 주택을 장만할 수 있는 로또가 인기를 끌고 있다.

하지만 자세히 살펴보면 복권을 사는 사람들은 대부분 서민들이다. 부자들이 복권을 구매하는 경우는 흔치 않다. 돈이 많아 복권을 살 필요가 없어서인지, 아니면 부자들은 쓸데없는 데 돈을 낭비하지 않아서 그런지 알 수 없지만 복권의 주요 수요층은 일반 서민들이다.

뉴욕의 일반 사람들은 커피 한 잔에, 복권 한 장에, 담배 한 갑에 무의식적으로 돈을 쓴다. 이는 한국도 마찬가지다. 강남의 사무실 밀집지역이나 여의도 금융가를 돌아보면 점심식사를 끝내고 스타벅스 커피점으로 향하거나, 담배 가게로 향하는 직장인들을 쉽게 찾아볼 수 있다. 커피 한 잔 가격이 점심식사 가격보다도 비싼데도 말이다.

라테 밀리어네어가 되어라

세계 금융의 중심지인 뉴욕 월가에서 '투자의 귀재'라고 불리는 데이비드 바크는 강연회나 TV에서 '쓸데없는 곳에 돈을 쓰지 않는 것이 부자 되는 지름길'이라고 강조한다.

그는 '라테 밀리어네어'가 되라고 주문한다. 불필요한 커피 한 잔 안 마시고 돈을 저축하면 나중에 큰돈을 벌 수 있다는 것이다.

스타벅스에서 가장 많이 팔리는 '커피라테 Latte'에 빗대어 지어낸 말이다. 앞에서도 언급한 것처럼 많은 직장인들이 스타벅스에 들러 커피 한 잔을 마시고 이것저것 군것질을 더해 하루 1만 원은 족히 소비한다.

담배와 복권 사는 비용을 포함하면 금액은 더 늘어난다. 데이비드 바

버핏 회장은 작은 돈을 아껴야 큰 부자가 될 수 있다고 말한다. 스타벅스 커피 한 잔을 아끼면 라테 밀리어네어가 될 수 있다.

크는 쓰지 않아도 되는 돈 10달러를 한 해 동안 아끼면 2,000달러를 모을 수 있고, 22살의 직장인이 11% 이자로 이 돈을 저축한다면 은퇴할 무렵에는 200만 달러의 부자가 될 수 있다고 말한다.

미국 뉴욕에는 다양한 부류의 밀리어네어Millionaire, 부자가 있다. 휴렛패커드HP, 마이크로소프트MS, 구글 등 대기업의 CEO가 되거나 임원이 돼 주식 스톡옵션을 받는 '옵셔네어Optionaire'가 있다. 이들은 연봉과 스톡옵션을 합해 수천만 달러의 돈을 퇴직금으로 챙긴다.

또 톡톡 튀는 아이디어와 전문 기술로 벤처기업을 창업하고 기업을 주식시장에 공개해 젊은 나이에 부자가 되는 '스니커 밀리어네어'가 있다. 이들은 자유분방한 사고로 운동화스니커에 청바지를 입고 밤을 새워가며 연구개발에 몰두한다고 해서 이런 이름이 붙었다.

또 하룻밤 좋은 꿈으로 수천만 달러의 복권에 당첨되는 '인스턴트 밀리어네어'가 있다. 조상이 나타나 복권 당첨번호를 알려주거나 돼지꿈을 꿔서 부자가 된 케이스로 우리말로 굳이 풀이하자면 '벼락부자'이다.

평범한 사람들이 옵셔네어가 되거나, 스니커 밀리어네어가 되거나, 인스턴트 밀리어네어가 될 가능성은 거의 없다. 돈을 모으겠다는 뚜렷한 목표 없이 살아가는 한 부자가 될 가능성은 희박하다.

하지만 데이비드 바크가 얘기한 라테 밀리어네어는 100% 부자가 되는 것을 보장해 주는 방법이다. 큰 부자는 되지 못하더라도 자신이 얼마나 절약하는 삶을 사느냐에 따라 작은 부자는 될 수 있는 지름길이다.

다만 사람들은 작은 돈이 모여서 큰돈이 된다는 동서고금의 진리를 외면하거나, '현실을 즐기고 보자'라는 타성에 젖어 부자의 길을 지나쳐 가고 있을 뿐이다.

메이시Macys, 백화점, 월바움Wallbaum, 대형 매장, 서킷시티Circuit City, 전자제품 매장, 스테이플Staple, 사무용품, 토이저러스ToysRus, 장난감 등 미국 매장에 들어서면 신문에서 오렸거나, 해당 회사가 보낸 쿠폰을 들고 물건을 사는 소비자들을 쉽게 찾아볼 수 있다.

뒷사람이 줄을 서 있건 없건 아랑곳하지 않고, 제대로 할인받았는지 일일이 계산서 항목을 챙기는 사람들을 볼 때면 짜증이 나기도 한다. 하지만 이들이야말로 라테 밀리어네어의 철학을 실천하고 있는 사람들이다. '아껴야 잘산다'는 상식을 지키는 것이야말로 부자가 되는 지름길이라는 것을 미국 부자들은 보여주고 있다. 그들은 '돈을 지키려면 돈을 벌 때보다 열 배 이상의 노력을 기울여야 한다'는 로스차일드 가문의 가훈을 실천하고 있는 것이다.

버핏 회장의 '절약' 이야기를 하고 있으니까 작은 노력이 쌓여야지 좋은 결과를 얻을 수 있다는 우공이산愚公移山 이야기가 떠오른다.

호랑이가 담배 피던 오랜 옛날, 중국 태행산과 왕옥산이라는 두 산 사이에 90세가 넘은 우공愚公이라는 노인이 살고 있었다. 우공은 큰 산이 집 앞을 가로막아 먼 길을 돌아다녀야 하는 불편이 있자 자식들과 의논해 두 산을 깎아 곧은길을 내고 흙은 삽으로 퍼서 바다에 버리기로 했다. 산을 깎는 것도 힘든 일이지만 바다까지 왕복하는 데도 오랜 시간이 걸렸다.

이를 옆에서 지켜본 옆집의 지수라는 사람이 "죽을 날도 얼마 남지 않은 노인이 괜한 고생을 사서 한다"며 우공을 비웃었다.

"비록 내가 죽어도 자식이 있으니 자식이 손자를 낳고 손자가 또 자식을 낳으면 자자손손 끝이 없으나, 산은 더 이상 높아지지 않으니 어찌 어려운 일이라고 할 수 있겠소."

뚝뚝 떨어지는 땀방울을 손으로 닦으며 우공이 말했다.

지수는 이해할 수 없다는 표정을 지었다. 그런데 우공 노인의 말을 들은 산신령은 정말로 산이 없어질까 두려워 하늘에 있는 옥황상제에게 이 같은 사실을 아뢰었다. 옥황상제는 한바탕 껄껄 웃더니 우공의 노력과 의지에 감탄해 산을 다른 곳으로 옮겨주었다고 한다. '우공이산愚公移山' 이야기다. 아무리 힘든 일이라도 의지를 가지고 끈기 있게 노력하면 결국에는 이루어낼 수 있다는 얘기이다.

　부자가 되는 과정도 똑같다. 별안간 하늘에서 돈뭉치가 떨어지거나 로또 복권에 당첨되는 것은 거의 불가능하다. 익지도 않은 감이 나무에서 떨어지기를 기다리며 입을 벌리고 있는 것과 마찬가지이다. 100원짜리 동전이 모여 1,000원짜리 지폐가 되고, 1만 원 지폐가 모이면 10만 원 수표가 되고, 100만 원이 모여서 1,000만 원이 된다. 100원짜리 동전을 업신여기는 사람은 결코 큰 부자가 될 수 없다. 부자가 되더라도 돈을 아끼는 습관이 몸에 배어 있지 않기 때문에 곧 가난뱅이로 되돌아오게 된다.

　세계 최고의 부자인 버핏 회장이 10년 이상 중고차를 직접 몰고 다니는 것이나, 버크셔 해서웨이 주주들이 30분 이상 기다려 2,000원짜리 햄버거 하나 먹는 것처럼 그들은 쓸데없는 데는 돈을 쓰지 않는 사람들이다.

02 조기 경제교육이 **평생의 부를 결정한다**

세 살 버릇이 여든을 가듯
조기 경제교육이 평생의 부를 좌우할 수 있다.
돈은 어른이 되어서 버는 것이 아니라 어려서 배우는 것이다.

-워렌 버핏

　미국 네브래스카 주 오마하 Omaha 마을은 매년 5월초만 되면 '축제의 향연'으로 변한다. 워렌 버핏 회장이 운영하는 버크셔 해서웨이 회사의 주주총회가 있기 때문이다.
　버크셔 해서웨이는 투자 회사다. 세계적으로 유명한 코카콜라,「워싱턴포스트 The Washington Post」신문, 질레트 면도기 등 글로벌 기업에 투자해 수익을 올린다. 기업들은 매년 회사가 어떻게 장사를 했고 얼마의 이익을 올렸는지 회사 주인인 주주들에게 알려주는 자리를 마련하는데 이것이 주주총회다.
　3일 동안 열리는 주주총회는 한국 투자자를 포함해 일본, 독일, 영국, 프랑스, 남미 등 해외에서 장시간 비행기를 타고 올 정도로 큰 인기를 끈다. 보통 주주총회라고 하면 어려운 회계용어를 사용해가며 딱딱하게 진행되는 경우가 많은데 버크셔 해서웨이 주주총회는 남녀노소가 모두 행사를 즐기면서 진행된다는 점에 큰 차이가 있다. 그래서 세상 사람들은 버크셔 해서웨이 주주총회를 '자본주의의 우드스탁Woodstock, 음악축제' 이라고 부른다.

새벽 5시에 줄 선 사람들

2007년 5월 5일은 새벽부터 봄비가 부슬부슬 내렸다. 출입문을 여는 시간은 아침 7시이지만 조금이라도 버핏 회장을 가까운 거리에서 보기 위해 전날 저녁부터 줄을 서며 밤샘을 한 '열성팬'도 있었다.

5시 30분 이른 새벽에 주주총회가 열리는 퀘스트센터Quest Center 대강당에 도착해보니 우산을 받쳐 든 주주들이 300미터 이상 긴 줄을 서며 장사진을 이루고 있었다. 마치 유명 연예인의 음악공연을 보기 위해 환호성을 지르며 줄을 서 있는 어린 소녀들의 모습을 보는 듯 했다.

긴 줄을 파헤치고 앞으로 나아가 제일 먼저 도착한 사람을 만날 수 있었다. 그는 자기를 미국 유타 주 파크시티에서 온 제리 브루네티로 나이는 40대 중반이라고 소개했다.

"어제 저녁 8시부터 이곳에 줄을 섰어요. 버핏 회장을 직접 보고 그의 말을 듣는다는 설레임에 피곤한 줄 모르겠어요. 어떻게 그가 세계적인 부자가 되었는지 알고 싶어요."

버핏 회장의 경제교육 가르침을 받기 위해 새벽 5시부터 비를 맞으며 줄을 서 있는 사람들. 버핏 회장이 경영하는 버크셔 해서웨이 주주총회(기업설명회)는 경제교육의 장(場)이다.

드디어 7시. 출입문이 열리자 '버핏의 추종자'들은 본회의장으로 쏜살같이 달려들었다. 마치 금맥을 찾아 서부로 몰려든 황야의 무법자들처럼. 둥근 원형 천정으로 둘러싸인 회의장은 마치 잠실야구장을 연상시켰다.

나는 맨 위층에 위치한 기자실에서 9시 30분부터 오후 3시까지 5시간 이상 진행된 버핏 회장과 주주들의 질문과 대답을 귀를 쫑긋 세워가며 경청했다.

여러분은 기업의 주주총회라고 하면 양복을 입고 넥타이를 맨 CEO와 주주들이 어려운 경제용어를 사용하면서 매우 딱딱하고 재미없게 진행될 것이라고 생각할 것이다. 하지만 버크셔 해서웨이 주주총회는 이와 정반대이다. 버핏 회장이 워낙 낙천적이고 밝은 성격을 가지고 있는데다 재치와 유머감각도 뛰어나 주주총회를 유머스럽게, 또는 코믹하게 만들어 놓았다. 본 행사에 앞서 버크셔 해서웨이와 버핏 회장을 소개하는 영상물이 커다란 스크린에 상영되었다.

뒤뚱뒤뚱 걷는 버핏 회장이 2미터가 넘는 키다리 NBA 농구선수와 농구경기를 하는 모습, 버핏 회장이 농구코트에 돈을 떨어뜨리고 NBA 농구선수가 돈을 줍는 순간 버핏 회장이 상대편 코트로 달려가 골을 넣는 우스꽝스러운 장면, 만화로 버크셔 해서웨이를 소개하는 영화 등 버핏 회장은 매우 다양하고 다채롭게 주주총회를 준비했다. 이윽고 회장과 찰리 멍고 부회장이 안내 마이크를 통해 소개되자 대강당은 갈채와 환호성이 터져 나왔고, 여기저기서 카메라 플래시가 번쩍이기 시작했다. 버핏 회장과 멍고 부회장은 손을 번쩍 들어 고맙다는 답례를 했고, 연단 중앙에 가로로 기다랗게 놓인 군청색 테이블에 앉았다.

1년에 한번 견우와 직녀가 은하수 오작교에서 극적으로 만나는 것처럼 세계 최고의 부자와 주주들은 이렇게 첫 만남을 가졌던 것이다.

버핏 회장은 주주들에게 톱 연예인이자 우상이었다. 버핏 회장은 특유의 유머감각과 재치로 주주들과의 대화를 이끌어 나갔으며, 세계 경제와 금융시장 전반에 대한 질문이 나올 때에는 날카로운 분석과 통찰력으로 주주들의 궁금증을 풀어주었다.

돈은 어른이 되어서 버는 것이 아니라
어려서 배우는 것이다

질의응답 시간이 반쯤 지났을 무렵, 어린 소녀가 장내 마이크 앞으로 다가가 버핏 회장에게 질문을 던졌다. 앳된 목소리가 장내에 울려 퍼지자 사방은 일순간 조용해졌다.

글로벌 경제 및 환율, 금융상품, 서브프라임^{비우량 주택담보대출}사태, 파생상품 등 딱딱한 질문 일색이었던 질의응답 시간에 어린 소녀의 낭랑한 목소리가 울려 퍼지자 모두들 꼬마 아이가 무슨 말을 할까 호기심 어린 눈으로 바라보았다.

"저는 미국 켄터키 주에서 부모님과 함께 왔어요. 올해 10살이에요. 버핏 할아버지, 어떻게 하면 할아버지처럼 큰 부자가 될 수 있나요? 좀 가르쳐 주세요."

장내에 웃음이 터져 나왔다. 꼬마 아이가 무슨 말을 할까 숨을 죽였던 어른들은 꼬마 아이의 당돌한 질문에 일제히 박수를 치며 웃음보를 터뜨렸다.

버핏 회장도 그의 트레이드마크인 검은 테 안경을 쓸어 올리며 얼굴에 미소를 지어보였다. 꽤나 재미있는 질문이라는 표정이었다. 버핏 회장이 책상 위에 놓인 마이크를 앞으로 끌어당기며 답을 했다.

"어릴 때부터 돈 버는 데 관심을 가지는 게 좋아요. 고등학생 때부터는 다른 사람들이 가지고 있는 돈을 어떻게 하면 나에게로 오게 할 수 있을까 궁리를 해야 합니다. 지금은 어리니까 부모님과 돈을 벌 수 있는 방법에 대해 꾸준히 상의해 보세요."

버핏 회장의 대답은 짤막했지만 돈에 대한 그의 생각이 응축되어 있었다. 버핏 회장의 오른쪽 옆 자리에서 두 사람의 대화를 묵묵히 듣고 있던 멍고 부회장도 "다른 사람들이 자신을 믿게 행동해야 해요"라며 거들고 나섰다.

세계 최고 부자인 버핏 회장은 "돈은 어른이 되어서 버는 것이 아니라 어릴 때부터 관심을 가져야 한다"며 결국 돈을 버는 것은 어릴 때부터의 습관이라고 강조했다.

버핏 회장은 소녀의 질문에 "공부나 열심히 하세요" "어릴 때부터 돈을 밝혀서는 안돼요" "먼저 좋은대학에 들어가세요" "대기업에 들어가면 돈을 벌 수 있어요" 등 한국 부모들이 해줄 법한 대답을 전혀 하지 않았다. 오히려 정반대로 답변을 한 것이다.

버핏 회장의 답변을 듣고 있자니 자꾸만 한국 부모와 자녀들의 경제교육 현실이 눈앞에 아른거렸다. 찬바람이 부는 새벽에 학교에 나가 밤하늘 별을 보고 집에 들어오고, 공부 이외에 딴 생각을 하는 것은 사치에 불과한 것이 한국 학생들의 현실이다.

금융과 투자교육을 받거나 자기 손으로 돈을 모을 궁리를 하는 것은 상상도 할 수 없고, 영어단어 하나, 수학공식 하나를 더 외우려고 갖은 애를 쓴다. 아이들의 관심은 어떻게 해서든지 내신 성적을 올리고 시험성적을 한 단계 올리는데 맞추어져 있다. 19살까지 한국 자녀들은 그렇게 화려한(?) 학창시절을 보내고 젊음을 불태운다.

대학에 들어가서도 사정은 마찬가지다. 1년간은 공부에서 해방된 기뿜을 누리지만 그것도 잠시, 취업준비를 시작해야 한다. 대기업에 취업하는 것이 일차적인 목표이고, 나만의 방식으로 돈을 벌어보겠다는 생각을 가지는 것은 몇몇 특이한 학생들의 돌출행동으로 여겨진다.

한국 사회에서 젊은이들이 돈을 버는 것은 풍차를 향해 칼날을 세우고 돌진하는 돈키호테처럼 인식되고 있는 것이 엄연한 현실이다. 사회가 그런 것이 아니라 할아버지와 할머니로부터 '공부만 잘하면 돈을 번다'는 세뇌교육을 받아온 우리 부모님들의 생각이 아이들에게 강요되고 있는 것이다.

서울의 유명대학을 졸업하고 해외유학까지 마치고 한국에 돌아왔지만 직장을 구하지 못해 백수 신세로 허송세월만 보내고 있는 젊은이들의 일그러진 자화상과 신세 한탄이 신문지면과 방송TV를 장식하고 있다.

물론 인생에서 '공부'는 중요하다. 열심히 학문을 닦고 자신이 세운 목표를 향해 자기 자신을 계발하는 것은 더없이 귀하고 소중한 일이다. 하지만 80살 평생을 살아가는 우리의 인생에는 하나의 길만 놓여 있는 것이 아니다.

일곱 가지 색깔이 어우러져 아름다운 무지개를 만들듯 재능과 자질도 다르다. 개개인이 잘하고 재미있어 하는 분야를 계발하고 자질을 키우는 것이 중요한 것이지 다른 사람들의 길을 그대로 따라갈 필요는 없다.

경제와 금융, 돈에 대한 관심도 마찬가지이다. 남들이 외면하면 할수록 더 큰 기회가 우리들에게 주어지는 것이다.

나의 친구들 중에는 유명대학을 졸업하고 변호사가 되기 위해 사법고시를 준비하는 친구와 고등학교까지만 졸업하고 사업을 하는 친구가 있다.

변호사를 꿈꾸는 친구는 대학을 졸업하고 10년 이상 사법시험에 매달리고 있지만 번번이 낙방의 고배를 마셨다. 지금은 실패와 좌절, 의욕상실에 하루하루를 괴로워하고 있다. 반면 고등학교까지만 졸업한 친구는 자신의 적성에 맞게 일찌감치 장사와 비즈니스 감각을 익혀 지금은 대형 빌딩을 가지고 있을 정도로 동네에서 알아주는 부자가 되었다.

비그서 해서웨이 주주총회에 온 것을 환영하는 알림판

마흔을 넘긴 두 친구의 모습을 비교해 보면 자신의 능력을 어떻게 계발하고, 어떠한 삶을 살아야 하는지 답을 찾을 수 있을 것 같다. 인생은 결코 외다리 나무를 건너야 하는 시합이 아니다.

한국의 부모와 청소년들도 가능하면 빨리 경제상식과 투자에 관심을 기울여야 한다. 빠르면 빠를수록 좋고, 부모와 자녀가 함께 투자공부를 하는 것은 더욱 바람직하다.

고대 그리스의 철학자 프로타고라스도 "교육에는 천성과 함께 훈련이 필요하다. 사람은 어렸을 때, 젊었을 때부터 배우기를 시작해야 한다"고 설파하지 않았는가.

아이들이 좀 더 경제와 투자에 친숙해질 수 있도록 부모들이 먼저 자녀들 곁으로 다가가서 도와주어야 한다. 영어 단어 하나, 수학공식 한 개보다 더욱 중요한 것은 자녀들에게 돈에 대한 관념을 심어주는 것이다. 물론 돈이 인생에 전부는 아니다. 하지만 풍족하고 여유로운 일생을 보장하는 데 가장 큰 힘이 되는 것이 부富이다. 오죽하면 '곳간에서 인심난다'는 옛말이 있겠는가.

서른 살을 넘긴 나이에 회사에 취직해 돈을 모으는 것이 아니라 어릴 때부터 항상 돈을 모으고 불릴 수 있는 방법을 고민하도록 해야 한다. 버핏 회장이 부자가 되고자 열망하는 한국 사람들에게 그렇게 주문하고 있다.

03

우리 집은 가난하다고 **변명하지 마라**

가난

가난은 결코 불명예나 치욕으로 여길 것이 아니다.
문제는 그 가난의 원인이다.
나태, 아집, 어리석음 이 세 가지 중 하나가 가난의 결과라면
그 가난은 진실로 수치로 여겨야 할 것이다.
-「플루타르크 영웅전」

워렌 버핏은 1930년 8월 30일 미국 중서부에 있는 네브래스카 주의 오마하라는 작은 마을에서 태어났다. 제대로 된 큰 빌딩 하나 없는 시골 마을이었다. 워렌 버핏은 아버지 하워드 버핏과 어머니 라일라 사이에서 누나인 도리스에 이어 두 번째로 세상에 나왔다.

버핏이 태어나고 몇 년 후 여동생 로버타가 태어나 버핏 가족은 부모님과 누나, 여동생 이렇게 모두 5명이 되었다.

오마하 서쪽에는 미주리 강이 남북으로 흐르고 있으며, '오마하'는 '강의 상류에 사는 사람들'이라는 뜻을 가지고 있다고 한다. 지금은 워렌 버핏이 회장으로 있는 버크셔 해서웨이 같은 세계적인 기업이 들어설 정도로 중소도시로 발전했지만, 1930년대만 하더라도 농축산물 거래를

생업으로 하는 사람들이 대부분이었다.

  1930년은 미국 경제에서 가장 불행하고 가난한 시절이었다. 1929년의 '경제 대공황 Great Depression'이 이어진 때였다. 경기 불황이 이어지면서 직장을 잃고 길거리에서 식량을 구걸하는 걸인들이 속출했고, 가정을 꾸릴 수 없어 자살하는 사람들이 잇따랐다. 미국 노동자의 30%가량이 직장을 잃고 실업자 신세로 전락했을 정도였다. 1950년 한국전쟁을 겪은 한국의 경제 사정과 별반 차이가 없었다고 보면 된다. 버핏은 미국 국민들의 살림살이가 가장 힘들었을 때 세상에 나왔던 것이다.

신문 배달부가「워싱턴포스트」의 주인이 되다

  세계 금융의 중심지인 뉴욕 월스트리트 Wall Street에서 촉발된 금융위기가 미국 전체로 확산되면서 농업 중심의 시골마을 오마하도 직격탄을 맞았다. 일자리를 잃은 마을 사람들은 새로운 직장을 찾아 다른 마을로 옮겨가야 했고, 남은 사람들은 하루하루 생계를 이어가기도 힘든 나날을 보냈다.

  워렌 버핏의 집도 사정은 마찬가지였다. 워렌 버핏의 아버지인 하워드 버핏은 당시 증권사 브로커로 일하고 있었다. 주식시장이 연일 폭락하고 증권사들이 사람들을 해고하면서 버핏의 아버지도 직장에서 쫓겨나고 말았다.

  워렌 버핏의 돌잔치를 1주일 정도 남겨 놓고 일어난 일이었다. 결국

아버지의 실직으로 가난을 경험했던 버핏 회장은 낙담하지 않고 언제나 낙천적으로 생각했다. 버핏 회장이 주주들 앞에서 연주하고 있다.

어린 버핏이 1살쯤 되었을 때 아버지는 실업자가 되고 말았다. 아버지는 새 직장을 찾아 백방으로 뛰어다녔지만 허사로 끝나고 말았고, 운이 좋아 임시 직장을 구한다고 하더라도 수입은 가정을 꾸리기에는 턱없이 부족했다. 워렌 버핏의 인생 첫출발은 가난과 빈곤의 연속이었다.

워렌 버핏이 세계적인 부자가 된 지금, 사치를 멀리하고 절약하는 습관을 몸에 지니고 있는 것은 아마 어린 시절의 가난이 큰 작용을 했을 것으로 보인다.

어려운 가정환경에서 학교생활을 시작한 어린 버핏은 신문배달을 했다. 부모님에게 용돈을 달라고 손을 벌리는 것은 사치라고 생각했다. 온 동네가 잠들어 있는 이른 새벽 버핏은 일찍 일어나 신문을 돌렸다. 추웠지만 입김으로 두 손을 불어가면서 몸을 녹였고, 신문을 돌리고 나면 신문의 검은 잉크 때문에 양손이 까맣게 변했다. 동네 친구들이 곤히 잠을 자고 있을 때 어린 버핏은 부족한 새벽잠을 참아가며 일을 했다.

어린 버핏은 '나는 왜 가난한 집에서 태어났을까' '우리는 왜 부자도시 뉴욕에서 살지 못할까' '우리 아버지는 왜 이렇게 무능할까' 라고 자신의 신세를 한탄하지 않았다.

어린 버핏은 남의 집 대문 너머로 신문을 넣을 때마다 '내게는 희망이 있고 반드시 성공할 수 있는 기회가 올 것이다' 며 자신을 다독였다. 결코 가난이 자신의 성공을 가로막는 걸림돌이 될 수 없다는 신념을 되새기며 두 주먹을 불끈 쥐었다.

워렌 버핏의 이 같은 마음가짐은 미국 건국의 아버지라는 칭송을 받는 벤자민 프랭클린의 정신자세와 매우 닮았다. 어쩌면 버핏은 벤자민 프랭클린의 자서전을 읽으며 가난을 극복할 대상으로 삼았는지도 모른다. 벤자민 프랭클린은 이렇게 말했다.

"가난한 자의 아들이여! 가난하다고 스스로 비웃지 마세요. 그대에게는 튼튼한 팔과 다리, 굳센 마음, 무슨 일이든지 꺼리지 않고 할 수 있는 힘이 있습니다. 가난하기 때문에 그대에게는 참을성이 있고, 적은 것도 고맙게 생각하는 마음이 있습니다. 가난하기 때문에 슬픔을 가슴에 품고, 끝까지 견디어내는 용기가 있습니다. 가난하기 때문에 우정이 두터우며, 곤란한 사람을 도울 줄 아는 상냥한 마음씨가 있습니다. 이러한 것들이 그대의 재산입니다. 이러한 재산은 왕도 자녀들에게 상속하기를 원하는 것임을 아세요. 그대가 가난하기 때문에 얻은 고귀한 재산임을 알아야 합니다."

성공한 사람들은 한결같이 자신을 강철처럼 단련시켜준 것은 어린 시절의 가난이라고 입을 모으는데, 이는 벤자민 프랭클린의 가르침과 다르지 않다.

어린 버핏이 배달한 신문은 세계적인 신문인 「워싱턴포스트」였다. 「워싱턴포스트」 독자가 구독을 취소하면 경쟁관계에 있는 신문구독을 권유하며 신문배달 부수를 늘려나갔다.

버핏은 손님들의 신문구독 기간이 언제 끝나는지 노트에 깨알 같은 글씨로 적어두었다가 구독기간 만료일이 가까워지면 손님들을 찾아가 재차 구독을 권유할 정도로 놀라운 장사 수완을 발휘했다.

그는 타고난 장사꾼이었다. 아니, 자신이 맡고 있는 일과 분야에서는 최고가 되고야 말겠다는 의지로 똘똘 뭉쳐있었다.

워렌 버핏은 신문을 배달하던 10대 중반에 이미 웬만한 직장인들과 비슷한 금액의 월급을 벌었다고 한다. 신문을 배달하던 시절의 어느 날 오후였다.

"엄마, 저 잠깐 나갔다 올게요."

"어디 가니? 버핏."

"오늘까지 소득신고를 해야 해요. 제가 신문배달을 해서 돈을 벌고 있으니까 소득을 세무서에 신고해야 돼요. 세무서에 갔다 올게요."

"아빠랑 같이 가는 게 좋을 것 같은데. 세금문제는 복잡해서 말이야."

"아니에요, 엄마. 저 혼자 할 수 있어요. 책을 보고 공부를 했어요. 제가 하는 사업이고 앞으로도 계속 소득신고를 해야 하는데 이번 기회에 제대로 알아놓으려고요."

"그래, 버핏. 잘 갔다 오너라. 그럼 세무서 갔다가 바로 올 거지?"

"은행에도 좀 들렀다 올게요. 세금납부하고 남은 돈은 은행에 예금을 하려구요. 은행 이자가 높아서 돈이 많이 불어나거든요."

"참, 기특하구나. 네가 번 소득을 정직하게 세무서에 신고하고, 힘들여 번 돈을 저축하고. 오히려 엄마가 너한테 많이 배워야겠다."

엄마가 대견하다는 듯이 워렌 버핏의 머리를 쓰다듬었다.

「워싱턴포스트」는 미국을 대표하는 일간 신문이다. 「뉴욕타임스New York Times」에 버금가는 미국 최고의 신문으로 1877년 설립돼 130년의 역사를 자랑한다. 그럼 지금 「워싱턴포스트」의 주주이자 주인은 누구일까? 바로 워렌 버핏이다.

옛날 어려웠던 시절 「워싱턴포스트」 신문을 배달했던 어린 버핏이 지금은 이 신문사의 주인이 되어 있다. 그 옛날 꽁꽁 언 손을 입김으로 불어가며 신문을 돌렸던 아이가 그 신문사의 최대주주가 되어 있는 것이다. 버핏은 어떻게 「워싱턴포스트」의 주인이 될 수 있었을까.

가난하다고 꿈까지 가난할 수는 없다

워렌 버핏은 43살이던 1973년 「워싱턴포스트」 지분 10%를 1,000만 달러에 사들였다. 당시 「워싱턴포스트」의 주인이었던 캐서린 그레이엄 Katharine Graham, 1917~2001년 여사를 설득해 「워싱턴포스트」의 기업 가치를 더욱 높여주겠다는 약속을 한 것이다.

그레이엄 여사가 가지고 있는 주식지분의 일부를 버핏 자신에게 팔라는 권유이자 설득이었다.

"나는 「워싱턴포스트」 신문을 너무나 잘 알아. 어릴 때 신문배달을 하면서 독자들이 왜 「워싱턴포스트」를 좋아하고, 앞으로 개선해야 할 점이 무엇인지 나에게 말해 주었어. 오랫동안의 경험이 나에게는 큰 도움이 되었던 거야. 기회는 그리 흔하게 찾아오는 것이 아니야. 우물쭈물하다가는 기회는 우리 옆을 그냥 스쳐지나가고 말지. 이번 기회에 그레이엄 여사를 만나 최종 담판을 지어야겠어. 나의 순수한 마음과 열정을 그대로 보여준다면 그레이엄 여사도 반드시 OK할 거야."

버핏은 마음을 굳게 다잡으며 결의를 다졌다.

하지만 「워싱턴포스트」의 경영진들은 캐서린 그레이엄 여사에게 버핏은 아직까지 검증이 되지 않았고, 회사를 어떻게 운영할지 모르기 때문에 버핏 회장과 손을 잡아서는 안 된다고 만류했다.

하지만 버핏 회장은 이에 굴하지 않고 캐서린 그레이엄 여사를 만나 자신의 비전과 경영철학을 밝히며 협력해나갈 것을 권유했다. 결정을 망설였던 캐서린 그레이엄 여사도 버핏 회장의 순수함과 진정성을 확인하고 결국 지분의 일정 부분을 팔기로 마음을 굳히게 되었다.

「워싱턴포스트」를 배달했던 어린 소년이 세계적인 정론지인 「워싱턴포스트」의 주주가 되는 순간이었다.

버핏 회장은 이 글을 읽는 독자들에게 가난을 탓하지 말라고 가르친다. 집이 가난하다고 우리의 꿈까지 가난할 수는 없다고 몸으로 보여주고 있다. 독자들 중에는 '우리 집은 너무 가난해. 나는 아무 것도 할 수 없어' '나는 세상을 잘못 타고 났어' '내가 부자 집안에서 태어났더라면' 하고 자신의 신세를 한탄하는 사람들도 있을 것이다.

이 같은 생각을 하면 할수록 점점 더 비관적인 사고방식에 빠져들게 된다. 자신의 미래 발전을 위해 전혀 도움이 안 된다.

가난이나 불행이 성공을 가로막는 걸림돌이 되어서는 안 된다. 누구나 장애물을 극복하고 더 좋은 자리로 나아갈 수 있는 능력과 잠재력을 가지고 있다. 자신을 확신하지 않고, 숨겨진 능력을 의심하는데 누가 돕고 지원해주겠는가.

버핏 회장은 추운 겨울 「워싱턴포스트」 신문을 배달하면서 꼭 성공하고야 말겠다는 의지를 불태웠다. 혹한 겨울을 이길 수 있었던 것은 버핏 회장의 삶에 대한 뜨거운 열정과 의지가 있었기에 가능했던 것이다.

이제부터라도 자신이 처한 환경을 탓하지 말고 버핏 회장이 우리에게 보여주었던 것처럼 희망과 도전의 날개를 활짝 펼쳐 보여야 한다. 그것이 버핏 회장이 한국 독자들에게 던져주는 교훈이다.

04

아빠,
저 주식투자를 하고 싶어요

투자

> 매년 5월 초가 되면 버핏 회장이 운영하는
> 버크셔 해서웨이의 주주총회가 열린다. 가장 흥미로운 것은
> 주주총회에 참석하는 부모들이 자녀들을 함께 데리고 온다는 사실이다.
> 미국 부자들은 가능한 한 이른 나이에 아이들에게 투자교육을 시키고 있다.
> —버핏 회장을 만나고 나서

워렌 버핏이 11살 되던 때의 일이다.

"아빠, 저 주식투자를 하고 싶어요. 아빠도 주식투자를 하니까 저도 해보고 싶어요."

버핏이 아침식사를 하다 아버지에게 물었다.

"그래, 나는 너의 생각을 존중한단다. 하지만 너도 알다시피 주식투자는 잘하면 돈을 불릴 수 있지만 잘못하다가는 원금마저 손실을 입는단다. 잘 알고 있지?"

아버지는 버핏의 생각이 기특하다고 여겼지만, 한편으로는 걱정스러운 듯이 대답했다.

"네, 잘 알고 있어요. 제가 모르는 것은 아빠가 가르쳐주세요. 저도 열심히 공부하고 모르는 것이 있으면 아빠께 배우도록 할게요."

어린 버핏은 물러서지 않았다.

"그래, 너의 고집을 꺾지는 않겠다. 하지만 조건이 있단다. 네가 투자하고자 하는 기업에 대해 열심히 분석하고 절대 무리하게 주식투자를 해서는 안 된단다. 또 정기적으로 너의 주식투자 수익률에 대해 나와 함께 상담하도록 하자꾸나."

버핏의 아버지는 어린 나이에 다른 아이들에 비해 일찍 투자에 관심을 보이는 아들의 생각이 대견했다.

"예, 아빠. 허락해 주셔서 고맙습니다. 아빠에게 돈을 달라는 생떼는 쓰지 않을게요. 용돈을 벌어 제 힘으로 투자하겠습니다. 지켜봐 주세요."

11살 때 주식투자에 나서다

워렌 버핏은 11살 되던 때에 처음으로 주식을 샀다. 처음 산 주식은 '시티서비스City Service'라는 석유회사였다. 버핏은 동네 증권회사를 찾아다니면서 시티서비스 회사에 대한 자료를 구하고, 주식가격을 매일 체크하면서 공부를 했다. 버핏은 주식가격이 어떻게 움직이는가를 확인하기 위해 자신만의 노트를 만들어 주가흐름을 분석하는 치밀함을 보였다.

누나인 도리스도 버핏의 권유로 시티서비스 주식을 사게 되었다. 버핏과 도리스는 시티서비스 주식을 주당 3만 8,000원[38달러]에 샀다. 시티서비스 주가는 2만 7,000원까지 떨어졌다가 시간이 지나면서 4만 원을 회복했다.

"도리스 누나, 우리가 시티서비스 주식을 3만 8,000원에 샀는데 지금 4만 원하네. 2,000원 가량 이익을 챙긴 셈이야. 이제 주식을 파는 게 어떨까?"

"그래, 버핏. 나는 주식가격이 2만 7,000원까지 떨어질 때는 정말 큰 손해를 보는 것 아닌가 걱정을 했어. 이제 본전을 찾았고 이익도 챙겼으니 팔도록 하자."

버핏과 도리스 누나는 주식을 팔았다. 하지만 시간이 지나 몇 년 후에 워렌 버핏이 시티서비스의 주가를 살펴보니까 20만 원까지 크게 올라있는 것이었다.

버핏은 깨달았다.

'아, 주식투자라는 것이 이러한 것이구나. 4만 원에 주식을 팔지 않았더라면 지금 시티서비스 주가는 20만 원이나 하는데 내가 너무 빨리 주식을 팔아치웠구나. 아깝지만 좋은 경험을 했다고 생각하자.'

워렌 버핏은 작은 실수를 통해 주식투자를 배워나가고 있었다.

또 주식을 사고파는 브로커broker로 일하던 아버지가 어떻게 하면 돈을 벌고, 어떻게 하면 돈을 잃게 되는지 실전 경험을 통해서 어린 버핏에게 주식투자를 가르쳐 주었다. 물론 어린 버핏도 열심히 공부하고 연구도 했다.

사회생활을 시작하는 20대가 되어서야 주식이 뭔가를 알게 되는 한국의 투자환경과는 하늘과 땅 차이다.

버핏은 어린 나이에 골프 캐디로 일하며 주운 공을 팔아 돈을 모았다.

남들은 쓸데없는 일을 한다고 웅성거렸지만, 버핏은 이에 아랑곳하지 않고 자신의 작은 꿈을 이루기 위해 자신이 할 수 있는 일을 찾아다녔다.

자신이 직접 만든 동전교환기도 동네 사람들에게 팔았다. 망치질이 서툴러 손가락을 다치기도 하고 동전교환기가 고장 나 애를 먹기도 했지만 꿈을 달성하기 위한 과정으로 생각하고 꾹 참았다.

어린 버핏은 아버지와의 약속을 지켰다. 자신의 노력과 땀으로 용돈을 마련하고 이를 주식투자에 사용했다. 어려운 주식용어와 투자원리는 아버지에게 물어가면서 세계적인 투자자로서 경험을 쌓게 된 것이다.

고등학교를 졸업하기 전에 그는 이미 작은 농장의 주인이 되어 있었다. 사회생활을 시작할 무렵 친구들은 취직준비에 골머리를 앓고 있었지만, 버핏은 투자자들을 모집해 돈을 모으고 기업을 사들이는 사업가로서 사회생활을 시작하게 되었다. 어린 시절 어떠한 꿈과 목표를 세우느냐에 따라 사회생활의 출발 자체에서부터 큰 차이가 생기는 법이다.

경제 교육에 익숙해져라

버핏 회장은 자신이 어렸을 때 겪었던 소중한 경험을 어린 아이들에게도 전파하려고 노력한다. 버핏 회장이 고안하고 창안한 어린이 놀이상품 중에 '돈놀이 게임' 이 있다.

한국의 윷놀이와 비슷한 게임으로 아이들이 은행에서 돈을 빌릴 때 이자를 얼마나 내야 하고, 주식 브로커에게는 얼마의 수수료를 내야 하고, 투자수익률은 얼마가 될지 생각하도록 하는 게임이다.

부모와 아이들이 함께 게임을 할 수도 있고, 친구들끼리도 즐길 수 있도록 만들어졌다. 게임 포장박스에는 버핏 회장과 찰리 멍고 부회장의 얼굴이 캐리커처로 익살스럽게 그려져 있는데, 아이들이 하루라도 빨리 돈에 익숙해질 수 있도록 고안된 상품이다.

버핏 회장이 운영하는 보석가게 '볼샤임 Borsheims'에서는 수십만 원, 수백만 원하는 다이아몬드 목걸이, 귀걸이 등 귀금속이 즐비하지만 한편에서는 버핏 회장이 고안한 머니 게임세트도 같이 판매하고 있다. 볼샤임 보석가게를 방문했을 때 나는 부자들이 값비싼 보석을 산 후에 자녀들에게 선물하려고 머니 게임세트를 하나씩 사는 것을 보았다.

초등학생, 중학생들이 부모에게 떼를 쓰면 20만 원 이상의 고가 핸드폰을 덥석 건네주는 것이 한국의 현실이지만, 버핏 회장은 아이들에게 돈을 벌고 관리하는 방법이 더욱 중요하다고 가르친다.

이는 버크셔 해서웨이 주주총회에 가면 분명히 확인할 수 있다. 한국의 부모와 자녀들이 버크셔 해서웨이 주주총회에 참석한다면 '꼬마 주주'들이 많다는 사실에 깜짝 놀랄 것이다.

한국에서는 상상하기 힘든 일이다. 부모의 손을 잡고 주주총회장을 찾아 버핏 회장의 말을 귀담아 듣고, 버핏 회장이 투자한 기업의 제품을 둘러보면서 아이들은 투자에 대한 실전 경험을 쌓게 된다.

미국 부모들의 자녀 경제교육 방법

어릴 때의 작은 투자경험이 아이들의 미래까지 바꾸어 놓을 정도로 큰 영향을 미칠 것으로 생각하고, 아이들을 데리고 온 미국 부자들의 작은 배려가 부러울 뿐이다.

나는 주주총회장을 돌아보다가 8살 된 딸을 데리고 온 한 남자를 만났다. 그는 올해 49살로 데이비드 래들러라고 했다. 래들러 씨는 버크셔 해서웨이 주식 A와 B를 가지고 있다. 당시 가격으로 주식 A는 1주당 10만 9,000달러에 거래되고 있었고, 주식 B는 1주당 3,600달러에 매매되고 있었다. 래들러 씨는 A주식만 10주 이상 가지고 있는 부자이다.

"딸아이를 데리고 왔어요. B주식 몇 주를 딸아이 주식계좌로 넣어주었거든요. 아이가 자신이 어떤 회사에 투자했고, 그 회사의 경영자가 누구인지 알 수 있도록 하기 위해서 데리고 왔죠. 어릴 때부터 돈에 대한 눈을 뜨게 해주는 것이 중요하다고 봐요. 오늘 딸아이에게 좋은 교육현장을 선물한 것 같아 기분이 좋아요."

래들러 씨가 싱글벙글 웃으며 말했다.

아빠의 손을 꼭 잡고 옆에서 나와 래들러 씨의 대화를 가만히 지켜보고 있던 딸아이 벨라가 끼어들었다.

"아빠가 버크셔 해서웨이 B주식 1,000주를 저의 주식계좌에 넣어주었어요. 일주일마다 아빠와 경제신문이나 잡지를 보면서 제 주식 가격이 어떻게 되었나 체크하고, 버크셔 해서웨이 회사에 무슨 일이 있었는지 알아봐요. 처음에는 따분하고 지루했는데 이제 제가 먼저 신문이나 인터

버핏 회장은 경제교육은 빠르면 빠를수록 아이들이 부자가 될 확률이 높다고 말한다. 미국 부모들은 아이들이 어릴 때부터 돈과 경제에 친숙해질 수 있도록 옆에서 도와준다.

넷을 찾아본다니까요. 참 재미있어요. 이제는 왜 아빠가 저에게 주식계좌를 만들어 주었는지 이해할 수 있을 것 같아요. 버크셔 해서웨이의 주식은 제가 귀여워하는 우리 집 강아지와 같이 이제 소중한 저의 일부가 되었어요. 아빠에게 감사하고 있어요."

딸아이 벨라가 웃으며 말했다.

버핏 회장이 어릴 때부터 돈의 소중함을 깨닫고 재테크에 높은 관심을 가졌던 것처럼 레들러 씨도 딸아이 벨라에게 돈을 버는 방법을 가르치고 있었던 것이다.

사실 미국 부모들은 아이들에게 일찍 돈과 재테크에 대해 가르친다. 미국에서 동네를 돌아다니다 보면 자기 집에서 쓸모가 없는 물건들을 정원 앞에 모아놓고 싼 가격에 파는 '창고세일 garage sale' 하는 것을 흔하게 볼 수 있다.

부모들은 낡은 가구와 소파, 전자제품, 골프세트 등을 내놓고 아이들은 인형과 게임기, 책상, 스쿠터 등 자질구레한 물건들을 진열해놓고 지나가는 사람들에게 물건을 판다.

아이들이 직접 손님과 가격흥정을 하기도 하고, 제품 사용법을 알려주면서 물건 파는 방법을 배워가는 것이다. 한국 사회 같으면 어린 애가 당돌하다거나 너무 일찍 돈을 밝히는 것 아니냐는 핀잔을 들을 일이지만, 미국에서는 너무나 자연스러운 일이다.

돈을 벌기가 얼마나 힘들고 돈을 왜 소중히 여겨야 하는지 아이들은 생활을 통해서 깨우쳐간다고 볼 수 있다. 돈이 필요할 경우 아무 생각 없이 지갑에서 돈을 꺼내 아이들에게 건네는 한국 부모들과는 큰 차이가 있는 것이다.

아이들이 가난하게 살기를 바라는 부모는 이 세상 어디에도 없다. 하지만 한국 부모들은 아이들이 돈을 벌고, 돈에 친숙할 수 있는 방법을 교육하는 데는 인색하다. 돈을 벌고 관리하는 방법을 모르는 아이가 나중에 어른이 되어서 어떻게 부자가 될 수 있겠는가.

버핏 회장은 분명하면서도 강하게 말한다. 어릴 때부터 돈 교육을 시키고 아이들이 돈에 관심을 갖도록 유도해야 한다고. 어른이 되어서 부자계획을 세울 것이 아니라 어릴 때부터 돈을 벌 수 있는 방법을 연구하고 공부를 해야 한다는 사실을 버핏 회장은 보여주고 있는 것이다. 한국에서도 아이들을 위한 경제교실이 많다. 증권, 은행, 보험회사들이 고객 유치 차원에서 다양한 '어린이 경제교실'을 정기적으로 운영하고 있다. 그만큼 한국 사회에서도 어린이 경제교육에 대한 관심과 흥미가 높아지

버핏 회장의 친필 사인

고 있다. 어린이 경제교실에 가보면 학부모와 자녀가 함께 참여해 스스로 용돈 관리하는 방법을 비롯해 은행 이자, 주식투자, 펀드 투자 등 다양한 금융상품에 대해서 공부를 한다. 어려운 용어로 설명하는 것이 아니라 게임과 놀이를 통해 학생들이 이해하기 쉽게 경제현상과 금융상품을 설명해 준다. 2시간가량 신나게 놀고 나면 자신도 모르게 경제에 대해 자신감이 생기게 된다.

주말에 놀이동산을 가거나 동물원을 찾거나 영화를 보는 것도 시간을 잘 활용하는 방법이지만 한번쯤은 자녀들을 데리고 경제교실이나 경제캠프에 참여하는 것도 좋다. 어릴 때의 작은 경험이 자녀들의 인생을 결정할 수 있다.

05
책과 신문 속에 부(富)가 있다

독서

> 책은 어린이와 같이 소중히 다루어야 한다. 그래서 아무것이나 급히 많이 읽는 것보다는 한 권의 책이라도 여러모로 살펴 자세하게 읽는 습관을 가지는 것이 좋다. 그냥 훑어보는 것은 책을 읽는 것이라고 할 수 없다.
>
> —존 밀턴

여러분은 일주일에, 아니 한 달에 몇 번 서점에 가는가. 한 달에 몇 권의 책을 읽는가. 바쁜 직장생활, 사회생활을 하다 보면 책 읽을 시간이 없다고 호소하는 사람들이 많다. 방송이나 신문을 통해 한국 사람들은 다른 선진국 국민들에 비해 독서량이 절대적으로 부족하다는 뉴스를 접하게 된다. 2010년 5월 국가 지식경쟁력을 나타내는 국민 독서량 조사에서 한국인이 최하 순위를 기록했다. 세계 30개국 13세 이상의 3만 명을 대상으로 인쇄매체 접촉시간을 조사한 결과 선진 30개국 중 한국이 가장 낮은 30위를 나타냈다. 독서시간이 가장 높은 국민은 인도인으로 주당 10.7시간이었으며 이에 반해 한국인의 독서시간은 인도인의 30%도 안 되는 3.1시간에 그쳤다.

국가별 평균 독서시간이 6.5시간인 점을 감안하면 우리나라 국민들의 독서시간은 그 절반에도 못 미치는 것이다. 실제 우리나라 사람들의 여가활동 중 가장 적은 비중을 차지하는 것이 바로 '독서'다. 문화관광부 조사에 따르면 성인의 여가생활에서 가장 큰 비중을 차지하는 것은 'TV 시청'으로 25.7%를 차지했다. 그 다음으로는 '인터넷 및 웹브라우징 8.7%', '수면과 휴식 8.4%' 이었으며 '독서'는 6.7%로 가장 낮았다.

국민의 독서량과 독서수준은 한 나라의 경쟁력을 가늠하는 지표일 뿐 아니라 개개인의 교양과 지적능력을 측정하는 잣대가 된다. 세계 주요 국가의 1인당 연간 평균 독서량은 미국이 6.6권으로 가장 높았고, 일본 6.1권, 프랑스 5권 등으로 나타났다. 중국의 독서량은 2.6권으로 1.3권에 머문 우리나라보다 2배나 많았다.

보통 직장인들은 지하철이나 버스를 이용해 출퇴근하는데 2시간가량 소요된다. 나도 지하철을 이용해 출퇴근하는데 신문을 보는 것도 아니고, 책을 읽는 것도 아니고 2시간 동안 지하철 안에서 멍하니 시간을 보내는 사람들을 꽤 많이 본다. 출퇴근 시간에 책을 읽어도 한 달에 2~3권의 책을 읽을 수 있다. 일 년이면 책 20권을 읽을 수 있는 셈이다.

뉴욕에서 미국 가정을 지켜본 결과 가장 놀란 것은 부모와 청소년들이 책과 신문을 좋아하고 독서를 많이 한다는 점이었다.

새벽에 학교에 나가 밤하늘을 보며 집에 돌아오는 한국 청소년들의 교육현실과는 달리 미국 청소년들은 학교수업이 끝나면 개인 시간이 많다.

다른 나라 청소년들처럼 닌텐도나 컴퓨터 오락으로 시간을 보내기도

하지만 여가시간이 끝나면 대부분 자기 방에서 책이나 신문을 읽는다. 성서를 읽기도 하고, 공상과학 소설을 읽기도 하고, 청소년을 위한 자기계발 우화를 읽기도 한다.

중요한 것은 책의 종류와 테마가 아니라 자신이 관심을 가지고 있는 분야의 책을 많이 읽는다는 점이다. 학교 수업이 끝나면 사설학원으로 달려가는 것이 아니라 동네 도서관으로 향한다. 초록이 우거진 자기 집 정원에서 부모와 자녀들이 접이식 의자를 펼쳐놓고 책과 신문을 읽는 광경을 쉽게 목격할 수 있다.

학교 공부도 따라가기 힘든데 책 읽을 시간이 어디 있느냐고 변명할 수도 있을 것이다. 하지만 한국과 똑같이 대학입학시험을 준비해야 하고, 입시경쟁에 시달리는 일본 학생들이 한국 학생들보다 7배 이상 책을 더 많이 읽는다는 사실에 주목해야 한다.

어려서부터 책을 읽지 않는 사람이 어른이 되어서 책을 곁에 두기는 힘든 일이다. 독서는 시간이 있어서 하는 것이 아니라 의지와 관심이 있어야 가능한 것이다.

버핏은 책벌레

버핏은 어릴 때부터 책과 신문을 좋아했다. 버핏의 친구들과 동네 사람들은 어린 버핏을 '책벌레'라고 불렀다.

주식 브로커였던 아버지가 보는 경제신문을 옆에서 같이 읽었으며,

자신이 모르는 경제용어나 설명이 나오면 아버지에게 묻거나 자신이 직접 책을 찾아 궁금증을 해결했다.

교과서에 나오는 옛날 지식으로는 끓어오르는 지적 호기심과 궁금증을 해결할 수 없었기 때문이다.

고등학교를 졸업한 버핏은 아버지의 권유와 설득으로 동부의 명문 대학인 펜실베이니아 대학의 와튼스쿨Wharton school에 입학하게 된다. 경제와 경영, 금융, 마케팅, 회계 분야에서 세계적인 명성을 얻고 있는 학교이다.

하지만 버핏은 어릴 때와 마찬가지로 학교공부에 그리 흥미를 갖지 못했다. 어릴 때부터 자신이 관심 있는 분야의 책을 수백 권이나 닥치는 대로 읽었기 때문에 학교에서 배우는 경제경영 입문서는 버핏에게 시시하기 짝이 없었다.

버핏은 대학생활을 할 때에도 학과공부에 전념하기보다는 자신이 읽고 공부한 책에서 얻은 지식을 바탕으로 주식투자에 몰두했다. 다른 친구들은 교과서를 끼고 시험공부를 한다고 야단을 떨었지만, 버핏은 증권사 객장으로 달려가 기업을 조사하고 주가추이를 살피는 일이 더 많았다.

교과서에 얽매이는 것이 아니라 자신의 관심분야와 관련된 책들을 어려서부터 꾸준히 읽어온 것이다.

버핏은 종종 친구들에게 이렇게 말했다고 한다.

"학교 교과서에서 내가 배울 것은 더 이상 없어. 내가 할 일이라고는 시험보기 전날 책을 펼쳐놓고 내가 좋아하는 콜라를 마시는 일 뿐이야. 그렇게만 해도 100점을 받을 자신이 있다고."

버핏 회장은 책과 신문을 가까이 해야 부자의 길로 들어설 수 있다고 말한다. 버
크셔 해서웨이 주주총회에 모인 주주들에게 버핏 회장은 이 점을 강조했다.

학창시절 버핏의 이 같은 자신감은 폭넓은 독서에 있었다고 그의 친구들은 말한다.

버크셔 해서웨이의 회장이 된 지금도 버핏은 책과 신문 읽기를 멈추지 않는다. 어릴 때의 독서습관이 몸에 배어있기 때문이다. 그는 매일 「월스트리트저널Wall Street Journal」 「파이낸셜타임스Financial Times」 등과 같은 경제신문은 물론 「워싱턴포스트」 「뉴욕타임스」 등과 같은 종합지도 꼼꼼히 읽는다.

신문을 통해 세계 경제가 어떻게 돌아가는지, 어떤 기업이 투자유망한지, 어떤 국가에 대한 투자 비중을 늘려야 할지 등 사업계획을 제대로 세울 수 있기 때문이다.

버핏 회장의 책상에는 전 세계에서 몰려든 100개 이상의 기업리스트와 보고서가 올라와 있다. 78세의 고령임에도 불구하고 버핏 회장은 매일 아침 버크셔 해서웨이 본사에 출근해 기업보고서를 빠짐없이 읽고 투자판단을 내린다.

"버핏 회장은 집중력이 뛰어나고 신문과 책, 보고서를 읽을 때에도 정독해서 읽습니다. 한번 읽은 내용에 대해서는 자그마한 숫자도 정확하게 기억할 정도로 명석한 두뇌를 가지고 있지요. 왜 사람들이 그를 책벌레라고 부르는지 알 수 있답니다."

버핏 회장의 개인 비서가 나에게 들려준 말이다.

대학 졸업장보다 독서하는 습관이 더 중요하다

버크셔 해서웨이의 버핏 회장과 유엔본부[UN]의 반 총장 사이에는 공통점이 많은데 책과 신문을 많이 읽는 것도 그 중의 하나일 것이다.

버핏 회장과 마찬가지로 반 총장도 책과 신문을 무척 좋아한다. 반 총장의 연설문이나 수기를 보면 역사적인 사실이나 일화를 자주 언급하는데 이는 반 총장이 어려서부터 책을 많이 읽은 덕분이다.

반 총장과 대화를 나누다 보면 세계적인 위인을 비롯해 세계 역사, 각국의 문화와 특성 등 다방면에 걸쳐 풍부한 상식을 갖추고 있어 부러움을 갖게 되는데 이는 모두 책을 통해 터득한 것이다.

반 총장은 매일 아침 맨해튼 유엔본부에 출근하면 10여 개의 신문을 읽는다. 세계 각국에서 어떠한 일이 벌어지고 있고, 유엔본부가 어떠한 행동을 해야 할지 판단을 내리기 위해서이다. 책과 신문을 읽지 않고 생활한다는 것은 무인도에서 외부와의 연락을 끊고 혼자서 사는 것과 다를 것이 없다.

책에는 지식이 있고 지혜의 말씀이 있고 부^{富}를 얻을 수 있는 아이디어가 모두 숨어 있다. 내가 만난 사업가 중에도 책을 읽다가 사업 아이디어를 얻어 성공한 사람들이 참 많다.

책 속에 숨겨진 보물을 발견하느냐, 그냥 지나치느냐, 그것은 독자 여러분의 선택에 달려 있다.

버핏 회장의 절친한 친구인 마이크로소프트^{MS}의 빌 게이츠 회장은 독서의 중요성을 다음과 같이 강조한다.

"오늘의 나를 만든 것은 우리 마을의 작은 도서관이었습니다. 나에게 소중한 것은 하버드 대학의 졸업장보다 독서하는 습관이었습니다."

빌 게이츠 회장뿐 아니라 버핏 회장, 반 총장 모두가 여러분에게 전하려는 메시지가 아닐까 한다. 독서하는 습관이 지식과 부^{富}를 결정한다는 것을 세계 역사를 움직이는 위인들은 힘주어 말하고 있다. 여러분들도 잘 알다시피 버핏 회장과 마이크로소프트^{MS}의 빌 게이츠 회장은 오랜 친구지기이다.

버핏 회장이 1930년, 빌 게이츠 회장이 1955년에 태어났으니까 버핏 회장과는 25살이나 나이 차이가 있다. 하지만 나이의 차이를 뛰어넘어 격의 없이, 허심탄회하게 지내는 두 사람을 보고 세상 사람들은 그들을 그냥 '친구'라고 부른다.

과연 이들은 언제, 어떻게 만나 친구가 된 것일까? 워렌 버핏과 빌 게이츠 회장은 지난 1991년 처음 만난 이후 29년 동안 친구 사이로 지내고 있다. 빌 게이츠가 36살이 되던 해에 어머니의 권유로 버핏과 「워싱턴포스트」의 발행인 캐서린 그레이엄 여사가 모두 참석한 모임에 나가게 된다. 빌 게이츠의 어머니는 아들이 워렌 버핏과 같은 세계적인 투자가와 알고 지내면 서로에게 큰 도움이 될 것으로 생각하고, 아들과 워렌 버핏이 자연스럽게 만나도록 배려를 한 것이다. 밤을 새워가며 소프트웨어 개발에 몰두했던 빌 게이츠는 시간을 내어 워렌 버핏을 만나러 간다. 버핏 회장을 만나기 전까지만 하더라도 빌 게이츠는 버핏 회장에 대해 '돈에만 관심을 기울이는 늙은이' 정도로 생각하고 그리 호감을 가지지 않았다.

하지만 모임 행사에서 버핏에게 인사를 건넨 빌 게이츠는 버핏 회장의 꾸미지 않은 수수함과 겸손함, 일에 대한 열정을 확인하고 자신의 선입견이 크게 잘못되었다는 것을 깨닫는다.

'이 분은 세계 최고의 투자가이지만 자신을 내세우지 않고 겸손하구나. 양복도 허름하고, 굽이 헤어진 구두를 신고, 사람들을 편하게 대하는구나. 오히려 내가 많은 것을 배울 수 있는 분이겠구나.'

빌 게이츠는 마음속으로 이렇게 생각했다. 운명의 첫 만남을 가진 이후 버핏 회장과 빌 게이츠 회장은 단짝 친구가 되었다.

빌 게이츠 "나는 버핏 회장에게서 많은 것을 배운다"

마이크로소프트의 주주총회에 버핏 회장이 초대되어서 가고, 버크셔 해서웨이 주주총회에는 빌 게이츠 회장이 단골손님으로 나타난다. 미국의 경제TV 프로그램을 보고 있으면 버핏 회장과 빌 게이츠 회장이 같이 출연해 자신들의 살아온 이야기와 세상 사람들에게 들려주고 싶은 이야기를 풀어놓는다.

회사를 경영하다 어려운 문제에 부딪치면 서로 전화통화로 조언을 구하기도 하고, 시간이 나면 같이 여행을 가기도 하고, 카드놀이를 하기도 한다. 버크셔 해서웨이 주주총회에 가면 버핏 회장과 빌 게이츠 회장이 탁구를 치는 장면, 카드놀이의 일종인 브리지 게임을 하는 장면, 주주들에게 사인을 해주는 장면, 주주들과 사진을 찍는 장면 등을 쉽게 볼 수 있다.

세계 정보통신IT과 컴퓨터 산업을 주도하고 있는 빌 게이츠 회장은 기회 있을 때마다 "나는 워렌 버핏 회장에게서 많은 것을 배우고 있습니다"라고 말한다. 빌 게이츠 회장에게 있어 버핏 회장은 비즈니스 파트너이자 인생 선배이자 스승과 다름이 없다. 빌 게이츠 회장은 남들 앞에 나서기를 좋아하지 않고 고집이 센 편이었지만, 낙천적이고 쾌활한 버핏 회장을 만난 이후부터 성격도 조금씩 밝아지게 되었다고 인정한 적이 있다.

컴퓨터를 제대로 다루지 못해 '컴맹'이라는 별명이 붙은 버핏 회장도 빌 게이츠 회장의 권유로 컴퓨터 한 대를 구입해 온라인 게임을 하고, 기본적인 기업 정보를 찾는 데 활용하고 있다. 무한경쟁의 사회생활 속에서 이들은 서로의 약점과 단점을 채워주고 있는 것이다.

빌 게이츠 회장이 아내 멜린다와 함께 기부단체를 만들어 자선사업에 적극적으로 나서고 있는 것도 버핏 회장의 영향이 컸다. 빌 게이츠 회장은 마이크로소프트에서 은퇴하면 경영에서 손을 떼고 자선사업에 몰두할 것이라고 밝힌 바 있다.

"빌 게이츠, 시간이 되면 이 보고서 한번 읽어 보게. 세계은행World Bank에서 나온 자료인데

버핏 회장과 마이크로소프트의 빌 게이츠 회장은 세계 최고의 부자 모델이다. 버핏 회장과 게이츠 회장이 탁구를 치고, 포커 게임을 하는 모습

전 세계적으로 빈곤문제가 얼마나 심각한지 알 수 있다네."

빌 게이츠는 워렌 버핏 회장으로부터 건네받은 세계은행 보고서를 읽고 재산의 사회기부에 대해 눈을 돌리게 된다. 빌 게이츠는 미국 저편에 있는 아프리카 대륙 사람들과 아이들의 참혹한 현실에 마음이 아팠다.

엄마의 젖을 못 먹어 태어나자마자 죽어가는 신생아들, 하루 3시간을 걸어가야 겨우 물을 구할 수 있는 아이들, 학교에 다니는 것은 사치인 아이들, 몸에 달려드는 하루살이를 힘이 없어 쫓아버리지 못하는 아이들, 멍하니 하늘만 쳐다보는 슬픈 눈동자들.

빌 게이츠는 버핏 회장이 건네준 한 권의 책을 접하고 자선사업에 눈

을 뜨게 되었다.

빌 게이츠는 워렌 버핏 회장에 대해 다음과 같이 평가했다.

"버핏 회장은 어렵고 복잡한 문제를 해결하는 데는 뛰어난 재주와 재능을 가지고 있지요. 어려운 주식투자에 대해서는 유머와 익살을 섞어가며 쉽게 설명합니다. 버핏 회장이 던지는 짧은 유머에는 깊은 의미가 숨어 있습니다. 버핏 회장을 만나서 얘기를 나눌 때마다 그에게서 무엇인가 배운다는 생각이 듭니다. 이 같은 힘은 그의 폭넓은 독서에서 비롯되었다고 생각합니다."

이 글을 읽는 독자들 중에는 부모들도 있고, 청소년들도 있을 것이다.

만약 부모라면 오늘 당장 아이들의 손을 잡고 서점으로 달려가기 바란다. 그리고 아이들이 꿈을 발견하고 삶의 지혜를 얻을 수 있도록 자녀들의 눈높이에 맞는 책을 골라주기 바란다.

만약 여러분이 청소년이라면 부모님께 종합지 신문이나 어린이 신문을 보고 싶다고 부탁하라. 아니면 서점에 가서 자신에게 꿈과 희망을 주는 책을 한 권 골라보라. 동서고금의 많은 지도자와 부자들도 책 한 권으로 인해 인생이 바뀐 경우가 많이 있다.

신문을 한 달 동안 구독해봐야 1만 원 안팎이다. 서점의 책 한 권 가격도 1만~1만 5,000원 사이이다. 자녀들이 신문을 읽고 책을 산다고 하는데 돈을 아끼는 부모들은 거의 없을 것이다. 대학 졸업장보다 독서하는 습관이 더욱 소중하다고 강조한 빌 게이츠 회장의 충고를 곰곰이 되새겨보기 바란다.

06
본받고 싶은 **성공모델을 찾아라**

멘토

> 나는 나의 스승들에게서 많은 것을 배웠다.
> 그리고 내가 벗 삼은 친구들에게서 더 많은 것을 배웠다.
> 그러나 내 제자들에게선 훨씬 더 많은 것을 배웠다.
> — 「탈무드」

정직한 방법으로 돈을 벌어 부자가 되거나, 자기계발을 열심히 해서 사회에서 성공한 사람이 되기 위해서는 멘토mentor가 필요하다. 멘토는 '본받고 싶은 사람' '나에게 가르침을 주는 선생님과 같은 존재' '내가 되고자 하는 사람' 등으로 풀이할 수 있다.

TV를 보거나 신문을 읽다 보면 '멘토'라는 말을 참 많이 접하게 된다. 잠깐 멘토의 유래와 기원에 대해 살펴보자.

멘토라는 말의 유래는 그리스 신화에서 비롯됐다. 고대 그리스의 이타카 왕국에 오디세우스라는 이름을 가진 왕E이 있었다. 어느 날 트로이Troy 전쟁에 참여하기 위해 먼 길을 떠나며 자신의 아들인 텔레마코스를 잘 보살펴 달라고 친구에게 맡긴다. 그 친구의 이름이 바로 멘토였다.

멘토는 오디세우스가 전쟁에서 돌아올 때까지 왕궁의 예의범절과 세계 역사, 수학, 상식 등을 가르치며 성심성의껏 텔레마코스를 교육시켰다.

텔레마코스에게 스승인 멘토는 그야말로 선생님이자 친구이자 상담자였으며, 때로는 아버지가 되어 그를 잘 돌보아 주었다. 이후 '멘토' 라는 그의 이름은 지혜와 믿음으로 한 사람의 인생을 이끌어주는 선생님이라는 의미로 사용되었다.

멘토는 삶을 살아가는 데 자극제가 되기도 하고, 우리가 실패와 좌절에 빠져있을 때는 새로운 에너지를 불어 넣고, 끊임없는 열정을 쏟게 한다. 여러분의 멘토는 누구인가. 여러분이 본받고 싶어 하는 지도자나 리더, 부자들은 과연 누구인가.

여러분의 멘토는 누구입니까?

버핏 회장은 벤저민 그레이엄Benjamin Graham 컬럼비아 대학 교수를 평생의 멘토로 여기며 공부했고 주식투자를 했다. 여러분도 잘 알다시피 버핏 회장은 '가치투자의 귀재' 라고 불린다.

기업가치가 떨어진 주식을 사서 장기간 보유하면 주식가격이 올라가 이익을 얻을 수 있다는 것이 가치투자의 핵심이다. 버핏 회장이 평생 동안 변함없이 지키고 있는 원칙이자 투자지침이다.

버핏 회장은 '가치투자 원칙' 을 자신의 생명과 같이 지키고 있는데,

이는 모두 벤저민 그레이엄 교수에게서 배우고 터득한 것이다.

버핏 회장이 벤저민 그레이엄 교수를 만나지 않았더라면, 설령 만났더라도 그레이엄 교수를 멘토로 여기지 않았더라면, 과연 오늘날의 버핏 회장이 될 수 있었을 것인가 의문을 나타내는 사람들이 있을 정도이다.

버핏이 오마하의 지방 대학인 네브래스카 대학 4학년에 다니고 있을 때였다. 좀 더 체계적으로 공부를 하고 싶은데 어떻게 하면 좋을까 고민하던 버핏은 그해 여름 세계 최고 대학인 하버드 대학의 비즈니스 스쿨경영대학원에 입학원서를 낸다.

부모님과 가족들도 좋은 선택을 했다며 격려해 주었지만 결과는 애석하게도 낙방이었다. 시골 출신인데다 외모도 어린 애송이처럼 보여 입학을 받아주지 않았던 모양이라고 버핏은 혼자 생각했다.

어려서부터 큰 실패를 모르고 살았던 버핏에게는 큰 충격이었다. 그렇다고 마냥 실의에 빠져있을 수는 없는 일이었다. 동네 어른들로부터 책벌레라는 별명을 얻었던 버핏은 경제관련 책을 읽으면서 아픈 마음을 달랠 수밖에 없었다.

버핏은 어느 날 자신의 책상에서 책을 읽다가 벤저민 그레이엄 교수의 명저 『현명한 투자자 The Intelligent Investor』라는 책을 접하게 된다. 몇 장을 읽어 나가던 버핏은 마치 쇠몽둥이로 머리를 얻어맞은 것처럼 신선한 충격을 받는다.

벤저민 그레이엄 교수는 '가치투자의 아버지'로 불리는 사람이다. 떡볶이에도 원조가 있듯이 가치투자 이론을 가장 먼저 체계적으로 정립한 사람이다.

기업들의 가치는 시장충격이 가해지면 적정가치 이하로 떨어지게 된다. 마치 금덩어리가 진흙탕에 빠지면 사람들은 황금의 가치를 제대로 평가하지 못하고 그냥 지나치고 마는 것과 같은 이치다. 이처럼 적정가치 이하로 떨어진 기업의 주식을 사서 적정가치가 될 때까지 장기간 보유하면 수익을 올릴 수 있다는 것이 가치투자의 핵심이다.

버핏은 사방으로 펼쳐진 미로에서 출구를 발견한 느낌이었다. 벤저민 그레이엄 교수의 책을 다 읽기가 무섭게 버핏은 다음날 그레이엄 교수가 교편을 잡고 있는 뉴욕으로 날아가 컬럼비아 대학의 비즈니스 스쿨^{경영대학원}에 입학원서를 냈다.

평생의 스승을 만나다

하버드 대학에서는 입학이 거부되었지만, 컬럼비아 대학은 버핏의 열정과 도전정신을 높이 평가해 입학을 허가해 주었다. 버핏과 그의 평생 스승인 벤저민 그레이엄 교수의 운명적인 첫 만남은 이렇게 이루어졌다.

이는 버핏이 가치투자의 길로 들어서서 세계적인 투자자로 거듭나는 첫걸음이었다.

어린 시절부터 학교공부보다는 경제 관련 서적을 읽는 데 골몰하며 학업을 소홀히 했던 버핏은 학습 스타일이 180도 변하게 된다.

자신이 좋아하는 분야를 공부하고 새로운 스승을 만나 자신의 인생목표를 명확하게 결정했기 때문에 학업은 물론 매사에 흥미가 붙었다. 자신이 진정으로 하고 싶은 분야에서 일할 때에는 새로운 에너지와 열정이 솟아나는 법이다.

당시 벤저민 그레이엄 교수 밑에서 가르침을 받는 학생과 직장인은 어린 버핏을 포함해 20명 정도였는데 맨해튼 월스트리트에서 활동하는 전문 투자가들도 꽤 있었다.

월스트리트에서 일하는 전문 투자가들은 수천만 달러의 돈을 운용하고 주식에 투자하는 전문가들이었기 때문에 같이 수업을 받는 어린 버핏은 주눅이 들 수밖에 없었다. 20살의 버핏은 학급 클래스에서 가장 나이가 어렸다.

버핏은 "반드시 전문 투자가들을 이기고 말거야!" 라며 자신에게 승리의 주문을 걸었다. 학교 수업이 끝나면 바로 도서관으로 달려가 그날 배운 것을 복습하고 경제경영 서적을 찾아 밤을 새워가며 공부했다.

학업 초기에는 그레이엄 교수의 강의가 어렵고, 전문 투자가와 그레이엄 교수가 주고받는 대화를 이해하기 힘들었지만 시간이 지나면서 버핏도 대화와 토론에 동참할 수 있었다.

교사가 일방적으로 학생들에게 지식을 주입하는 한국과 달리 미국 교육은 질문과 대답, 토론형식으로 수업이 진행되기 때문에 제대로 복습과 예습을 하지 않으면 수업에 참여하는 것조차 힘든 경우가 많다.

시간이 지날수록 수업 주도는 전문 투자가가 아닌 버핏이 하게 된다. 그레이엄 교수가 던진 질문에 전문 투자가들도 대답을 하지 못해 끙끙거리고 있을 때 버핏이 손을 들어 대답하는 경우가 갈수록 많아졌다.

1951년 6월 버핏은 2년 만에 컬럼비아대 비즈니스 스쿨을 졸업한다.

일부 학생들은 게으름을 피워 졸업을 못하거나 중도에 학업을 포기하는 경우도 있었지만 버핏은 모든 것을 잘 견뎌냈다.

    자신의 꿈을 향해 열정적으로 공부하고 준비한 노력이 있었기에 가능했다. 그레이엄 교수는 학생들의 성적에는 인색했다. 좀처럼 최고 점수인 'A+'를 주지 않았다. 그레이엄 교수가 교편을 잡은 22년 동안 그에게서 'A+'를 받은 사람은 한 사람도 없었다.

    하지만 버핏의 졸업 성적에는 'A+'라고 분명하게 쓰여 있었다. 그레이엄 교수에게서 'A+'를 받은 학생은 버핏이 처음이자 마지막이었다고 한다. 버핏은 컬럼비아 경영대학원 졸업생 중 가장 뛰어난 학생 중의 한 사람이었던 셈이다.

일찍 성공모델을 정하라

    배움과 학업에 목말라했던 어린 버핏은 지금 세계 최고의 부자이자 투자가가 되어 있다. 사람들은 가치투자의 아버지인 벤저민 그레이엄보다 그의 제자였던 워렌 버핏을 최고의 가치투자가로 여긴다.

    버핏 회장이 세계 최고의 부자로 성공할 수 있었던 것은 일찍이 자신의 멘토를 발견하고 멘토를 넘어설 정도로 노력하고 도전했기 때문이다. 옛말에 '청출어람青出於藍'이라는 말이 있다. 푸른색靑은 남색藍에서 나왔다는 뜻으로 학생이 자신을 가르친 선생님보다 뛰어난 인물이 되는 것을 말한다. 벤저민 그레이엄 교수와 버핏의 만남이 청출어람의 대표적인 사례가 아닐까.

    버핏은 자신의 멘토를 일찍 설정하고 자신의 목표를 향해 끊임없이 노력했다. 멘토는 우리에게 삶의 방향을 제시하는 나침반과 같은 존재가 되기도 하고, 우리가 방향을 잃고 우왕좌왕하고 있을 때에는 앞으로 나아가야 할 길을 제시하는 밤하늘의 북극성과 같은 역할을 한다. 여러분의 멘토는 누구인가. '성공한 인생은 멘토를 향해 나아가는 삶'이라고 버핏 회장은 우리들에게 가르치고 있다.

07
부(富)는 알리는 것이 아니라
감추는 것이다

검소

1원을 절약하면 1원을 번 것입니다.
이는 당신이 억만장자라도 마찬가지입니다.
사람들이 나를 인색하다고 말하지만 개의치 않습니다.
구두쇠라는 세간의 평가를 자랑스럽게 생각합니다.
-잉그바르 캄프라드

버크셔 해서웨이 본사는 오마하의 파남스트리트Farnam street 키위빌딩에 있다. 키위빌딩은 15층이나 되는 고층건물이지만 버크셔 해서웨이 본사임을 나타내는 간판이나 로고는 전혀 찾을 수 없다. 왜냐하면 이 빌딩은 버핏 회장의 건물이 아니라 키위라는 부자가 주인이기 때문이다.

밤이면 반짝반짝 빛나는 네온사인 간판도 없고, 회사 이름이 새겨진 나무 간판 하나도 없다. '여기가 정말 세계 최고의 투자회사가 맞나?' 하는 의구심이 들 정도이다.

버크셔 해서웨이는 전체 키위빌딩 중 14층 한 개 층만 사용한다. 전 세계에 76개의 투자 자회사를 가지고 있고, 매년 13조 원^{132억 달러} 이상의 이익을 내는 버크셔 해서웨이가 단 한 개 층만 사용하고 있다는 사실을 아는 사람은 그리 많지 않다.

아니, 15층 전체를 다 사용해도 부족할 것 같은데 버핏 회장은 한 층이면 충분하다고 말한다. 버크셔 해서웨이는 남의 건물에 임대해 있는 것이다. 버크셔 해서웨이 직원은 다음과 같이 말한다.

"버크셔 해서웨이 본사에서 일하는 직원은 버핏 회장을 포함해 20명 가량이다. 20명을 수용할 수 있는 공간이면 충분한데 굳이 빌딩을 살 필요가 없다. 버핏 회장은 쓸데없는 데는 돈을 절대로 낭비하지 않는다."

버핏 회장의 검소하고 절약하는 생활습관은 버핏 회장이 즐겨 찾는 '고라츠Gorat's' 음식점에서도 확인할 수 있다. 내가 방문한 고라츠 음식점은 스테이크 하우스로 서민적인 분위기가 물씬 풍기는 보통 식당이었다. 점심 한 끼에 몇 십만 원을 지불해야 하는 고급호텔과는 거리가 멀었다.

"버핏 회장은 2주일에 한번 정도는 고라츠 식당에 와서 식사를 한다. 오마하의 보통 사람들과 똑같은 것을 먹고, 똑같은 대접을 받는다. 버핏 회장은 햄버그의 일종인 '핫 로스트 비프Hot Roast Beef'를 즐겨 드시는데 가격은 6,000원6달러 정도이다."

고라츠에서 일하는 직원의 설명이다.

그럼, 세계 최고 부자인 워렌 버핏은 과연 어떤 집에서 살고 있을까. 수풀이 우거진 중세 유럽풍의 고성古城에서 살까, 아니면 집 한 채에 5,000만 달러500억 원가 넘는 맨해튼의 고급아파트에서 살까. 나는 2007년 5월 미국 중서부 네브래스카 주의 오마하에 있는 워렌 버핏 회장의 집을 방문한 적이 있다.

막연한 호기심도 있었지만 으리으리한 대궐 같은 집을 보는 것만으로도 좋은 구경거리가 될 듯싶었기 때문이다.

작아서 더욱 커 보이는 집

아침 일찍 일어나 투숙하고 있는 호텔에서 콜택시를 불렀다. 시계를 들여다보니 새벽 5시 30분을 약간 넘은 시간이었다. 호텔 로비에서 미국의 작은 시골동네에서 느낄 수 있는 고요한 적막감을 만끽하고 있는데 저 멀리서 새벽어둠을 가르고 노란 콜택시가 달려왔다.

"여기에 적힌 주소로 좀 가주시겠습니까?"

내가 택시기사에게 물었다.

"알겠습니다. 그런데 여기에 적힌 동네는 워렌 버핏 회장이 사는 곳인데, 거기에 가려고 하나요?"

"예, 버핏 회장 집을 한번 구경하려고요."

"아, 그렇군요. 외국 손님들이 버핏 회장 집을 한번 보려고 택시를 많이 타지요. 바로 출발하겠습니다."

차가운 새벽 공기를 가르며 택시는 달리기 시작했다. 뉴욕의 번잡하고 바쁜 생활에 쫓기면서 살아온 나에게 시골마을 오마하가 주는 새벽의 조용함과 아늑함은 어머니 품과 같았다.

택시기사는 자기 이름을 론 레이놀스라고 소개했다. 오마하에서만 50년 이상을 산 토박이 할아버지였다. 창문 너머로 들어오는 바깥 공기를 마시며 먼 산을 바라보고 있는데 레이놀스 할아버지가 나에게 말을 건넸다.

"나는 워렌 버핏을 잘 알아요. 나도 여기에서 태어났고 버핏도 오마하에서 태어났지요. 우리 집이 버핏의 집과 그리 멀리 떨어진 곳에 있지 않아 그를 종종 보게 됩니다. 그는 친절하고 상냥하고 항상 웃음을 머금고 사는 사람이에요. 세상에 그런 사람은 없어요. 손님이 오마하에서 머무는 동안 사람들에게 버핏 회장에 대해 한번 물어 보세요. 버핏 회장을 싫다거나 마음에 안 든다고 말하는 사람이 있는지. 집 앞에 도착하면 내가 하는 말을 이해하게 될 거예요."

레이놀스 할아버지가 사투리가 짙게 묻은 영어를 구사하며 나에게 말했다.

한 15분을 달렸을까. 레이놀스 할아버지가 "다 왔다"며 내리라고 했다. 아담한 집이 한눈에 들어왔다. 낮은 하얀색 나무 펜스가 집을 둘러싸고 있고 초록색 잔디가 아름다운 2층 집이다.

근처의 다른 집과 별반 차이가 없었다. 오히려 근처에는 버핏 회장 집보다 더 멋지고 좋은 집이 많았다.

버핏 회장은 미국 중산층이 사는 전형적인 집에 살고 있었다. 갑부들의 집에서 볼 수 있는 감시카메라도 없었고 철제 정문도 없었고 문지기도 없었다.

내 허리 높이의 나무 울타리가 집과 바깥의 경계를 구분할 뿐이었다. 정문에 켜져 있는 빨간 램프만이 치장이라면 치장이라고 할까. 뒤뜰에는 빨간 레저용 차량SUV 하나만이 놓여 있었다.

버핏 회장은 세계 2위의 갑부지만 10년이 넘은 차를 직접 몰고 회사에 출근할 정도로 검소한 생활을 한다. 버핏 회장이 살고 있는 집은 여느 중산층의 집과 차이가 없다.

버핏 회장은 이 집을 1958년에 3만 1,000달러^{3,100만 원}에 구입했다. 50년 이상 이 집에서 살고 있는 셈이다.

레이놀스 할아버지에게 물어보니까 요즘 이 집은 60~70만 달러^{6~7억 원} 가량 한다고 한다.

이 말을 들으니까 갑자기 버핏 회장의 집과 강남 부자들이 산다는 타워팰리스 빌딩이 겹쳐진다. 웬만한 강남 아파트 가격이 10억 원을 넘고 고급 아파트는 30억 원을 웃도는 한국의 현실과 비교해보면 버핏 회장의 집은 초라해 보일 정도이다. 500억 달러^{50조 원} 이상의 개인 재산을 가지고 있는 버핏 회장에게는 '초라한 누옥陋屋' 임에 틀림없었다.

"내가 운전하는 택시를 타는 외지 손님들이 오마하를 방문할 때 자주 이곳을 찾는데 그들은 이 집이 정말 버핏 회장의 집인지 몇 번이나 되묻고는 해요."

레이놀스 할아버지가 나에게 귀띔해 주었다.

10분 정도 버핏 회장의 집 주위를 서성이고 있으니까 맞은편에서 백발의 할머니가 우리 쪽으로 다가오는 것이었다.

"어제도 기자들이 카메라를 들고 와서 사진을 찍더니만 당신도 기자인가요?"

"예, 맞습니다. 저는 한국에서 왔습니다. 버핏 회장의 집을 한번 보고 싶어서 아침 일찍 왔습니다."

"달리 볼 것이 없어요. 우리 동네의 여느 집들과 차이가 없어요. 오히려 버핏 회장 집보다 더 멋지고 화려하고 아름다운 집들이 더 많답니다."

"정말 그러네요."

"버핏 회장은 동네 사람들을 만나면 먼저 인사를 건넬 정도로 친근하고 포근한 마음을 가지고 있어요. 부자라고 어깨에 힘이 들어가거나 뻐기는 일은 없답니다. 그는 동네의 스테이크 하우스를 애용하고, 아이스크림 가게를 이용하고, 이발소를 찾아요. 일반 사람들과 차이가 없답니다."

백발의 할머니는 버핏 회장의 집 근처에 사는 것이 큰 기쁨이라고 자랑이 대단했다.

자린고비 정신은 부자의 씨앗

2007년 9월 버핏 회장의 집에 도둑이 든 사건이 있었다. 주위의 집들과 별반 차이가 없었기 때문에 좀도둑은 자신이 침입하는 집이 버핏 회장의 집이라는 것도 모르고 있었다.

도둑은 가짜 권총을 들고 얼굴에 스타킹을 뒤집어쓰고, 문 앞까지 다가와 초인종을 눌렀다. 버핏 회장 부인은 창을 통해 스타킹을 쓴 도둑의 모습을 보고 즉시 방범벨을 눌렀다. 마을 경비원이 버핏 회장의 집으로 부리나케 달려왔고 놀란 도둑은 경비원을 가짜 권총으로 위협한 뒤 둔기로 내려치고 황급히 도망갔다. 당시 집에는 버핏 회장도 같이 있었는데 다행히 부부는 아무 피해도 입지 않았다.

도둑이 들었다는 사실보다 대문조차 없을 정도로 검소한 버핏 회장의 자택이 오히려 더 큰 화제가 되었던 웃지 못할 사건이었다.

버핏 회장은 첫 번째 아내 수전과 사별死別한 이후 두 번째 부인 아스트리드 멩크스 여사와 이곳에서 살고 있다. 15분 거리에 있는 버크셔 해서웨이 본사까지 직접 자신이 운전해 출근한다.

"세계에서 두 번째 부자인 버핏 회장에게는 없는 것이 3개 있답니다. 경호원이 그리 많지 않고, 운전기사가 없고, 집 관리인도 없지요. 정말 자기에게 필요한 것이 아니라면 사치라고 생각하지요. 오마하 사람들이 그를 좋아하는 이유가 아닐까요. 전혀 부자 티를 내지 않아요."

레이놀스 할아버지가 버핏 회장에게서 배운 교훈이라고 한다.

나는 버핏 회장과 만나 짧은 인터뷰를 할 기회가 있었다. 내가 먼저 말을 건넸다.

"회장님의 집은 대단히 평범하던데요?"

"제가 사는 데 별 어려움이 없어요. 쓸데없는 곳에 돈을 쓰면 안돼요. 자기만 만족하면 되는 거죠. 제 집은 세상에서 가장 편안하고 아름다운 집입니다."

버핏 회장이 미소를 지으며 짧게 대답했다.

택시를 타고 호텔로 돌아오는 나의 눈에 비친 버핏 회장의 집은 중세 봉건 영주의 대저택보다도 더 근사하고 위용이 있는 것처럼 느껴졌다. 그날 나는 평범한 집 한 채를 보았을 뿐이지만 '부자가 딜리 왜 부자인가'에 대한 큰 가르침을 얻었다.

여러분은 세계적인 억만장자라고 하면 어떤 생활을 할 것으로 상상하는가. 크루즈 유람선을 타고 멕시코 칸쿤 해변에서 일광욕을 즐기고, 중세 봉건영주가 살았던 대저택에서 개인 요리사를 두고 진수성찬을 즐길 것으로 생각하는가. 아니면 다이아몬드 목걸이와 프라다 목도리를 두르고 전용기로 세계를 여행하는 모습을 그리는가.

물론 남들은 살아생전 꿈도 꾸지 못하는 사치스럽고 호화로운 삶을 사는 부자들이 있지만 이와 반대로 부자로 사는 것을 자랑하지 않고 검소하게 사는 부자들도 많다. 버핏 회장처럼 말이다.

세계적인 가구회사 중에 이케아라는 회사가 있다. 손님들이 직접 조립할 수 있는 가구를 만드는 회사로 한국에도 진출해 있다. 이케아를 설립한 사람은 잉그바르 캄프라드이다.

올해 81살인 캄프라드 회장은 16살인 1943년 스웨덴에서 저가 가구회사인 이케아를 설립해 세계 최대의 소매가구 회사를 일구어냈다. 맨손으로 세계적인 억만장자가 된 자수성가형 인물이다. 세상 사람들은 캄프라드 회장을 '가구의 왕Furniture King' 이라고 부른다.

캄프라드 회장이 설립한 이케아는 세계 32개국에 202개의 점포와 9만 명의 직원을 거느리고 있는 다국적 기업이다.

우리가 캄프라드 회장에게서 배워야 할 점은 맨손으로 열정과 도전정신으로 성공과 부富를 일구어냈다는 점과 그의 절약하는 정신이다.

캄프라드 회장의 재산은 280억 달러28조 원로 마이크로소프트의 빌 게이츠 회장, 버크셔 해서웨이의 워런 버핏 회장, 멕시코의 산업재벌 카를로스 슬림 회장에 이어 세계 4위에 해당한다.

하지만 그는 평생을 살아오면서 사치를 멀리한 채 검소와 절약으로 일관하고 있다. 캄프라드 회장은 15년 된 볼보 승용차를 손수 운전하며, 사업상 비행기를 탈 때에는 이코노미 좌석을 고집한다. 쇼핑을 할 때에는 주말 할인행사가 있을 때를 기다려 동네 슈퍼마켓에서 물건을 산다.

그의 집도 버핏 회장처럼 화려하지 않고 대중적이며 값싼 이케아 가구로 장식되어 있을 뿐이다. 크리스마스와 같은 큰 행사가 있을 때에만 세 아들과 이웃들을 불러들여 스웨덴의 고향마을에서 옛날 전통대로 만든 와인을 대접한다.

이뿐만이 아니다. 일반 버스를 탈 때에는 경로우대권을 사용하고, 플라스틱 컵을 씻어 재활용하는가 하면 과일이나 야채를 살 때에는 가격이 내려가는 오후 시간에 구입한다.

버핏 회장과 캄프라드 회장은 세계 최고 부자를 대표하는 사람들이다. 하지만 그들은 허영과 사치를 멀리하고, 평생 절약하고 검소한 생활 습관을 간직하고 있다. 진정한 부자가 어떤 것인지, 부자를 꿈꾸는 사람들이 어떠한 습관과 마음가짐을 가져야 하는지 이들은 우리들에게 보여주고 있다. 세상 사람들이 그를 '스크루지 구두쇠'라고 부르는 것에 대해 캄프라드 회장은 이렇게 응대할 뿐이다.

절약하고 검소하게 생활하면 돈은 쌓이게 마련이다. 예금잔고도 늘어난다. 금화 한 냥이 두냥이 되고, 열 냥이 되고, 백 냥이 된다. 저금통을 흔들면 금화가 부딪히면서 아름다운 소리를 낸다. 금화가 소리를 내면 감미로운 음악보다 더 감동적일 수 있는 이유가 여기에 있다.

Warren Edward Buffett
The rich & secret

2장
생활 습관

08 돈보다 중요한 것은
청렴과 신용이다

청렴

권세와 명예, 부귀영화를 가까이하지 않는 이도 청렴결백하지만,
가까이하면서도 물들지 않는 사람이 더욱 고결한 사람이다.
권모술수를 모르는 이도 뛰어나지만,
쓸 줄 알면서도 쓰지 않는 사람이 더욱 뛰어난 사람이다.
―『채근담』

    버핏 회장은 80세를 넘은 고령의 경영자이다. 그가 경영하는 버크셔 해서웨이 투자회사는 전 세계를 대상으로 주식과 채권을 매매하는 글로벌 기업이기 때문에 세상 사람들은 그의 후계자에 대해 높은 관심을 보이고 있다.
    버핏 회장은 단호하게 "자식들에게 경영권을 물려주지 않을 것"이라고 말한다. 어떤 자리든 걸맞은 능력과 자질을 갖춘 사람이 앉아야 한다는 것이 그의 철학인데, 자신의 자식들은 경영을 잘 모르는 만큼 다른 후보자를 물색하고 있다는 것이다. 그의 엄격함은 '후계자 선정'에서도 여실히 나타난다. 젊은 시절 쓰러져가던 섬유회사를 인수해 오늘날 세계적인 기업으로 일구어냈는데, 보통 사람들이라면 그 동안의 고생과 노력이 아까워 자녀들에게 기업을 물려주려고 할 것이다. 하지만 버핏 회장은 "그것은 정도가 아니다"라며 자신에게 엄격한 모습을 보이고 있다.

한국으로 시선을 돌려보자. 많은 대기업들이 2세 경영이니 3세 경영이니 하면서 창업자의 아들, 손자, 증손자들이 회사를 통째로 물려받고 있다. 대기업에 형식적으로 입사해 요직을 두루 거치면서 고속 승진을 하고 몇 년이 지나지도 않아 상무, 부사장, 사장 등으로 사다리를 타고 올라간다. 거수기로 전락한 이사회는 여기에 제동을 걸지 않는다.

또 대기업 오너들은 자녀는 물론 친척들에게도 재산을 물려주기 위해 계열사를 마구 설립해 일감을 몰아주고 회사를 키울 수 있도록 도와준다. 대기업들이 문어발식으로 계열사를 늘리며 회사수를 늘리는 이유가 바로 여기에 있다. 이 과정에서 이전까지 대기업에 물량을 공급했던 중소기업과 영세 상인들은 설자리를 잃고 공장과 가게 문을 닫고 만다.

버핏 회장의 경영철학과 상식으로는 이해가 되지 않는 부문이다. 버핏 회장의 세 자녀 중 버크셔 해서웨이에서 투자업무를 담당하거나 회사 경영에 참여하는 사람은 아무도 없다. 아버지의 엄격함을 알고 있는 자녀들이 회사경영에 참여하겠다고 감히 욕심을 부리지도 않았고, 버핏 회장도 자녀들의 의사를 존중해 자신이 좋아하는 분야에서 일을 하도록 유도했기 때문이다. 버핏 회장은 자기 자신뿐만 아니라 자녀들에게도 엄격한 기준을 적용하고 있는 것이다.

버핏 회장의 후계자 조건

그는 직원관리에서도 엄격하기 짝이 없다. 자신의 최측근일지라도 중대한 실수나 잘못이 있으면 가차 없이 물러나게 했다.

버핏 회장은 버크셔 해서웨이를 경영할 후계자 중의 한 사람으로 데이비드 소콜을 마음에 두고 있었다. 소콜은 버크셔 해서웨이 자회사 중 하나인 미드아메리칸 에너지홀딩스의 회장이었고, 제트기 임대업체 네트제츠의 최고경영자CEO를 맡고 있었다. 뛰어난 업무능력과 투자감각으로 버크셔 해서웨이 내부에서도 높은 평가를 받고 있던 인물이었다. 별다른 문제가 발생하지 않는다면 소콜이 버핏 회장의 1순위 후계자가 될 것이라는 소문이 사실로 굳어지는 분위기였다. 하지만 사건이 터지고 말았다.

소콜은 버크셔 해서웨이 본사가 화학업체인 '루브리졸'에 투자해 이 회사를 인수할 것이라는 내부정보를 입수했다. 아무리 뛰어난 최고경영자라고 하더라도 이재理財와 재물에는 마음이 흔들리는 법. 소콜은 인수 발표가 나기 전까지 꾸준히 루브리졸 주식을 사들이기 시작했다. 버크셔 해서웨이 같이 세계적인 투자회사가 특정회사를 인수하면 그 회사의 주가는 급등하게 된다. 소콜은 이 같은 희망과 기대를 갖고 루브리졸 주식을 매입했던 것이다. 버크셔 해서웨이가 인수한다는 소식이 전해지기만 해도 루브리졸 주식은 몇 십 배가량 뛰어오를 것이 분명했다.

소콜은 버핏 회장에게 버크셔 해서웨이가 루브리졸을 인수할 것을 추천했고, 버핏 회장은 소콜의 제안을 받아들여 90억 달러(주당 135달러)

에 인수하기로 결정했다. 우리 돈으로 10조 원에 달하는 천문학적인 금액이다. 소콜은 인수에 앞서 루브리졸 주식 10만주를 주당 104달러에 매집해 놓은 상태였다.

하지만 소콜의 이 같은 잘못된 행동은 미국 금융당국의 레이더망에 걸리고 말았다. 미국 금융당국은 소콜의 내부정보를 이용한 주식매입 정황을 포착하고 조사를 진행했고 이 같은 사실은 바로 워렌 버핏 회장에게 보고되었다.

"소콜이 버크셔 해서웨이 내부규정을 위반했다. 설명할 수도 없고 용서할 수도 없는 일이 벌어졌다."

버핏 회장은 단호했다.

투자회사에 다니는 직원들은 중요한 투자정보를 얻는 경우가 종종 있다. 어떤 회사가 기업인수합병M&A에 나선다더라, 대규모 수주계약을 맺었다고 하더라, 외국 회사에 팔린다고 하더라, 자사주를 매입한다고 하더라 등 주가에 영향을 미칠 수 있는 정보를 종종 접하게 된다. 이 같은 내부정보를 이용해 투자를 하거나 수익을 얻는 사람들에게 대해 버크셔 해서웨이는 엄격한 처벌규정을 두고 있다.

자신의 뒤를 이을 최고의 후계자라고 평가했던 소콜이었지만 버핏 회장은 그에게 등을 돌렸다. 도덕과 청렴을 최고의 무기로 살아왔던 버핏 회장에게 소콜은 자격 미달의 사람으로밖에 보이지 않았다. 버핏 회장은 소콜의 능력은 인정했지만 버크셔 해서웨이라는 조직을 위해서라도, 투자자들의 신뢰를 위해서라도 소콜을 용서할 수 없었던 것이다. 결국 소콜은 사표를 쓰고 회사를 떠났다.

자신의 오른팔을 도려내는 아픔이었지만 버핏은 과감하게 이를 실행에 옮겼다. 망설이거나 머뭇거리지 않았다.

"나의 후계자는 이러해야 합니다. 화살처럼 곧은 사람이어야 하며, 윤리적으로 완벽하게 공명정대한 인물이어야 합니다."

버핏 회장은 평소 자신이 가지고 있었던 소신을 그대로 행동으로 옮긴 것이다.

조직의 지도자나 리더는 버핏 회장처럼 아무리 가까운 사람이더라도 처벌하는 엄격함을 가지고 있어야 한다. 칭찬이 조직 분위기를 띄우는 청량제 역할을 하지만, 때로는 가혹한 처벌이 조직 분위기를 쇄신하는 작용을 하게 된다. 이웃집 할아버지처럼 아무리 자상한 버핏 회장이더라도 불의不義에 대해서는 한 치도 용서하지 않는 것처럼 조직의 리더는 자상함과 엄격함을 모두 가지고 있어야 한다.

버핏 회장의 엄격함은 동양 고전인 『삼국지』에 나오는 제갈공명의 '읍참마속' 이야기와 꽤 닮았다. 유비가 이끄는 촉蜀나라는 조조가 지휘하는 위魏나라와 전쟁을 치르고 있었다. 유비에게는 제갈공명이라는 뛰어난 전략가가 있었다. 천하통일이라는 대업大業을 앞두고 촉나라와 위나라는 가정街亭이라는 곳에서 서로 한 발자국도 양보할 수 없는 큰 전쟁을 치르게 된다. '가정전투'를 시작하기에 앞서 제갈공명은 어떤 장군을 내보내면 좋을까 고심한다. 이때 제갈공명을 직접 찾아와 임무를 맡겠다고 자청한 사람이 바로 '마속'이다. 마속은 제갈공명의 친구인 마량馬良의 동생으로 무예가 출중하고 책임감이 강해 제갈공명이 늘 가까이 두고 아끼던 부하였다.

"오랫동안 병법과 무예를 연마한 장수가 가정지역 하나 수비하지 못한대서야 어떻게 장수라고 하겠습니까? 만일 제가 위나라에 패해 돌아온다면 저를 군법에 따라 엄벌에 처하더라도 달게 받겠습니다."

마속이 제갈공명에게 말했다.

"좋네. 자네의 용기가 마음에 드네. 하지만 절대 나의 명령을 따라야 하네. 가정지역의 산기슭 길을 지키고만 있어야지, 절대 위나라 군대를 먼저 공격해서는 안 되네. 전쟁에서 농담은 없는 법이네. 실수가 있다면 용서하지 않겠네."

제갈공명은 마속에게 먼저 공격해서는 안 된다고 신신당부 했다.

하지만 마속은 가정지역에 들어서자 제갈공명의 명령을 따르지 않고 산 위에 진지를 구축하고 위나라 군대와 전투를 하다 큰 패배를 당하고 말았다. 가정지역이 위나라에 점령되자 제갈공명은 마속을 보낸 것을 뒤늦게 후회했지만 이미 엎질러진 물이었다.

제갈공명은 명령을 어겨 패배를 초래한 책임을 물어 마속의 목을 자를 것을 명령했다. 신하들은 마속의 능력이 출중하고 한 번 실수를 한 것이니 다시 한 번 기회를 주어야 한다며 말렸다.

이에 제갈공명은 다음과 같이 말했다.

"마속은 아까운 인물입니다. 저도 그를 사랑하고 아낍니다. 하지만 사사로운 정情에 이끌려 군율을 깨서는 안 됩니다. 마속을 잃는 것은 국가의 큰 손실일지 모르나, 그의 목을 베지 않는 것은 더 큰 손실을 초래할 겁니다. 장수와 부하들은 군율을 더 이상 엄격히 지키지 않을 것입니다. 아까운 인물이기 때문에 마속의 목을 베어 대의를 바로 잡아야 합니다."

신하들의 요청을 거절한 제갈공명은 형리를 재촉해 마속의 목을 베게 했다. 형장으로 끌려가는 마속을 보면서 제갈공명은 소매로 얼굴을 가리고 땅바닥에 엎드려 울었다.

　"사랑하는 장군, 마속이여. 나를 용서해 주시오. 나에게 죄가 있고, 내가 똑똑하지 못해 자네를 죽게 만드는구려. 하지만 나는 나의 목을 칠 수도 없습니다. 왜냐하면 마속 당신의 죽음이 헛되지 않도록 촉나라를 위해 훗날을 도모해야 하기 때문입니다."

　결국 마속의 목은 촉나라 진중에 걸렸다. 촉나라의 모든 군사와 신하들은 제갈공명의 속마음을 알고 있었기에 누구 하나 눈물을 흘리지 않는 사람이 없었다.

　원리, 원칙에 따라 자신에게 엄격함을 보였던 제갈공명의 진면목을 볼 수 있는 대목이다. 제갈공명이 마속의 목을 벤 것이나 버핏 회장이 소콜을 해고한 것이나 모두 자신에게 엄격하려고 노력했던 위대한 인물들의 모습이다.

　저명한 신학저술가인 토마스 아담스는 이렇게 말하지 않았는가.

　"다른 사람들을 바꾸려면 스스로 먼저 바뀌어야 한다. 이 세상이 나아가지 않는 이유는 한 가지 때문이다. 서로가 서로를 변화시키려고 할 뿐 자신은 변화하려고 들지 않기 때문이다."

똑같은 잣대로 자신과 타인을 평가하라

과연 우리는 자신에게 엄격하고, 자신부터 변화하려는 노력을 얼마나 하고 있을까. '자신은 예외'라고 외치며 타인에게만 변화를 강요하고 있는 것은 아닐까.

자신은 한 달 동안 책 한 권 읽지 않으면서 아이들에게는 공부하라고 닦달하는 아버지, 자녀들에게 TV 좀 그만 보라고 호통을 치면서도 드라마에 빠져 사는 가정주부, 서로 책임을 떠넘기는 부부, 내가 출세하지 못하는 건 가난한 부모 때문이라고 불평하는 청년들, 나는 열심히 일하는데 회사가 망가지고 있는 것은 무능한 경영진들 때문이라고 비난하는 직장인들. 오늘을 사는 우리들의 모습은 아닌지 한번 되돌아볼 필요가 있다.

개인뿐 아니라 기업들도 마찬가지다. 기업도 자신에게 엄격하지 않으면 급변하는 글로벌 경제 환경에 적응하지 못하고 금방 도태되고 만다. 외환위기를 겪었던 1990년대 후반 대우를 비롯해 한국을 대표하는 굴지의 대기업들이 하나둘씩 쓰러져갔던 것도 내부의 문제점을 파악하지 못하고 방만하게 경영을 하면서 부실을 키웠기 때문이다.

버핏 회장이 후계자 1순위로 꼽혔던 소콜의 비리를 눈감아주지 않고 단죄했던 일과 비슷한 경우는 삼성그룹의 이건희 회장에게서도 발견할 수 있다.

2011년 6월. 삼성그룹 계열사인 방산업체 삼성테크윈에 다니는 모 부장이 중소납품업체들로부터 2년간 97억 원을 챙겼다는 소문이 삼성그룹

내에 퍼졌다. 글로벌 기업임을 자부하는 삼성그룹으로써는 치욕적인 사건이 아닐 수 없었다. 투명성을 무기로 글로벌 기업들과 경쟁하고 있는 상황에서 이 같은 비리는 삼성의 조직문화를 일시에 무너뜨릴 수 있는 위험요소였다.

6월 9일, 이건희 회장이 나섰다. 서울 서초동 삼성 사옥에 출근하던 이 회장은 작심한 듯 취재기자단을 불렀다. 웬만한 일은 개인 집무실인 승지원에서 볼 정도로 '조용한 경영'으로 유명한 이 회장이 인터뷰를 자청한 것은 매우 이례적인 일이었다. 또 이 회장은 사장단회의를 소집해 다음과 같이 말했다.

"삼성이 자랑하던 깨끗한 조직문화는 훼손됐다. 삼성 내 부정부패를 뿌리 뽑아야 한다. 각계열사에 대한 감사가 제대로 이루어지지 않고 있다. 해외에서 잘 나가던 회사들도 조직의 나태와 부정으로 주저앉은 사례가 적지 않다. 삼성도 예외가 아니다. 감사를 아무리 잘해도 제대로 처벌하지 않으면 안 된다."

비리를 저지른 담당 부장은 회사를 떠나야 했고, 삼성테크윈 사장 역시 책임을 지고 사장 자리에서 물러났다. 암세포를 조기에 치료하지 않으면 생명을 잃게 되는 것처럼, 조직의 작은 비리를 방치하고 눈감아주면 결국 조직문화가 부패와 비리로 멍들게 되고 조직 자체가 사라지고 만다는 생각에서다.

성공한 사람들에게는 청렴과 정직, 엄격 등의 가치를 중시하는 공통점이 있다. 성공과 부(富)를 얻는 절대원칙은 세상 어디에도 없다. 하지만 청렴과 엄격이라는 원칙을 가지고 매일 매일 살아간다면 조금씩 발전하고 성장해가는 자신을 발견하게 될 것이다. 버핏 회장이 평범한 삶을 살아가는 우리들에게 보여주고 들려주는 교훈이 바로 이것이다.

09
 시간 부자가 **진짜 부자다**

시간관리

시간은 누구에게나 공평하게 주어진 자본금이다.
이 자본을 잘 이용한 사람에겐 승리가 있다.
―아뷰난드

"우물쭈물 살다가 내 끝내 이렇게 될 줄 알았지."

아일랜드의 희곡작가 조지 버나드 쇼^{1856~1950년}의 묘비명에 적힌 글이다. 아무리 인생을 열심히 살았어도 임종을 앞두고 삶을 되돌아보면 너무나 짧은 여행이었다는 것을 일깨우는 표현이다. 아무리 치열하게 삶을 살았어도 하늘나라로 가기 전에 삶을 되돌아보면 시간을 허비했다는 자기 반성을 하게 하는 문장이다. 시간은 무한하지만 인생은 유한하다. 그럼 누구에게나 종착점이 있는 인생을 어떻게 계획하고 하루하루를 살아야 할까.

성공한 삶을 사느냐, 아니면 실패한 삶을 사느냐의 여부는 시간관리를 어떻게 하느냐에 달려 있다. 시간은 모든 사람들에게 똑같이 주어져 있다. 아무리 돈이 많은 부자라고 하더라도 시간을 돈으로 살 수는 없는 법이다.

하지만 시간관리를 어떻게 하느냐에 따라 우리의 미래는 180도 달라진다. 일분일초를 아끼며 시간관리를 잘한 사람은 성공한 삶을 살게 되지만, 반대로 일분일초를 허투루 보낸 사람은 죽음을 앞두고 자신의 인생을 후회하게 된다. 한평생 잘 짜인 계획표대로 시간을 관리하는 습관을 들여야 한다.

버핏 회장의 시간관리 수첩

버핏 회장은 시간관리의 달인이다. 81살의 나이에도 불구하고 버핏 회장은 매일 아침 직접 차를 몰고 자신이 운영하는 버크셔 해서웨이 회사에 출근한다.

연세가 지긋이 든 대부분의 노인들은 버핏 회장의 나이가 되면 은퇴한 뒤 여행을 즐기거나, 소일거리로 하루를 보내는 일이 많지만 버핏 회장은 매일같이 회사로 출근해 일을 한다.

버핏 회장 밑에서 근무하는 젊은 직원들조차도 혀를 내두를 정도로 그는 아침 일찍 회사에 나오는 것으로 유명하다. 젊은 시절부터 아침에 일찍 일어나 일하는 시간관리 습관이 몸에 배어있기 때문이다. 버핏 회장은 아침에 게으름을 피우면 오히려 몸이 아프다고 말한다.

버핏 회장이 회사에 출근해 가장 먼저 하는 일은 신문을 읽고 국제 금융시장을 분석하는 일이다. 미국을 대표하는 경제신문 「월스트리트저널」과 영국의 「파이낸셜타임스」를 읽는 것은 기본이고 「뉴욕타임스」「워싱턴포스트」 등 종합지 신문을 읽으며 세계경제와 국제 정치가 어떻게 돌아가는지 공부한다.

버핏 회장이 아무리 바쁜 행사가 있거나 약속이 있어도 매일 아침 신문과 경제잡지를 꼭 읽는 것은 '정보가 곧 돈'이라는 생각을 가지고 있기 때문이다.

여러분도 잘 알다시피 주식투자는 정보가 생명이다. 고급 정보를 얻거나 국제 경제의 흐름을 잘 알고 있어야 제대로 된 투자를 해서 돈을 벌 수 있다. 정보가 없이 주식투자를 하는 것은 마치 돈키호테가 말을 타고 풍차를 향해 달려가는 것만큼 어리석은 짓이다.

버핏 회장의 시간관리 수첩에 신문과 잡지 읽기가 가장 먼저 쓰여 있는 것은 당연한 일이다.

신문과 잡지 읽기가 끝나면 버핏 회장은 바로 기업들의 재무보고서와 분석 자료를 챙긴다. 재무보고서는 기업들이 얼마나 많은 돈을 벌고 수익을 올리는지 나타내는 자료이다.

버핏 회장의 책상에는 기업보고서가 산더미처럼 쌓여 있다. 미국은 물론 아시아, 유럽, 중동, 중남미 등 전 세계에서 배달되어 온 기업들의 보고서가 버핏을 기다리고 있다. 산수와 수학, 회계에는 동물적인 감각을 가지고 있는 버핏 회장은 이들 보고서를 검토하면서 향후 투자할 기업을 선정한다. 그는 하루에만 20~30개의 보고서를 분석하고 검토한다고 한다.

젊은 분석가들도 기업 10군데 정도만 분석해도 몰려오는 피로감에 녹초가 되는데 버핏 회장은 시간관리를 철저히 하면서 젊은이들보다 많은 양의 기업보고서를 처리한다.

기업보고서 검토가 끝나면 버핏 회장은 자신이 투자한 기업들의 CEO와 앞으로 투자할 마음이 있는 기업의 CEO와 전화통화를 한다.

하루에만 보통 20명가량의 CEO와 전화통화를 한다고 한다. 기업을 경영하는 CEO가 어떠한 생각과 비즈니스 마인드를 가지고 있는지 버핏 회장은 일일이 전화를 걸어 체크한다.

"버핏 회장은 시간관리를 철저히 합니다. 일분일초도 쓸데없이 낭비하는 경우가 없습니다. 그가 고령의 나이에도 불구하고 건강미를 자랑하고 있는 것은 시간관리를 철저히 하면서 부지런히 일하고 있기 때문일 겁니다. 버핏 회장에게서 뿜어져 나오는 열정과 일에 대한 의욕은 엄격한 시간관리에 있다고 생각합니다."

버핏 회장의 일정을 관리하는 여비서의 설명이다.

버핏 회장은 돈은 정직하고 깨끗하게 벌어야 한다고 강조한다. 세계적인 경제 잡지인 「포춘」의 표지 모델로 선정된 버핏 회장

반 총장의 시간관리 수첩

역사적으로 저명한 위인들의 공통점은 시간을 귀중하게 여기고, 시간관리를 철저히 했다는 점이다. 독일을 대표하는 철학자 에마뉘엘 칸트 1724~1804년는 매일 오후 4시에 산책을 했다. 책을 저술하고, 연구논문을 쓰고, 깊은 생각에 빠져 있다가도 오후 4시가 되면 어김없이 마을을 산책했다. 동네 사람들이 산책을 하는 칸트를 보고 자신들의 시계를 4시에 맞추었다는 얘기는 너무나 유명하다.

칸트가 철저하게 시간관리를 하며 시간을 계획적으로 사용했다는 것을 보여주는 대목이다.

1시간은 3,600초, 하루는 8만 6,400초, 1년이면 3,153만 6,000초, 인간의 일생을 70세로 잡으면 22억 752만초가 모든 사람들에게 똑같이 주어져 있다.

활시위를 떠난 화살이 돌아오지 않듯이 시간은 한번 흘러가면 영원히 다시 찾아오지 않는다. 그렇기 때문에 한정된 시간을 어떻게 관리하고 사용하는가에 따라 부富와 성공이 좌우된다.

버핏 회장이나 철학자 칸트와 마찬가지로 반 총장도 시간관리가 철저하기로 유명하다. 반 총장은 깨알 같은 글씨로 쓰인 개인수첩을 항상 양복 안주머니에 넣고 다닌다. 반 총장의 하루 일정은 물론 몇 개월치 개인 스케줄이 고스란히 담겨있다.

2007년 9월 유엔총회 때에는 하루에 무려 28건의 일정을 소화했다. 대통령이나 총리 등 국가 원수급 인사들을 만날 때에는 20분 정도의 시간을 할애하고, 그 외에는 5~10분가량 시간을 짜내 사람들을 만난다. 마치 정해진 시간표대로 운행하는 고속전철처럼 반 총장은 매일 분단위로 시간을 관리한다.

학창시절부터 외교관 생활을 거치면서 몸에 배인 습관이 지금까지도 고스란히 남아 있는 것이다. 반 총장은 특파원 기자들을 만날 때마다 "저는 별다른 운동을 하지 않습니다. 항상 평균 체중을 유지할 수 있는 것은 언제나 바쁘게 걸어다니고, 일을 하고, 바쁘게 생활하기 때문입니다"라고 말하곤 했다.

반 총장은 2007년 1월 유엔총장 취임 이후 1년 동안 58개국 120여 개 도시를 방문했다. 총탄이 오가는 분쟁지역인 이라크와 아프가니스탄을 찾았고, 아프리카 다르푸르와 레바논과 같은 위험한 지역도 피하지 않았다.

이라크 바그다드에서는 기자회견 도중 인근에서 폭탄이 폭발하는 아찔한 순간도 있었다. 또 지구온난화의 심각성을 전 세계에 알리기 위해 남극과 안데스산맥, 아마존 밀림지역 방문도 마다하지 않았다.

"돌아보면 지난 1년간 세상에서 가장 바쁜 사람 중의 한 사람이 아니었나는 생각이 듭니다. 지난 1년 동안 해외에서 132일을 보냈습니다. 3일에 하루는 해외에서 보낸 셈이죠. 손으로 꼽아보니까 58개국, 120여 개 도시를 방문했습니다. 외교부 장관 시절에는 최고 18건의 일정을 소화했었는데, 2007년 9월 유엔총회 때에는 하루에 28건의 일정을 소화하기도 했습니다."

취임 1돌을 맞은 반 총장이 뉴욕의 한국특파원들과 만나 인터뷰를 하면서 한 말인데, 반 총장이 얼마나 시간을 소중히 여기고 시간관리에 철저했는지 알 수 있는 대목이다.

"저는 직원들이 저에게 올리는 결재 서류를 하루 이상 넘기지 않습니다. 사무실에서 다 끝내지 못하면 집에 가져가서라도 그날 끝낼 것은 그날 마칩니다. 일하는 데는 어느 정도 단련이 돼 있다고 생각했는데 유엔에 와보니 비교가 안 될 정도로 더 바쁩니다. 유엔 사무총장으로 있으면서 하루 평균 4시간 30분가량을 자고, 일이 많으면 3시간 30분 자는 경우도 있습니다. 세계 각국의 특파원들과 인터뷰나 기자회견을 할 때에는 모든 나라의 이해관계가 걸려 있는 질문들이 쏟아지는데 어떤 때는 답변이 어려운 질문들도 있습니다. 늘 역사를 공부하고 전 세계에서 일어나는 일들의 배경과 백그라운드를 공부해야 합니다. 하도 세상을 많이 돌아다니다 보니 지금은 인사말 정도는 15개국 언어로 할 수 있을 정도입니다."

반 총장의 시간관리 노하우를 옆에서 지켜보고 있으면 지독하다는 생각이 들 때가 많다. 반 총장은 젊은이들 못지않은 열정과 의욕으로 하루하루를 생활하고 있다. 1분, 2분도 허투루 보내는 일이 없다. 왜냐하면 5분의 시간만 주어져도 외국 외교관을 만나 국제적인 현안이나 이슈들을 논의할 수 있기 때문이다.

벤저민 프랭클린의 시간관리 교훈

돈을 잘 관리하는 기술Technology을 '재財테크Tech'라고 한다면 시간을 철저히 관리하는 노하우를 '시時테크'라고 한다. 반 총장이나 버핏 회장과 같이 역사상 위대한 인물들은 시간관리에 철저한 시테크의 달인들이다.

시간을 관리하지 못하는 사람은 자신의 인생을 제대로 관리할 수 없는 법이다. 시간을 관리하는 자는 승자가 되지만, 시간에 끌려 사는 자는 패자가 된다는 것을 역사는 우리들에게 보여주고 있다.

미국 건국의 아버지 벤저민 프랭클린1706~1790년은 시간관리의 중요성을 다음과 같이 말했다.

"그대는 인생을 사랑하십니까? 그렇다면 시간을 낭비하지 마세요. 시간은 인생을 구성하는 재료이니까요. 똑같이 출발했는데, 세월이 지난 뒤에 되돌아보면 어떤 사람은 뛰어나고, 어떤 사람은 낙오자가 되어 있습니다. 이 두 사람의 거리는 좀처럼 접근할 수 없는 것이 되어 버렸습니다. 이것은 하루하루 주어진 시간을 잘 이용했느냐, 이용하지 않고 허송세월을 보냈느냐에 달려 있는 것입니다."

결국 벤저민 프랭클린은 "가장 바쁜 사람이 가장 많은 시간을 갖는 법이다. 부지런히 노력하는 사람이 많은 부富와 성공을 얻게 된다"는 것을 우리들에게 역설하고 있는 것이다.

누구나 시간을 헛되이 낭비하지 않으려고 애쓴다. 다이어리에 빼곡히 일정을 정리하기도 하고, 그날 일과와 다음날 일정을 일기장에 쓰기도 한다. 하지만 현실에서 보면 의외로 시간을 허비하는 사람들이 많다. 그들은 시간이 갖는 경제적 가치를 모르는 사람들이다.

시간의 경제적 가치를 평가해보자. 1시간을 시간당 최저임금액과 비교해보면 된다. 2011년 현재 한국의 시간당 최저임금은 4,320원이다. 만일 당신에게 1시간에 해당하는 3,600초와 4,320원 중에서 하나를 고르라고 한다면 어떤 것을 선택하겠는가. 만일 4,320원을 선택한다면 당신에게 1시간은 최저임금만도 못하다는 이야기가 된다.

최저임금은 인간이 인간다운 생활을 하기 위해 최소한 보장되어야 하는 가장 낮은 수준의 생계비를 법으로 정한 것이다. 편의점에서 아르바이트를 하든, 중국집에서 배달을 하든, 길거리에서 전단지를 돌리든 최소한 한 시간에 4,320원을 받게 된다.

4,320원을 선택한다는 것은 시간의 가치를 스스로 형편없이 떨어뜨리는 것이다. 여러분은 과연 1시간과 4,320원 중 어느 것이 가치 있다고 생각하는가. 결국 1시간의 가치를 결정하는 것은 여러분 자신이다.

어떤 사람에게는 1시간이 4,320원의 가치만 담고 있지만, 어떤 사람들에게는 1시간이 수 십만 원의 가치를 지니게 된다. 그것은 시간의 주인인 당신이 어떤 인생을 살았고, 어떤 성공을 거두었는가에 따라 결정된다. 직업에는 귀천이 없다고 하지만 현실적으로는 연봉의 차이가 있고 그에 따라 시간가치도 달라진다. 시간을 잘 관리하는 사람이 인생에서 반드시 성공한다고 확신할 수는 없지만, 그만큼 성공에는 훨씬 가까이 다가선다고는 말할 수 있다.

성공은 시간관리를 철저하게 한 사람에게 돌아간다. 미국 하버드 대학 연구결과에 따르면 인생계획을 세워 살아가는 3%의 사람은 모두 크게 성공을 거두었지만, 계획 없이 지낸 사람들은 평범하게 살고 있는 것으로 나타났다. 젊어서는 시간이 더디게 흘러가는 것처럼 느껴지지만, 나이가 들면 세월이 잘 흘러간다고들 말한다. 왜 그럴까. 젊은 시절에는 자신의 목표를 향해 분주히 움직이고, 자기계발을 하고, 능력을 배가시키기 위해 노력하기 때문에 시간이 느리게 흘러가는 것처럼 느껴진다. 하지만 나이가 들어갈수록 현실에 안주하게 되고, 도전을 포기하고, 하루하루를 때우는 식으로 생활하기 때문에 시간이 금방 지나가는 것처럼 느껴지는 것은 아닐까.

발명왕 에디슨은 가장 어리석고 못난 변명은 '시간이 없어서'라고 했다. 내가 살고 있는 오늘은 어제 죽은 이가 그리도 갈망했던 내일이라고 하지 않는가. 일분일초도 헛되이 보내서는 안 되는 이유가 여기에 있다. 시간은 누구에게나 공평하게 주어진 자본금이다. 이 자본을 잘 이용한 사람에게 승리가 따라붙는다.

미국의 낭만파 시인 롱펠로는 다음과 같이 노래했다.

"미래를 신뢰하지 마세요. 죽은 과거는 묻어버리세요. 그리고 살아 있는 현재에 집중하고 행동하세요."

시간을 정복하는 자만이 성공의 과실을 딸 수 있는 법이다.

10

정직하게 번 돈은
세상에서 가장 아름답다

정직

하루만 행복하려면 이발소에 가서 머리를 깎아라.
1주일만 행복해지고 싶거든 결혼을 하라.
1개월 정도라면 말(馬)을 사고, 1년이라면 새 집을 지어라.
그런데 평생토록 행복하기를 원한다면 정직한 인간이 되어라.
―영국 속담

한국의 부모나 어른들은 자녀나 아이들이 돈이나 부자 얘기를 하는 것을 꺼린다. '나는 세상에서 제일 큰 부자가 될 테야' '많은 돈을 벌어 꼭 성공하고 말테야' 등과 같이 아이들이 부자가 되겠다고 꿈을 말하면 어른들은 '어린 녀석이 일찍부터 돈맛을 안다' 며 부정적인 시각으로 바라보는 경우가 많다.

한국 부모들도 '사회에서 출세하려면 공부만 잘하면 된다' 며 자녀들의 자질이나 능력을 고려하지 않고 획일적으로 대학입시 공부에만 매달리도록 만든다. 우리의 선조들이 '사士 농農 공工 상商' 의 순서로 표현했듯이 과거에 급제해 세상에 이름을 날리는 것을 제일 큰 가치로 생각한 반면, 창업을 하고 장사를 통해 돈을 버는 것은 하찮은 재주로 치부한 것도 큰 영향을 미쳤을 것이다. 물론 공부를 열심히 하고 학문을 닦는 것이 출세를 위한 효과적인 방법이기는 하지만 모든 학생들이 일률적으로 이 원칙을 따를 필요는 없다고 본다.

공부에 머리가 트인 아이가 있기도 하지만, 비즈니스 감각이 뛰어난 아이도 있고 회사경영에 비상한 능력을 가지고 있는 아이들도 있다. 서로 다른 악기가 자신만의 음색을 내며 멋진 오케스트라 연주를 만들어내는 것처럼 개개인의 능력과 자질도 천차만별이다.

최고의 부자가 되라고 가르친다

한국과 달리 미국이나 유태인 사회는 '돈과 부富'의 중요성을 어린 아이들에게 먼저 가르친다. 본국인 영국의 종교적인 차별과 학대를 견디다 못해 대서양을 건너온 미국 초기의 이민자들은 맨주먹으로 오늘날 세계 최강대국이 된 미국의 기초를 닦았다. 로마제국에 멸망당한 뒤 전 세계에 흩어져서 갖은 학대와 고난을 겪어야 했던 유태인들은 결국 이스라엘을 건국했다. 모두 무無에서 유有를 창조한 사람들이다. 이들 민족의 부모들은 자녀들에게 '정직하게 돈을 벌어 최고의 부자가 되라'고 가르친다.

가난한 사람은 남을 도울 수 있는 힘이 약하지만, 부자들은 가난한 사람을 도울 수 있는 힘도 크다. '곳간에서 인심 난다'는 한국 속담처럼 미국과 유태인 자녀들은 정직하게 돈을 벌어 사회를 위해 헌신하는 것이야말로 최고의 가치이자 덕목이라고 교육을 받는다.

버핏 회장은 우리들에게 정직하게 돈을 많이 벌라고 강조한다.

"돈을 버는 것을 하찮게 여겨서는 안 됩니다. 우리가 항상 명심해야 할 것은 돈은 깨끗하게, 정직하게, 올바르게 벌어야 한다는 것입니다."

버핏 회장의 지론이다.

여러분도 잘 알고 있는 것처럼 버핏 회장은 기업의 주식에 투자해 돈을 벌고 재산을 불려나간다. 기업들은 주식을 발행해 회사운영에 필요한 자금을 모으고 시설투자를 한다. 기업들이 발행한 주식은 주식시장에서 매매가 된다. 장사를 잘하고 이익이 많은 회사의 주식가치는 올라가고, 반대로 경영실적이 형편없는 기업의 주식가격은 당연히 떨어지게 된다.

11살 때부터 주식 매매를 시작한 버핏 회장은 지금까지 한 번도 주가를 인위적으로 조작하거나 주식가격을 부풀린 적이 없다. 주가조작은 특정 기업의 주식을 대거 사들여 인위적으로 주가를 끌어올리는 것을 말한다. 주가를 조작하면 짧은 시간동안 많은 돈을 벌 수 있지만, 같은 주식을 산 다른 투자자들은 큰 손실을 입기 때문에 불법 행위다.

돈은 정직하게 벌어야 한다는 부모님의 교훈

버핏 회장은 마음만 먹으면 대기업의 주가도 인위적으로 끌어올릴 수 있을 정도로 막대한 자금과 인적 네트워크를 가지고 있다. 돈만 버는 것이 목적이라면 기업의 주가를 2배, 4배, 아니 10배 이상 끌어올릴 수도 있을 것이다. 하지만 버핏 회장은 '돈은 정직하게 벌어야 한다'는 가르침을 부모님으로부터 배웠고 이를 지금까지 몸소 실천하고 있다.

어린 시절 미국 경제의 대공황 여파와 아버지의 실직으로 가난한 시절을 보내기는 했지만 '남을 속여 돈을 버는 것은 부끄러운 일'이라는 가르침을 부모님으로부터 배웠다.

버핏 회장은 어린 시절 부모님에게 배운 가르침을 81세가 된 지금까지도 인생의 철칙으로 실천하고 있는 것이다.

버핏 회장이 투자한 기업들 중에 '가이코GEICO'라는 보험회사가 있다. 미국에서 TV를 보면 연두색 피부를 가진 도마뱀이 나타나 가이코 회사를 선전하는 광고를 자주 보게 되는데, 이 도마뱀이 가이코 회사의 기여운 마스코트이다.

미국 해변의 해수욕장에서 여름휴가를 보내고 있으면 푸른 바다 위로 가이코 마스코트 깃발을 펄럭이며 비행기가 날아가는 것을 자주 보게 된다. 바로 버핏 회장의 아이디어로 해수욕장에 몰려든 사람들을 대상으로 광고를 하는 것이다. 그만큼 가이코 회사에 대한 그의 애정과 관심이 남다르다.

가이코는 버핏 회장이 평생의 스승으로 삼았던 벤저민 그레이엄 컬럼비아 대학 교수가 한때 회장을 지내기도 했던 회사이다. 스승이 CEO로 있었던 회사에 투자를 한 것이다.

1976년 가이코 회사의 경영 상태는 최악으로 치닫고 있었다. 고객은 가이코 회사를 외면했고, 회사는 엄청난 손해를 입었다. 주위에서 사람들은 가이코가 "곧 망할 것이다"라며 수군거리기 시작했다. 남들은 거들떠보지도 않았던 회사를 버핏 회장은 기회를 기다려 "이때다!"라고 외치며 가이코 회사에 투자를 했다. 그리고 이 회사의 주인이 된다.

당시 가이코 회사의 사장은 존 번이라는 사람이었는데 버핏 회장은 존 번 사장에게 회사 경영을 모두 맡겼다. 버핏 회장은 투자한 기업의 경영에는 간여하지 않는 것으로 유명하다. 신중하고 꼼꼼하게 사장을 선정하지만 한번 사장을 선택하면 그를 믿고 회사경영을 맡긴다.

사람과 사람의 인간관계에는 '신뢰'와 '믿음'이 무엇보다 중요하다고 생각하기 때문이다.

하지만 버핏 회장은 존 번 사장의 약속을 받아낸다.

"존 번 사장, 나와 한 가지 약속을 합시다."

"버핏 회장님, 그게 무엇인가요?"

"그리 어려운 것이 아닙니다. 가이코 회사에 나쁜 소식이 있거나, 좋지 않은 사실이 있을 때에는 반드시 나에게, 또 주주들에게 알려주시기 바랍니다. 이를 숨겨서는 안 된다는 것이죠. 약속하시겠습니까?"

"알겠습니다, 회장님. 저도 회사경영은 정직하게 해야 한다는 생각을 가지고 있었습니다. 다시 한 번 일깨워 주서서 고맙습니다."

존 번 사장은 버핏 회장과의 약속을 굳건히 지키며 회사에 손실이 나거나, 회사경영이 일시적으로 어려울 때에는 버핏 회장과 주주들에게 일일이 알렸다.

버핏 회장과 주주들은 솔직하게 회사 내용을 공개하는 존 번 사장에게 박수를 보내고, 더 큰 믿음을 가지게 되었다.

1991년 세계적인 신문사인 「워싱턴포스트」는 가이코 회사를 '사실을 있는 그대로 보고하는 정직한 기업'으로 선정하는 등 칭찬을 아끼지 않았다. 버핏 회장은 '거짓이 더 큰 거짓을 부른다'는 생각을 갖고 항상 정직하게 생활하는 습관을 가지고 있다.

오늘날 미국 사람들이 가이코 회사에 친근감을 가지고 이웃과 같이 편안한 존재로 생각하고 있는 것은 버핏 회장의 거짓말하지 않는 정직한 정신이 반영되었기 때문일 것이다.

버핏 회장이 운영하는 버크셔 해서웨이 회사는 「포브스」 「비즈니스위크」 「하버드 비즈니스」 등 세계적으로 큰 영향력을 미치는 경제잡지 설문조사에서 항상 가장 존경받는 기업으로 선정되었다.

돈을 불려나가는 능력도 탁월하지만 이에 앞서 깨끗하고 정당하게 돈을 버는 원칙을 더욱 중요하게 생각하기 때문이다.

미국 사람들은 깨끗하게 돈을 버는 버크셔 해서웨이를 국가의 자랑으로 생각할 정도이다. 코카콜라를 비롯해 맥도널드, 나이키, 마이크로소프트, 야후, 구글 등과 함께 미국의 대표기업으로 생각한다. 자부심도 대단하다.

버크셔 해서웨이의 경영실적도 뛰어나지만 그만큼 투명하고 깨끗하게 돈을 벌고 부富를 축적하는 버핏 회장을 높게 평가한다는 얘기가 된다.

미국 사회에 부자를 신뢰하고 기업 경영자를 존경하는 풍토가 뿌리내린 것은 버핏 회장처럼 부자들이 원칙을 지켜가며 돈을 벌고 재산을 형성하기 때문이다.

부끄러운 일이지만 우리 주위를 한번 둘러보자. 기업을 경영하는 사람은 '뒤가 켕기는 사람'이라는 편견이 팽배해있고, 부자들은 '부정한 방법으로 돈을 번 사람'이라며 색안경을 끼고 보는 경향이 있다. 돈을 벌고 부자가 되는 것에도 지켜야 할 원칙이 있는데 한국 부자들은 이 같은 규칙을 깨고 부자가 된 사람들이라는 선입견이 널리 퍼져있는 것이다.

  대기업 회장과 총수들이 비자금을 조성하거나, 회사 돈을 자신의 돈인양 유용하거나, 자녀들에게 불법으로 재산을 상속하는 등의 방법으로 부정하게 돈을 불리는 경우가 허다하다. 부정과 비리로 감옥에 갔다 와서 다시 회사를 경영하는 사람들도 있다. 부(富)를 많이 축적했을지는 모르지만 사람들은 이들을 속물로 본다.

  정직하게 돈을 벌지 않는 부자들은 가난한 사람들보다 마음이 더 가난한 사람들이다. 우리들은 버핏 회장을 통해 깨끗하게 돈 버는 방법을 배워야 한다.

11
고기를 잡으려면
물에 들어가야 한다

용기

어떤 높은 곳이더라도 사람이 도달하지 못할 곳은 없습니다.
그러나 용기와 자신감을 갖고 올라가지 않으면 안 됩니다.

―안데르센

    일본에 가면 '코이' 라는 물고기가 있다. 이 물고기는 작은 수족관에 넣어두면 7cm 정도 자란다. 하지만 이 물고기를 좀 더 넓은 수족관으로 옮기면 자신의 이동거리가 넓어진 것을 알아차리고 몸의 길이도 14cm 정도 커진다. 하지만 코이를 강물에 놓아두면 몸의 길이가 100cm를 훌쩍 넘어설 정도로 성장한다. 자신이 처해 있는 환경에 따라 크기가 달라지는 것이다.
    여러분은 작은 수족관에서 큰 수족관으로, 다시 강물로 향해 나아갈 용기가 있는가. 자신이 처해 있는 환경을 넘어서기 위해 용기를 가지고 도전하면 나중에 큰 결과물을 얻을 수 있다. 하지만 많은 사람들은 용기를 내어 도전하기보다는 현실에 안주하면서 어제와 같은 오늘을 살고 있을 뿐이다. 작은 수족관의 코이가 될 것인가 아니면 강물 속의 코이가 될 것인가는 여러분의 용기와 도전 여부에 달려 있다.

크고 웅장한 꿈을 꾸고 용기를 내 도전해야 한다. 그것도 작은 꿈에 그치면 7cm의 코이가 되지만, 큰 꿈을 간직하면 100cm의 코이도 될 수 있다. 꿈은 크면 클수록 좋다.

인생은 도전과 실패, 재도전의 연속이다. 꿈을 품고 열심히 노력해도 실패하는 경우도 있다. 하지만 세계적인 부자나 글로벌 리더들은 실패에도 굴하지 않고 다시 도전했다는 공통점을 가지고 있다.

보통의 사람들이 실패를 두려워해 아예 도전조차 하지 않거나 도전하더라도 실패한 이후 자포자기 상태가 되어 재도전을 하지 않는 것과는 큰 차이가 있다.

사람들은 나이가 들면서 현실에 안주하고 새로운 도전을 회피하는 경향이 있다. '이 나이에 다른 도전은 해서 뭐해' '이만하면 됐어' '편안하게 남은 인생을 이제는 즐기는 거야' 등 어린 시절 가졌던 용기와 당당함은 세월 속에 무디어져가다가 결국 사라져 버린다.

이 글을 읽는 독자가 대학생이거나 청소년들이라면 특히 당부하고 싶은 말이 있다. 여러분은 젊다. 옛날 어른들이 말씀하시는 것처럼 모래를 먹어도 소화할 수 있을 만큼 젊고 생동감에 가득 차 있다. 아무리 많은 돈과 높은 사회적인 지위를 가지고 있더라도 나이가 많은 분들은 여러분을 부러워한다. 그분들이 가지고 있지 않은 '젊음'이 있고 젊기에 가능한 '도전정신'이 있기 때문이다.

내가 만난 버핏 회장도 어릴 때부터 도전과 모험을 좋아했다. 주위에서는 '위험하다' '무모하다'며 말렸지만, 어린 버핏은 도전과 용기로 힘든 역경을 헤쳐 오늘날의 부富와 명성을 얻을 수 있었다.

작은 도전을 통해 자신감을 얻어라

버핏이 고등학교에 다닐 때의 일이다. 버핏은 친한 친구와 함께 핀볼 기계pinball 사업을 시작한다. 핀볼은 상자 안에 있는 볼이 위에서 아래로 떨어지면 밑에 있는 막대기로 쳐올리는 게임이다.

주위에서는 '어린 아이들이 무슨 사업을 하냐'며 걱정하고 핀잔을 주었지만, 버핏과 친구는 분명히 핀볼 게임기 사업이 성공할 것이라고 확신했다.

핀볼 게임기 사업은 신문배달에 이어 버핏의 두 번째 도전이었던 셈이다. 버핏은 동네 이발소를 찾아가 자신들이 만들고 수리한 핀볼 게임기를 이발소 내에 설치할 수 있느냐고 물었다.

이발소 주인들은 시큰둥한 반응을 보였다. 아이들이 만든 기계라 언제 고장이 날지도 모르고 이발소 공간만 차지한다는 생각에 탐탁지 않게 생각했던 것이다.

하지만 버핏은 포기하지 않고 하루가 멀다 하고 이발소를 찾아다니며 도움을 청했다. 이발소 주인들을 만나 핀볼 게임기가 어른들에게도 재미가 있고 이발소 매출에도 큰 도움이 될 것이라고 설득하며 매달렸다.

며칠 동안 이발소를 찾아다니며 노력한 결과 버핏은 동네 이발소에 핀볼 게임기를 설치해도 좋다는 허락을 받아냈다. 이발소 주인들이 버핏의 끈질긴 설득과 노력에 손을 들고 만 것이다.

　버핏은 핀볼 게임기를 팔아 얻는 이익을 자신과 이발소 주인이 나누는 조건으로 계약을 맺었다. 손님들이 순서를 기다리다 심심풀이로 핀볼 게임기를 이용할 것이라는 버핏의 계산이 그대로 맞아 떨어졌다.

　버핏이 「워싱턴포스트」 신문배달에 이어 두 번째로 도전한 게임기 사업도 기대 이상의 성공을 거두었다. 남들은 위험하다며 만류했지만 버핏은 사업의 성공 가능성을 미리 간파하고 과감하게 도전했던 것이다. 버핏은 핀볼 게임기를 통해 매주 50달러를 거두어들이는 작은 사업가로 성공했다.

　어린 버핏의 도전정신은 여기서 그치지 않는다. 동네 어른들이 경마競馬경기에 몰두하는 것을 보고 친구들과 경마 소식지를 만들어 경마장을 돌아다니며 판매했다.

　또 친구들과 중고 골프공을 모아 즉석 골프공 판매점을 만들어 큰돈을 벌기도 했다. 자신의 주변에서 돈이 될 만한 아이템을 발굴해 이를 사업으로 연결하는 데 동물적인 감각을 가지고 있었던 것이다. 그리고 그러한 기회가 왔을 때 주저하거나 망설이지 않고 과감하게 도전해 큰 성과를 거두었다.

　어릴 때부터 수학과 회계에 천부적인 능력을 가지고 있었던 버핏은 자신의 능력을 그대로 살려 사업으로 연결시킬 수 있었던 것이다.

　버핏의 도전정신은 현재 그가 회장으로 있는 버크셔 해서웨이 회사를 사들일 때 최고조에 달한다.

신은 용감한 자를 돕는다

1962년, 버핏이 32살 때의 일이다. 버핏이 투자자들을 모집해 왕성하게 투자활동을 하고 있을 때였다.

버핏은 당시 경영환경이 좋지 않아 쓰러져가던 '버크셔 해서웨이'라는 섬유회사를 사기로 마음을 굳힌다. 그 동안 버크셔 해서웨이는 섬유회사로 이름을 날렸지만 1950년대 한국, 중국, 동남아 등 아시아로부터 밀려들어오는 값싼 제품에 밀려 가격경쟁력을 잃고 있었다.

공장 문을 닫고 직원을 해고하는 등 비용절감에 나섰지만 경영은 좀처럼 개선될 조짐을 보이지 않았다. 사람들은 버크셔 해서웨이가 조만간 망하고 말 것이라고 생각할 정도로 경영은 악화일로에 있었다.

하지만 버핏은 모두가 기피하는 버크셔 해서웨이 회사를 다른 시각으로 보았다. 당장 외부경쟁으로 생산성이 떨어지고 수익이 감소하고 있지만, 다시 구조조정을 하고 사업아이템을 변경하면 버크셔 해서웨이를 탈바꿈시킬 수 있을 것으로 내다봤다. 다른 사람들 눈에는 보이지 않았던 기회가 버핏의 눈에는 보였던 것이다.

"저와 여러분의 돈을 합쳐 버크셔 해서웨이 주식을 사려고 합니다. 버크셔 해서웨이는 지금 어려움을 겪고 있지만 앞으로 발전 가능성이 높은 회사입니다. 여러분의 생각은 어떻습니까?"

버핏이 투자자 친구들에게 물었다.

투자자 친구들 사이에서는 의견이 분분했다. 버핏의 천재적인 혜안을 익히 알고 있는 투자자들은 버핏의 의견에 찬성했지만, 다른 투자자들은

버핏 회장은 우리들에게 실패해도 다시 도전하는 용기를 가지라고 주문한다. 둘째 아들 피터(왼쪽)와 장녀 수지(오른쪽)에게 이 같은 가르침을 얘기하는 것은 아닐지.

'너무 위험하다'며 반대했다.

"버크셔 해서웨이를 사들일 수 있는 좋은 기회입니다. 기회는 남들이 간과하고 있을 때 찾아오는 것입니다. 위험하다고 피하기만 한다면 결코 기회는 오지 않습니다. 지금 찾아온 기회를 놓친다면 우리는 나중에 후회하고 말 것입니다. 우리들 인생에 기회는 그리 많이 찾아오지 않습니다. 기회는 왔을 때 잡아야 합니다."

버핏은 투자자 친구들을 설득했고 마침내 투자자들의 동의를 얻어 버크셔 해서웨이 주식을 사들이게 된다. 그리고 주식 지분을 가장 많이 가진 최대주주가 되고, 버크셔 해서웨이의 회장 자리에 앉는다.

버핏은 남들의 반대에 굴하지 않고 과감하게 도전해 버크셔 해서웨이를 사들였고, 이를 기반으로 버크셔 해서웨이를 세계적인 기업으로 일구어낸다.

이후 버핏은 섬유회사였던 버크셔 해서웨이를 과감히 투자회사로 탈바꿈시켜 세계적인 기업으로 성장시킨다. 현재 버크셔 해서웨이는 세계 어느 나라를 막론하고 설문조사를 하면 가장 존경받는 기업으로 손꼽힌다. 기회를 포착해 과감하게 도전했던 버핏의 선견지명이 있었기에 가능했던 것이다.

시인 로버트 프로스트가 멋들어진 시어詩語로 표현한 것처럼 우리들 인생에는 두 갈래의 길이 있다. 많은 사람들이 걸어갔던 길과 아무도 걷지 않았던 길이다. 99%의 사람들은 남들이 간 길을 간다. 땅바닥은 굳어져 있고 돌부리도 없기 때문에 그대로 따라 가기만 하면 안전하게 목적지에 도착할 수 있다. 하지만 1%의 사람들은 남들이 가지 않았던 미지의 길을 선택한다. 돌부리에 걸려 넘어지기도 하고, 여기저기 널린 나뭇가지에 생채기가 나기도 하지만 이들은 기꺼이 모험을 택한다.

남들이 간 길을 가는 사람들은 평범하게 여생을 살아가지만, 남들과 다른 길을 걷는 사람들은 자신의 인생 계획표대로 주체적인 삶을 산다는 큰 차이점이 있다. 여러분은 지금 어떤 길을 걷고 있는가.

버핏 회장의 이 같은 도전정신은 미국의 16대 대통령인 에이브러햄 링컨1809~1865년 대통령과 무척 닮았다.

링컨은 1809년 켄터키 주에서 가난한 농부의 아들로 태어났다. 집안이 가난해 학교교육도 거의 못 받고, 어려서부터 혼자 책을 읽으며 독학한 것이 전부다. 친구들은 교복을 입고 학교에 갈 때에 링컨은 나무를 베고 땔감을 장만하고 소에게 풀을 먹여야 했다.

그 뒤에도 순탄치 않아 대통령이 되기까지 여덟 번이나 선거에서 떨어지고 사업에도 두 번이나 실패했다.

하지만 링컨은 포기하지 않았다. 사람들은 차차 링컨의 도전정신과 성실, 정직함에 관심을 보이며 그를 지지하기 시작했다. 결국 그는 51세에 꿈에 그리던 미국의 16대 대통령이 될 수 있었다.

"내가 걷는 길은 험하고 미끄러웠습니다. 그래서 나는 자꾸만 미끄러져 길바닥 위에 넘어지곤 했지요. 그러나 나는 곧 기운을 차리고 내 자신에게 말했습니다. '괜찮아, 길이 약간 미끄럽긴 해도 낭떠러지는 아니야' 라고."

링컨 대통령이 힘들고 어려울 때마다 입을 악물고 되뇌었던 말이다. 그리고 포기하지 않고 도전해 결국 성공의 과실을 얻었다. 버핏 회장도 마찬가지이다.

큰돈을 버는 사람과 사회생활에서 성공한 사람의 공통점은 실패를 무서워하지 않고 도전했다는 점이다. 그들의 피 속에는 도전 유전자DNA가 숨어있는지도 모른다.

버핏 회장과 링컨 대통령은 우리들에게 가르친다. 몇 번 넘어졌느냐가 중요한 것이 아니라 몇 번 일어섰느냐가 더욱 더 중요하다는 사실을 말이다.

인생을 살면서 넘어질 수 있다. 쓰러질 때도 있다. 포기하고 싶을 때도 있다. 울고 싶을 때도 있다.

하지만 신神은 다시 일어설 수 있는 용기와 힘도 함께 주었다. 쓰러졌어도 먼지를 툭툭 털고 다시 일어날 수 있도록 오뚝이 정신도 같이 불어넣어 주었다. 농구황제 마이클 조던은 "용감하게 행동하세요. 세상은 확신을 갖고 행동하는 사람들을 위해 길을 비켜줍니다"라고 말했다.

용기 있게 행동하는 사람 2%가 행동하지 않는 사람 98%를 지배한다. 성공한 사람은 예외 없이 용기 있는 결정을 내린 사람들이라는 사실을 명심하자.

12

많이 버는 것보다
잘 쓰는 것이 더 중요하다

베풂

남의 좋은 점을 보는 것이 눈의 베풂이요,
환하게 미소 짓는 것이 얼굴의 베풂이요,
사랑스런 말이 입의 베풂이요,
자기를 낮추어 인사함이 몸의 베풂이다.

-깨달음의 이야기

2006년 6월 뉴욕 맨해튼 53가에 있는 쉐라톤 호텔에서 버핏 회장이 자본주의 역사의 한 획을 긋는 재산기부를 발표했다. 버핏 회장의 재산기부 기자회견이 예정된 오후 1시쯤이 되자 CNN, 로이터, 폭스뉴스 등 세계 유수의 방송과 신문사 기자들이 버핏 회장의 발표내용을 취재하기 위해 뜨거운 열기를 뿜어내고 있었다.

검은색 뿔테 안경을 쓴 버핏 회장이 마이크로소프트의 빌 게이츠 회장과 게이츠 회장의 부인 멜린다 게이츠 여사와 함께 입장해 나란히 자리에 앉았다. 역사적인 순간을 카메라 앵글에 담으려고 사진기자들은 연신 카메라 플래시를 터뜨렸다.

리세스 오블리제

버핏 회장이 목청을 가다듬으며 마이크를 앞으로 가져가자 주위는 조용해졌다.

"제가 가지고 있는 재산의 85%인 370억 달러^{약 35조 원}를 빌 게이츠 회장과 부인 멜린다 게이츠 여사가 운영하는 '빌 앤드 멜린다 게이츠 재단'에 기부하려고 합니다. 저는 먼저 사망한 저의 아내 수전과의 약속을 지키기 위해 이 자리에 섰습니다. 그녀와 저는 재산의 사회 환원을 꿈꾸어 왔습니다. 오늘은 그 꿈이 현실이 되는 날입니다."

버핏 회장의 재산 사회 환원 발표는 바로 인터넷과 통신을 통해 전 세계에 속보로 타전되었다. 세상 사람들은 버핏 회장을 세상에서 가장 돈

버핏 회장은 2006년 전 재산의 85%인 370억 달러(35조 원)를 '빌 앤드 멜린다 게이츠 재단'에 기부했다. 버핏 회장이 마이크로소프트 빌 게이츠 회장 부부와 함께 사진촬영을 한 모습

을 많이 버는 사람으로 알고 있었는데, 전 재산의 85%인 370억 달러를 가난한 사람과 병자들을 위해 기부한다는 소식을 전해 듣고 깜짝 놀랐다. 370억 달러, 우리 돈으로 35조 원은 얼마만큼 큰돈일까.

한국 경제를 대표하는 삼성전자가 전자제품과 반도체를 팔아 1년간 벌어들이는 순익이 10조 원가량이다. 버핏 회장의 기부금액은 삼성전자 순익의 3배가 넘는 어마어마한 액수이다. 그는 눈 하나 깜짝하지 않고 천문학적인 돈을 사회에 돌려주었다.

버핏 회장의 다음 말이 너무나 아름답다.

"저는 사회로부터 큰 도움과 기쁨을 얻었습니다. 미국 사회가 있었기에 저는 큰 부자가 될 수 있었습니다. 이제는 제가 받은 은혜를 사회에 돌려주어야 할 차례입니다. 저는 당연히 해야 할 일을 하고 있을 뿐입니다. 저는 돈을 버는 데는 천재적인 소질을 가지고 있지만 돈을 제대로 쓰는 방법에 대해서는 젬병입니다. 수년간 '빌 앤드 멜린다 게이츠 재단'을 지켜보면서 기부금을 가장 잘 운영할 수 있는 단체라고 생각해 기부를 결정하게 되었습니다."

버핏 회장은 돈을 버는 것도 중요하지만 돈을 제대로 쓰는 것이 더 중요하다고 말한다. 돈을 잘 버는 것이 작은 부자라면 평생 동안 애써 모은 돈을 배고프고 아픈 사람, 돈이 없어 교육을 못 받는 사람, 사회에서 소외된 불우한 이웃을 위해 쓰는 사람은 큰 부자이다.

버핏 회장은 빌 게이츠 마이크로소프트 회장과 같이 기부서약 운동을 주도하고 있다. 2010년 9월에는 중국을 방문해 현지 거부들을 직접 만나 기부운동 동참을 호소했다. 그는 더 좋은 세상을 만들기 위해서는 세계적 거부들이 기부운동에 동참해야 한다고 강조했다. 그는 2011년 3월에는 중국에 이어 인도를 빌 게이츠 회장과 함께 방문했다.

버핏 회장은 미국 내 억만장자들에게 재산의 50% 이상을 기부하자는 기치를 내걸고 2010년 6월 이 운동을 주창했다. 기부 프로젝트를 시작한 지 6주 만에 CNN 창업자 테드 터너, 경제전문 미디어 블룸버그를 이룬 마이클 블룸버그 뉴욕시장 등 40명의 거부와 그 가족들이 재산의 절반 이상을 기부하기로 약속했다. 버핏 회장의 인품과 성품을 알고 이 운동에 동참한 것이다.

어린 시절, 워렌 버핏과 그의 누나 도리스는 부모님의 가르침을 받고 '나중에 부자가 되면 꼭 불우한 이웃을 도우며 살고 싶다'는 소망을 품고 자랐다. 누나 도리스는 워렌 버핏보다 나이가 2살 많다. 올해 버핏 회장의 나이가 81세이니까 누나의 나이는 83세가 된다.

"도리스 누나, 나는 커서 부자가 되면 사회에서 소외된 사람을 돕고 싶어. 엄마도 항상 그렇게 말씀하셨잖아."

"그래, 워렌 버핏. 누나도 그렇게 생각한단다. 우리 열심히 노력해서 나중에 큰 부자가 되면 주위의 불쌍한 사람들을 돕도록 하자."

"좋아, 누나. 틀림없이 내가 누나보다 더 빨리 부자가 될 거야."

누나 도리스는 어린 버핏이 기특하다며 머리를 쓰다듬어 주었다. 수십 년의 시간이 흐른 지금, 이들 남매는 어릴 때의 약속을 지키고 있다. 누나 도리스 여사도 워렌 버핏 회장 못지않은 자선사업과 이웃사랑 활동을 펼치고 있다. 세상 사람들은 '피는 못 속인다' 며 이들의 기부활동에 대해 칭찬을 아끼지 않고 있다.

도리스 여사는 어머니에게서 물려받은 재산으로 '선샤인 여성재단'을 설립해 10명의 직원들과 함께 일하고 있다. 미국 북동부에 위치한 메인 주의 병원에 병실을 3개 증설하고, 교도소 3곳에 재소자학교를 설립했다. 또 가난한 나라 아프카니스탄의 여성병원에 직원고용을 도와주는 등 열정적으로 자선활동을 펼치고 있다.

도리스 여사는 뉴욕의 가난한 동네 아이들이 돈이 없어 수영장에 가지 못한다는 말을 듣고는 6만 1,000달러^{6,100만 원}를 시당국에 보내 무료수영장을 열도록 도와주었다.

도리스 여사는 「워싱턴포스트」와의 인터뷰에서 다음과 같이 말했다.
"저는 돈을 불리지도, 자식들에게 물려주지도 않을 겁니다. 제가 자선사업을 하는 것은 세금혜택을 보려는 것도, 천국에 가려는 것도 아닙니다. 자선사업은 제가 마땅히 해야 할 일이며, 저에게 엄청난 즐거움을 주기 때문입니다. 자선의 기쁨을 모르는 삶은 대단히 힘든 삶입니다."

정말 '그 누나에 그 동생' 인가 보다. 워렌 버핏 회장과 도리스 여사는 어릴 때 손가락을 걸며 맹세했던 약속을 지켜가며 '남을 위한 삶'을 살아가고 있다.

버핏 회장의 재산 기부는 리세스 오블리제^{Richess Oblige}가 무엇인지 우리에게 가르쳐 준다. 사회 지도층의 의무와 도덕을 강조하는 것이 노블레스 오블리제^{Noblesse Oblige}라고 한다면, 사회 지도층 중에서도 부자와 갑부들의 사회적인 의무와 도덕을 지칭하는 것이 리세스 오블리제이다.

한국 속담에 '개같이 벌어서 정승처럼 쓴다'는 말이 있다. 갖은 고생을 해가며 번 돈을 좋은 목적에 사용한다는 뜻이다. 버핏 회장은 우리들에게 '정승같이 벌어서 정승처럼 쓰는 지혜'를 보여주고 있는 것이다.

　돈을 많이 버는 것도 중요하지만 그 돈을 제대로 쓰는 것이 더욱 중요하다는 가르침이다.

　영국 왕실의 자녀들은 영국이 다른 국가와 전쟁상태에 있을 때에는 솔선수범해 병사들과 함께 전쟁터로 나간다. 국민들은 목숨을 걸고 전쟁을 치르고 있는데, 뒤로 꽁무니를 빼거나 해외로 도망을 간다면 왕실의 위엄은 사라지고 말 것이다. 그래서 영국 왕실은 젊은 왕자들을 전쟁터로 보내 노블레스 오블리제 정신을 실천하도록 한다. 영국의 왕위계승 서열 3위인 해리 왕자가 2007년 12월부터 아프카니스탄에 주둔하면서 무장 세력인 탈레반과 맞선 것은 노블레스 오블리제의 대표적인 사례이다.

　세계 최고의 부자 집단인 유태인들도 버핏 회장과 같은 마인드를 가지고 있고 이를 생활 속에서 실천한다. 유태인 아이들은 가난한 사람과 불쌍한 사람들에게 자신이 가지고 있는 돈과 물건을 나누어 주어야 하다는 가르침을 어릴 때부터 배운다. 부모들은 아이들에게 자선용 저금통을 주어 저금하게 하고 돈이 모이면 교회당에 가지고 가 기부하도록 한다.

　이 습관은 어른이 되어도 변하지 않는다. 경제적으로 여유가 있는 사람들은 재산의 20%가량을 기부하고, 보통 사람들은 재산의 10%가량을 가난한 사람들을 위해 나누어준다.

　돈을 모으는 것보다 베푸는 것을 더 강조하는 유태인들이 세계 경제는 물론 정치, 사회, 교육, 문화, 영화, 노벨상 분야 등에서 막대한 영향력을 행사하고 있는 것은 우리들에게 시사하는 바가 크다. 베풀면 베풀수록 더 큰 부자가 된다는 말이 진실이라는 것을 증명하는 것은 아닐까.

 미국 아이들도 어려서부터 사회와 더불어 살아가는 삶이 더 큰 행복을 가져다준다는 가르침을 배우면서 자란다. 세상에서 자본주의가 가장 발달한 나라이기 때문에 생존경쟁이 어느 사회보다 치열한 것은 부인할 수 없는 사실이지만, 승자는 사회적 약자에게 재산을 기부해 함께 살아가는 지혜를 보여준다.

 미국의 공공도서관이나 박물관, 미술관, 대학교, 체육관 등과 같은 건물은 빌 게이츠, 석유의 왕 록펠러, 벤더빌트, 철강왕 카네기, 금융거물 JP모건 등과 같은 미국 역사의 흐름을 바꾼 갑부들이 기부해서 만들어 놓은 것이다.

세계적인 리더는 자신만을 위해 살지 않는다

 세계 10위의 경제대국을 자랑하는 한국의 현실은 어떠한가. 삼성전자와 현대자동차 총수나 회장들이 간간이 개인재산을 털어 사회에 기부한다는 발표를 할 때가 있다. 하지만 국민들은 뜨거운 박수보다는 시큰둥한 반응을 보이는 경우가 많다.

 워렌 버핏 회장처럼 진심으로 사회에 도움이 되기 위함이 아니라 기업비리를 무마하고 속죄하는 목적으로 재산의 사회 환원을 발표하는 경우가 많기 때문이다. 가난하고 사회에서 소외된 사람들을 대하는 마음에 차이가 있는 것이다.

리더십 분야의 3대 권위자로 명성을 날리고 있는 미국 링키스 컨설팅의 필 하킨스 CEO는 다음과 같이 말한다.

"진정한 리더는 자신만을 위해 살지 않습니다. 제가 만난 세계의 리더들은 다른 사람을 위해 살고 있었습니다. 리더의 자리에 오른 사람들은 대부분 개인적인 목표를 이미 달성한 경우가 많았습니다. 하지만 한국의 리더들은 아직까지 자신의 목표달성에 급급해 하는 경우가 많습니다."

인생을 살아가는 데 있어 일정 수준의 경제력이 뒷받침되어야지 생활이 윤택해지고 편안해진다.

돈을 악착같이 버는 것도 중요하지만 제대로 사용하는 것은 더욱 중요하다. 베풀면 베풀수록 더욱 많이 얻을 수 있다는 것을 버핏 회장이 보여주고 있지 않은가.

최근에는 한국에서도 자기 재산의 사회기부, 즉 리세스 오블리제를 실천하는 분들이 많이 나타나고 있어 잔잔한 감동을 준다. 가수 김장훈은 '한국 연예계의 워렌 버핏' 으로 불린다. 지난 10년 이상 연예인 생활을 하면서 어렵게 번 돈 45억 원을 가난한 사람들을 위해 기부했다. 정작 자신은 번듯한 집도 없이 월세 집에서 살면서 남을 위한 삶을 살고 있는 것이다. 김장훈은 매년 4억 원 이상을 기부금으로 내고 있지만, 자신은 집 한채 없이 마포구에 있는 한 아파트에서 월세를 내며 생활하고 있다.

김장훈은 새해가 시작되면 한 해 동안 기부해야 할 금액을 미리 정해 놓고 이에 맞춰 기부금을 낼 정도로 계획적인 자선활동을 하고 있다.

"기부는 과시가 아니라 습관이라고 생각합니다. 저는 제가 도움을 준 사람들이 행복해 하는 모습을 보는 것만으로도 기쁩니다. 앞으로도 저는 누구보다 열심히 살 자신이 있기 때문에 어떤 상황에서든 답을 찾을 수 있을 것이라고 생각합니다. 앞으로도 궁핍하게 살지 않을 자신이 있습니다."

김장훈의 인생철학이다.

나는 KBS 라디오에 출연할 당시 대기실에서 김장훈을 만난 일이 있다. 빨간 재킷이 너무나 인상적이었다. 키도 커지만 그의 마음은 더욱 넓어 보였다.

한국 의료계에서는 건국 대학교 흉부외과 송명근 교수가 '의료계의 워렌 버핏'으로 꼽힌다. 송 교수는 심장수술의 권위자로 자신의 재산 200억 원 가량을 사회에 기부했다. 지난 2002년 송 교수는 자신과 아내가 세상을 떠나면 재산 전부를 사회에 환원하겠다는 유언장을 써놓았다. 송 교수는 사람의 심장을 연구하다 직접 개발한 심장판막 성형수술 의료기기를 생산하는 벤처기업도 경영하고 있다.

그는 다음과 같이 겸손하게 말한다.

"제가 번 돈은 환자들을 진료하거나 수술하면서 얻은 지식에서 비롯된 것입니다. 그렇기 때문에 사회에 돌려주는 것이 당연하다고 생각합니다. 그리고 저는 술도 안마시고, 골프도 안치고, 매일 수술하고 늦게 퇴근하기 때문에 어차피 돈을 쓸 데도 없어요."

송 교수는 또 다음과 같이 자선활동에 대해 설명한다.

"아들과 딸에게는 결혼할 때 얼마큼의 돈만 주고 모든 재산을 불우 환자를 돕는 데 내놓을 생각입니다. 큰돈을 물려주면 자녀들이 나태해지지 않을까 염려스러웠습니다. 자녀들이 20대 초반이 되었을 때부터 '결혼자금이 전부'라고 얘기해왔기 때문에 우리의 유산을 물려받지 않으리라는 것을 잘 알고 있습니다."

송 교수와 가수 김장훈의 훈훈한 이야기를 들으면 잔잔한 감동을 느낄 수 있다. 그리고 남을 돕기 위해서는 자신이 그럴 만한 지위에 있어야 하고, 이를 위해 열심히 자신을 계발해야 한다는 것도 깨달았을 수 있다.

윗사람에게는 굽신거리면서 아랫사람에게는 거만하게 구는 사람들이 많은 것이 현실이다. 아랫사람에게 고개를 숙이면서 그들에게 친절과 정성을 베풀 수 있도록 노력해야 한다. 나중에 생각지도 않았던 큰 보람이 찾아올 수 있다. 물질적으로 부자이면서 마음도 부자인 사람들이야말로 성공적인 삶을 사는 사람들이다.

영화 '로마의 휴일'로 한 시대를 풍미했던 영화배우 오드리 햅번은 다음과 같이 말한다.

"손이 왜 두 개인지 아십니까? 하나는 나를 위한 것이고, 다른 하나는 이웃을 위한 것입니다."

13

남에게 관대하고,
자신에게 엄격하라

자기 관리

> 버핏 회장은 자신의 세 자녀들에게 어렸을 때부터 많은 재산을
> 물려주지 않을 것이라는 점을 인식시켰습니다.
> 자녀들도 큰 재산을 유산으로 받게 될 것이라고는
> 생각하지 않고 자신들의 인생을 설계했습니다.
>
> -버핏 회장을 만나고 나서

고대 로마의 황제들 중 지도자로서 인정받는 황제들은 자기 자신에게 엄격하려는 노력을 게을리하지 않았다. 네로, 칼리쿨라 같은 폭군들은 당대에는 물론 후세에도 폭군으로 치부되고 있지만 훌륭한 황제들은 거대한 로마제국을 이끌기 위해 자신에게 엄격한 기준을 적용했다.

로마가 AD5세기 멸망하기까지 1,000년의 역사를 이어갈 수 있었던 것은 자신에게 엄격한 잣대를 적용했던 훌륭한 황제들이 있었기 때문에 가능했다.

당신은 평범한 인간일 뿐입니다

로마 황제들은 아프리카나 갈리아, 중동, 이베리안반도 등 주변 국가나 민족들과 전쟁이 있을 때에는 직접 참전하는 경우가 많았다. 군대를 조직하고, 병사들을 훈련시키고, 전장에서 전투를 벌이면서 황제는 황제로서의 자질과 능력을 평가받는다. 그리고 큰 전쟁에서 승리할 때에는 네 마리의 말이 끄는 사륜마차를 타고 개선문을 통해 로마로 입성한다. 길거리에서는 승리감에 취한 군중들이 황제만세를 외친다.

하지만 로마에는 특이한 전통이 있다. 개선문을 지나가는 황제의 사륜마차에는 노비가 같이 탄다. 승리의 기쁨에 젖은 황제가 개선문을 통과할 때 이 노비는 사륜마차에서 일어나 황제에게 이렇게 외친다.

"당신은 인간입니다. 당신은 인간입니다. 당신은 인간입니다."

황제는 승리의 기쁨에 취해있고, 황제를 맞이하는 군대와 군중들도 한껏 들떠있지만 이 노비는 황제가 '인간'이라는 사실을 황제는 물론 군중들에게도 알려주는 것이다.

황제가 득의양양해 황제로서의 본분을 망각하고 거만해지거나 자만심에 빠지는 것을 경계하기 위해서이다.

'아무리 당신이 큰 승리를 거두었다고 하더라도 당신은 한갓 인간에 불과합니다. 교만해지거나 경거망동해서는 안 됩니다' 라는 의미가 담겨 있다. 전쟁에서 승리한 황제에게 '자신에게 더욱 엄격해지고 겸손해져야 합니다' 라는 메시지를 전하는 것이다.

우리 주위에는 자신에게는 한없는 관용을 베풀면서도 다른 사람에게는 엄격한 잣대를 들이대는 사람들이 많다. 자신이 실수를 할 때는 대수롭지 않은 것처럼 넘어가지만, 다른 사람들의 과오에 대해서는 비판을 가하는 경우가 많다.

하지만 버핏 회장은 남에게 관대하고 자신에게는 오히려 엄격한 삶을 살아야 한다고 강조한다. 자신을 잘 관리하면 다른 사람들도 나를 인정하게 되고, 부(富)와 명예가 함께 찾아온다는 것이 버핏 회장의 생각이다.

가난한 사람들에게 기회를 주어야 한다

여러분은 상속세에 대해서 어떻게 생각하는가. 부모가 아들, 딸들에게 재산을 물려줄 때에는 국가에 일정부분 세금을 내는 것이 보통이다. 부모의 재산이 고스란히 자녀들에게 돌아가는 것이기 때문에 대부분의 국가에서는 이에 대해 세금을 부과한다. 우리나라도 예외가 아니다.

하지만 미국에서는 상속세를 폐지해야 한다는 목소리가 커지고 있다. 미국에는 크게 공화당과 민주당, 2개의 정당이 있는데 공화당은 보수적이고 민주당은 진보적이다. 공화당은 부자들을 위한 정책을, 민주당은 서민층을 위한 경제정책을 선호한다.

조지 부시 대통령은 공화당 대통령이고, 여성인 힐러리 클린턴과 흑인인 바락 오바마는 민주당 정치인이다. 부시 대통령을 포함한 공화당 정치인들은 부자들에게 유리하도록 상속세 폐지를 주장하고 있다. 무거운 세금을 납부하지 않고 자유롭게 재산을 자녀들에게 넘겨줄 수 있기 때문이다.

버핏 회장은 상속세가 폐지되면 자신의 세 아들에게 재산을 쉽게 물려줄 수 있는데도 상속세를 폐지해서는 안 된다고 목청을 높인다.

많은 부자들이 지지하는 상속세 폐지에 대해 버핏 회장은 단호히 "그것은 정도가 아니다"며 반대하고 있다.

한국의 졸부들과 한번 비교해 보자. 한국의 졸부들은 자녀들에게 세금 한 푼 내지 않고 재산을 물려주려고 불법과 탈법을 밥 먹듯이 한다. 수십억 원의 재산을 가지고 있으면서도 어떻게 해서든지 법망을 빠져나가 상속세를 내지 않으려고 애쓴다. 신문지상에 대기업 총수와 회장들이 불법으로 자녀들에게 재산을 상속하려다 적발되는 경우를 우리는 종종 보곤 한다.

버핏 회장은 오히려 자신에게 엄격한 잣대를 적용한다. 사회에는 재산의 90% 이상을 기부할 정도로 한없이 관대하지만 오히려 자신에게는 엄격한 기준을 들이대는 것이다.

"저는 부富의 세습에 반대합니다. 상속세는 대단히 공정한 세금이며 상속세를 폐지하는 것은 매우 혐오스러운 일입니다. 가난한 사람들에게는 기회를 균등하게 보장하고, 부자들에게 특혜를 주지 않기 위해서라도 상속세는 필요합니다. 상속세를 폐지하는 것은 부자들에게 특혜를 주는 것입니다. 이는 마치 2000년 올림픽 금메달리스트의 자녀들을 2020년 올림픽 대표팀 선수로 선정하는 것과 다를 것이 없습니다."

버핏 회장의 엄격한 자녀교육

버핏 회장은 부모가 가진 재산보다 자녀들의 능력에 따라 성공이 좌우되는 사회가 만들어져야 한다고 강조한다. 이는 달리 말하면 부모의 재산이 아니라 노력으로 부(富)를 만들어가야 한다는 것을 의미한다.

버핏 회장의 자신에 대한 엄격함은 자식들 교육에서도 여실히 드러난다. 버핏 회장에게는 수지 57세, 하워드 56세, 피터 53세 이렇게 세 명의 자녀가 있다. 버핏 회장은 재산의 85% 이상을 사회에 기부하기로 한 것에 대해 자녀들에게 수차례 미리 얘기했으며, 자녀들은 아버지의 결정에 전폭적인 지지를 보냈다.

웬만한 부자 가정의 자녀들이라면 '왜 어렵게 번 돈을 남들에게 주나. 부모님의 재산을 저희들에게 상속해 달라' 며 항의했을 법한데 버핏 회장의 자녀들은 아버지의 뜻을 존중해 주었다.

세 자녀는 아버지가 사회에 대해서는 관대하고 아버지 자신과 가족에 대해서는 엄격하다는 것을 어릴 때부터 보고 배웠기 때문에 아버지의 결정을 충분히 이해할 수 있었던 것이다.

버핏 회장은 세 자녀들이 어렸을 때부터 많은 재산을 물려주지 않을 것이라는 점을 인식시켰다. 자녀들도 큰 재산을 유산으로 받게 될 것이라고는 생각하지 않고 자신들의 인생을 설계했다.

부모로부터 막대한 재산을 물려받은 자녀들은 돈을 모으는 것이 얼마나 힘든 일인지 모르기 때문에 돈을 흥청망청 쓰다가 결국 패가망신하는 일도 허다하다. 로또 복권에 당첨된 벼락부자들이 하루아침에 거지신세

버핏 회장은 청소년들에게 부모의 유산이 아니라 자신들의 실력과 노력으로 부를 만들어야 한다고 역설한다. 아버지의 뜻을 존중하는 버핏 회장의 세 자녀, 하워드와 수지, 피터 (왼쪽부터)

로 전락하는 것도 이 때문이다.

버핏 회장의 세 자녀 중 아버지를 가장 많이 닮은 장남 하워드는 다음과 같이 말한다.

"아버지는 우리들에게 많은 돈을 물려받지 못할 것이라는 점을 분명히 했습니다. 아버지가 매년 5,000만 달러를 개인적으로 받을 것인가, 아니면 재단에 기부할 것인가를 물었을 때 우리는 모두 재단에 기부해야 한다고 말했습니다."

버핏의 세 자녀가 말하는 어린 시절은 그야말로 평범했다. 이들이 청소년기를 보낸 1960년대까지만 하더라도 버핏이 지금처럼 유명하지 않아 풍족하지만 사치스럽지 않은 생활 속에 평범하게 생활할 수 있었다.

세 자녀가 학교에 다닐 때에는 외국인 학생을 교환학생으로 받아들여 버핏의 집에서 함께 생활하도록 해 아이들의 사교성을 높여주기도 했다. 큰 딸인 수지는 어렸을 때 아버지가 밤마다 자장가로 팝송 '무지개 너머 어딘가에Somewhere, over the rainbow'를 불러줬다면서 아직도 버핏 회장을 '아빠' 라고 부르고 있다. 장남 하워드는 사진작가로 일하고 있고, 막내인 피터는 뉴에이지 음악가로 건반을 연주하는 작곡가로 활동하고 있다. 세 자녀 중 어느 누구도 버핏 회장이 운영하는 버크셔 해서웨이에서는 일하지 않는다.

한국의 재벌 회장과 총수들이 자녀들을 회사 중역으로 임명하거나 경영권을 그대로 넘겨주는 것과는 하늘과 땅 차이다. 버핏 회장은 자녀교육에 있어서도 엄격한 잣대를 적용하고 있는 것이다.

버핏 회장의 자신에 대한 엄격함은 연봉에서도 나타난다. 버핏 회장은 버크셔 해서웨이 회장으로 일하면서 1년 동안 10만 달러^{1억 원}를 받는다. 1980년 이래 30년째 단 한 번의 연봉 인상도 없이 이 수준을 그대로 유지하고 있다.

더군다나 버핏 회장은 회사에서 자신이 개인적으로 사용한 우편, 전화 사용요금 등 5만 달러가량을 회사 측에 다시 되돌려준다. 자신의 개인 업무로 사용한 회사 돈을 가져갈 수 없다는 것이다.

버핏 회장은 자신이 너무 많은 연봉을 가져가면 회사의 주인인 주주들에게 돌아가는 몫이 그만큼 줄어든다며 주주에게 돌아가는 이익이 많아야 한다고 강조한다. 버핏 회장이 다른 백만장자들과 달리 세상 사람들의 존경과 부러움을 사는 것은 바로 이 때문이다.

뉴욕 월가의 CEO들은 말 그대로 천문학적인 연봉을 받는 것으로 유명하다. 세계 최대 투자 은행인 골드만삭스의 로이드 블랭크페인 CEO는 2007년에만 6,790만 달러^{638억 원}의 연봉을 받았다. 버핏 회장이 받은 연봉의 630배가 넘는 어마어마한 돈이다.

우리나라의 경우 대학교를 졸업한 신입 사원들이 평균 3,000만 원의 연봉을 받는다고 가정할 경우 무려 2,000년을 아무것도 먹지 않고 그대로 저축해야 모을 수 있는 큰돈이다.

세계 최고의 가치 투자가인 버핏 회장이 월가의 CEO들처럼 수천만 달러의 연봉을 받는다고 하더라도 반대하거나 이의를 제기할 사람은 없을 것이다. 하지만 버핏 회장은 다른 CEO들과 달리 회사 이익을 침해하는 과다한 연봉은 사회에 악영향을 미친다며 고액 연봉을 거절한다.

이처럼 버핏 회장이 남들에게는 관대하고 자신에게는 엄격한 기준을 적용하기 때문에 투자자들은 버핏 회장을 더욱 신뢰하고 비즈니스 파트너로 같이 일하고 싶어 하는 것이다.

버핏 회장은 우리들에게 이렇듯 남들에게 관대하고 자신에게 엄격한 삶을 사는 것은 언뜻 큰 손해를 입는 것처럼 보이지만 장기적인 관점에서 보면 오히려 이익이 된다는 것을 몸소 보여주고 있다. 중국 고전인 『채근담』은 '남의 잘못은 관대하게 대하라. 그러나 자신의 잘못에는 엄격하지 않으면 안 된다'고 가르치고 있는데 버핏 회장은 이 가르침을 직접 실천하고 있는 것이다.

14

실패는 절망이 아니라
포기할 때 온다

끈기

> 내가 너희에게 내 성공의 비밀을 털어놓겠다.
> 나의 모든 힘은 끈기 이외에는 아무것도 없다.
>
> — 루이 파스퇴르

버크셔 해서웨이 주주총회가 끝나고 나는 '네브래스카 퍼니처 마트'를 방문한 적이 있다. 버핏 회장이 주주총회가 끝나면 네브래스카 퍼니처 마트에서 작은 행사가 있을 것이라는 안내를 했기 때문이다.

주주총회장에서 택시를 타고 30분가량 달려서 네브래스카 퍼니처 마트에 도착했다. 축구 경기장 수십 개를 합쳐 놓은 듯한 넓이를 자랑하는 주차장은 주주들과 손님들로 붐볐다. 손님들은 네브래스카 퍼니처 마트에서 가구를 구경하느라 정신이 없었다. 아기자기한 어린이 가구를 비롯해 책상, 옷장 등 수많은 가구제품들이 매장을 채우고 있었다. 마치 가구 박물관을 구경하는 듯했다.

네브래스카 퍼니처 마트는 버크서 해서웨이가 투자해 소유하고 있는 기업 중의 하나로 미국 최대의 가정용 가구매장이다. 원래 네브래스카 퍼니처 마트는 유태계 러시아 출신인 로즈 블럼킨 여사가 창업하고 소유한 기업이었지만 버핏 회장이 끈기와 집념으로 인수한 회사이다.

  주주들과 손님들은 버핏 회장이 운영하는 가구 매장에서 값싸고 품질 좋은 가구들을 구경하느라 연신 싱글벙글거렸고, 가구 매장을 방문한 그 자체가 의미 있는 일이라고 생각하는 것 같았다. 각양각색의 가구를 배경으로 카메라 플래시를 터뜨리며 사진을 찍는 구경꾼들도 많았다. 버핏 회장과 관련된 회사와 제품 하나하나가 추억거리였고 기념품이었던 것이다.

  매장을 구경하다 허기를 느낀 나는 네브래스카 퍼니처 마트에서 나와 맞은편에 위치한 베트남 음식점에 들렀다. 식당 주인이 이렇게 말했다.

  "예전에 버핏 회장은 오마하를 방문하는 사람들이나 주요 주주들에게 로즈 블럼킨 여사를 만나보고 가라고 권했어요. 나는 이곳에서 오랫동안 살았기 때문에 로즈 여사와 관련된 일화를 많이 알고 있어요. 그녀의 키는 147cm에 불과하지만 굉장한 파워를 가지고 있었어요. 버핏 회장은 경영학과 대학생이나 유통업체 관계자들에게 로즈 블럼킨 여사의 일에 대한 집념과 그녀의 인생철학에 대해 자주 이야기하곤 했지요. 버핏 회장은 로즈 블럼킨 여사를 오마하를 대표하는 상징적인 인물로 여기고 있었어요. 저도 가끔씩 로즈 블럼킨 여사를 보곤 했었는데 작은 체구에서 뿜어져 나오는 카리스마가 대단했어요. '나도 저렇게 인생을 치열하게 살았더라면……' 하고 후회도 하게 되고요. 이제 고인이 되었지만 가끔씩 로즈 부인 생각이 많이 나요."

가난한 랍비의 딸 로즈 블럼킨

나는 지난 1998년 작고한 로즈 블럼킨 여사를 직접 만나볼 수는 없었다. 하지만 네브래스카 퍼니처 마트를 소개하는 영상자료에서 그녀의 모습을 확인할 수 있었다. 로즈 여사는 '욕쟁이 할머니'였다. 골프 카트용 차를 타고 매장을 둘러보면서 정리정돈이 제대로 되어 있지 않거나, 직원 복장이 불량하거나, 손님 대하는 태도가 좋지 않을 때에는 불같이 화를 낸다.

그녀는 '이런 바보 같은 놈' '넌 해고감이야' '이런 식충이들' 등과 같은 말을 토해내면서 직원들을 다그쳤다. 순대국밥집 욕쟁이 할머니의 상스러운 욕이 다정다감하게 느껴지는 것처럼 로즈 부인의 목소리에도 꾸지람과 함께 애정이 같이 배어 있었다. 그래서 직원들은 로즈 부인을 좋아했다. 네브래스카 퍼니처 마트는 로즈 부인이 가난과 역경을 이겨내고 평생을 바쳐 일구어낸 회사이다.

그런데 왜 버핏 회장에게 회사를 넘겼을까 궁금해진다. 하지만 답은 간단하다. 버핏 회장의 끈기와 집념이 로즈 부인을 감동시켰기 때문이다. 그녀의 인생은 잔잔한 감동을 전하는 한편의 드라마이며, 역경을 승리로 바꾸어가는 휴먼 다큐멘터리이다. 버핏 회장과 로즈 부인의 만남을 살펴보고 이들이 전하는 인생교훈에 대해 들여다보자.

로즈는 1893년 러시아 민스크지역의 시골마을에서 태어났다. 유태인 랍비였던 아버지는 로즈를 학교에 보낼 수도 없을 정도로 가난했다. 로즈의 꿈은 미국으로 이민을 가는 것이었다. 당시 유럽 사람들은 유태인을 멸시했다. 유태인들은 '게토getto'라는 곳에서 천민취급을 받으며 살았다.

미국의 대표적인 작가 너대니얼 호손이 1850년 발표한 『주홍글씨』라는 책이 있다. 목사와의 사이에서 사생아를 낳은 여주인공 헤스터 프린이 주홍글씨 'A'를 가슴에 달고 다니며 사람들의 멸시를 받는 내용이다. 당시 유태인들은 주홍글씨 A를 달고 다녀야 했던 헤스트 프린처럼 모진 학대를 당하는 민족이었다. 그들은 평생 동안 유태인을 상징하는 노란색의 '다윗의 별'을 가슴에 품고 살아야 했다.

로즈가 미국으로 이민을 가기로 결심한 것은 이 같은 환경과 무관하지 않았다. 그녀는 고통스러운 현실에 안주하기를 거부하고 자신의 꿈과 희망을 찾아 떠났다. 1916년 러시아혁명이 한창일 때 로즈는 21살 때 결혼한 남편 이사도르 블럼킨과 함께 미국행을 결심하고 행동에 옮겼다. 시베리아 횡단철도를 타고 중국으로 건너갔고, 다시 작은 배를 타고 일본 요코하마에 도착했다. 그리고 이곳에서 미국으로 향하는 화물선에 몸을 실었다. 로즈를 실은 배는 태평양을 건너 미국 서부의 시애틀에 도착했다. 목숨을 건 험난한 이민길이었다. 그리고 러시아를 떠난 지 3개월 만에 가까스로 시애틀에 도착할 수 있었다.

로즈는 정착지로 오마하를 선택했다. 당시 오마하는 철도와 정육산업이 발전하면서 노동수요가 몰려 이민자들이 많이 모여 살았었다. 로즈는 유태인 특유의 장사기질을 살려 작은 전당포를 차렸고 이후에는 잡화점을 운영했다. 속옷, 양복, 모피 코트, 신발, 모자 등을 10%의 이문을 붙여 팔았는데 특히 가구 주문이 많았다.

북미 최대의 가구 매장을 일구다

로즈는 가구사업이 성공할 것이라는 직감을 갖고 '네브래스카 퍼니처 마트Nebraska Furniture Mart' 라는 회사를 설립했다. 미국에 이민 와서 갖은 고생을 하며 모은 돈을 여기에 투자한 것이다. 이번 기회를 놓치면 다시는 기회가 오지 않을 것으로 판단하고 결단을 내렸다.

꿈을 안고 시작했으나, 회사 설립과 함께 난관에 봉착했다. 경쟁관계에 있던 가구 상인들이 그녀가 너무 싼 가격에 가구를 판다고 불평하며 가구도매상들에게 그녀와 거래하지 말라고 협박했기 때문이다. 하지만 그녀는 도매상들이 그녀를 따돌리면 따돌릴수록 더욱 열심히 그리고 진실한 마음으로 일했다. 가구사업에 대한 로즈의 열정과 진실성은 입소문을 타고 점점 퍼지게 되었다. 그녀에게 등을 돌렸던 가구도매상들이 하나둘씩 그녀와 거래를 다시 트기 시작하여 사업은 승승장구했다.

로즈가 카펫사업을 할 때의 일이다. 그녀는 마셜 필드스라는 회사로부터 카펫을 구입해 10%가량의 이문만 남겨 팔았다. 그런데 마셜 필드스는 로즈가 가격규정을 위반해 할인된 가격으로 카펫을 팔았다며 법원에 소송을 제기했다. 마셜 필드스는 변호사 3명을 대동하고 법정에 들어섰지만, 로즈는 변호사도 없이 어눌한 영어로 재판관에게 호소했다. 소송은 1시간 만에 끝났고, 로즈가 이겼다.

담당 재판관은 재판이 끝난 다음날 네브래스카 퍼니처 마트로 달려가 로즈가 판매하는 카펫을 1,400달러를 주고 샀다고 한다. 대기업의 협박에 굴하지 않고, 자신의 소신과 원칙을 끝까지 지킨 로즈에 큰 감동을 받았기 때문이다.

로즈는 자신의 아들 루와 함께 가구사업을 키워 나갔다. 오마하 사람들은 네브래스카 퍼니처 마트를 도시의 자랑으로 여기게 되었고, 로즈 부인을 'B부인'이라는 애칭으로 부르게 되었다. B부인은 블럼킴 부인을 줄여 부른 말이다. B부인은 오마하는 물론 인근 도시에서도 모르는 사람이 없을 정도로 유명세를 탔다.

로즈가 87살이던 1980년 초에 네브래스카 퍼니처 마트는 북아메리카를 통틀어 규모가 가장 큰 가구매장이 되었고, 연간 매출은 1억 달러가 넘었다. 미국 중서부의 다른 주에 사는 사람들도 가구를 구입하기 위해 오마하로 올 정도였다. 네브래스카 퍼니처 마트는 그야말로 대박이었다.

네브래스카 퍼니처 마트의 놀라운 성장을 지켜보고 있었던 투자회사들이 하나둘씩 인수제안을 내기 시작했다. 이 중에는 버핏 회장도 포함되어 있었다. 세계에서 가장 큰 가구 매장을 운영하던 독일 회사도 네브래스카 퍼니처 마트를 인수하기 위해 물밑작업을 벌이고 있었다.

로즈 부인은 회사를 매각하는 데 부정적이었다. 평생 동안 공을 들여 이끌어온 네브래스카 퍼니처 마트는 그녀에게 존재 이유였기 때문이다. 하지만 버핏 회장은 로즈 부인의 아들인 루, 루의 아들인 론과 어브에게 회사매각을 설득했다. 그들과 수차례 만나 대화를 이어가면서 친분을 쌓아 나갔다. 다른 투자자들이 손을 들고 인수를 포기했지만, 버핏 회장은 끈기 있게 매달렸다. 버핏 회장은 이들을 현혹시키는 거창한 제안을 하기보다는 솔직하게 이들을 설득했다.

"지금 당장 회사를 팔 필요가 없을 겁니다. 제가 생각하기에 나중에 회사를 팔면 여러분은 더 큰돈을 벌 수 있을 겁니다. 여러분은 이 같은 사실을 잘 알고 있어야 합니다. 많은 투자자들이 여러분의 회사를 인수하기 위해 매달리고 있습니다. 하지만 이들 중에는 단기차익을 노리는 투자자들도 있습니다. 회사를 인수했다가 몇 년 후에 바로 네브래스카 퍼니처 마트를 다른 회사에 팔아버리는 것이죠. 또는 모든 경영활동에 간섭하며 여러분을 배제시킬 수도 있을 겁니다. 하지만 나는 그렇게 하지 않을 겁니다. 버크셔 해서웨이는 네브래스카 퍼니처 마트를 장기투자 대상으로 생각하고 있으며 경영과정에서 여러분의 의견을 존중할 것입니다. 나는 이 같은 약속을 지켜나갈 것입니다. 우리가 네브래스카 퍼니처 마트를 인수한다고 하더라도 여러분은 동업자 자격으로 회사에 계속 참여하게 될 것입니다."

버핏 회장은 꼼수를 부리지 않고 솔직하게 루와 루의 아들들을 설득했다.

버핏 회장의 끈기에 굴복한 로즈 부인

　이 같은 협상내용은 로즈 부인의 귀에도 들어갔다. 당시 89세의 로즈 부인은 네브래스카 퍼니처 마트 매각에 대해서는 아들인 루를 포함해 가족들에게 일임하고 있었다. 로즈 부인은 버핏 회장이 솔직하고 겸손하게 가족들과 대화를 나누는 모습에 깊은 인상을 받았다. 점점 버핏 회장의 매력에 빠져들기 시작했다. 그리고 버핏 회장이 끈기 있게 매달리는 것을 보고 '정말 네브래스카 퍼니처 마트를 필요로 하는 사람이구나' 라는 생각을 하게 되었다. 블룸킨 가족은 버핏 회장이야말로 네브래스카 퍼니처 마트를 인수할 적임자라고 생각하게 되었고 결국 가족회의를 통해 버크셔 해서웨이에 회사를 매각하기로 합의했다.

　버크셔 해서웨이는 네브래스카 퍼니처 마트의 지분 90%를 5,500만 달러에 인수하는 계약을 체결했다. 로즈 부인의 두 눈에서 뜨거운 눈물이 흘렀다. 버핏 회장은 그 눈물이 무엇을 의미하는지 이해할 수 있었다. 한평생 열정과 도전으로 일구어온 자신의 분신과 같은 회사를 매각하는 것에 대한 아쉬움을 충분히 이해할 수 있었다.

　매각작업을 마친 뒤 로즈 여사는 버핏 회장의 도움으로 뉴욕 크레이턴 대학에서 명예박사 학위를 받았는데 그녀는 연단에 올라 졸업생들에게 짧은 연설을 했다. 러시아식 악센트가 들어간 어눌한 영어였지만 그녀의 연설에는 힘이 있었다.

　"인생에서 성공하기 위해서는 우선 정직해야 합니다. 둘째 열심히 일해야 합니다. 만일 여러분이 원하는 직장을 구하지 못하고 있다면 그 회사를 찾아가 무슨 일이든 하겠다고 하십시오. 여러분이 능력만 갖추고 있다면 사람들은 앞다투어 여러분을 잡으려고 할 것입니다."

로즈 부인은 여러 대학에서 학위를 받았고, 졸업식 연설을 해달라는 부탁을 받았지만 크레이턴 대학에서 수여한 학위에 특별한 애착을 가졌다. 왜냐하면 이 대학이 네브래스카 퍼니처 마트 매장에서 카펫을 샀기 때문이다. 로즈 부인은 네브래스카 퍼니처 마트를 버핏 회장에게 매각한 이후에도 왕성하게 카펫사업을 벌이다 104살의 나이로 세상을 떠났다. 버핏 회장은 노년이 되어서도 자신의 일을 열정적으로 사랑하고, 하루하루를 긍정적으로 살아가는 모습을 본 로즈 부인에게 큰 감동을 받았다. 80살을 넘긴 버핏 회장이 지칠 줄 모르는 열정으로 활동하고 있는 것도 로즈 부인에게서 배운 가르침이 아닐까 생각한다.

버핏 회장과 로즈 부인은 우리들에게 목표가 있으면 끈기 있게 매달리라고 말한다. 그 대상이 비단 사업에 국한되는 것은 아니다. 우리가 원하고, 희망하고, 바라는 것이 있다면 한번 실패했다고 해서 포기하는 것이 아니라 될 때까지 노력하는 모습을 보여야 한다.

가난이 싫어 러시아에서 미국으로 이민 온 유태인 로즈 부인은 맨손으로 거친 세파를 이겨내며 네브래스카 퍼니처 마트를 미국 최대의 가구 매장으로 만들었다. 150cm도 되지 않는 체구에서 그녀는 활화산처럼 뜨거운 열정을 뿜어내었다. 버핏 회장은 수차례 로즈 부인과 블럼킨 가족을 만나고 설득한 후에야 네브래스카 퍼니처 마트를 인수할 수 있었다. 이처럼 힘들다고 포기하지 않고 끈기 있게 매달리다 보면 인생은 달콤한 과실을 선사한다.

에드거 앨버트 게스트는 끈기와 도전의 가치를 시로 표현했다.

〈포기하면 안 되지〉

이따금 일이 잘 풀리지 않을 때,
험한 비탈을 힘겹게 올라갈 때,
주머니는 텅 비었는데 갚을 곳은 많을 때,
웃고 싶지만 한숨지어야 할 때,
주변의 관심이 되레 부담스러울 때,
필요하다면 쉬어가야지.
하지만 포기하면 안 되지.

인생은 우여곡절 굴곡도 많은 법.
사람이라면 누구나 깨닫는 바이지만,
수많은 실패들도 나중에 알고 보면
계속 노력했더라면 이루었을 일.

그러니 포기는 말아야지.
비록 지금은 느리지만,
한 번 더 노력하면 성공할지 뉘 알까.

성공은 실패와 안팎의 차이.

의심의 구름 가장자리에 빛나는 희망.
목표가 얼마나 가까워졌는지는 아무도 모를 일.
생각보다 훨씬 가까울지도 모르지.

그러니 얻어맞더라도 싸움을 계속해야지.
일이 안 풀리는 시기야말로 포기하면 안 되는 때.

3장
처세술

15
한국과의 깊은 인연

인연

호의는 호의를 낳고
선행은 선행을 가져온다.
—에라스무스

버핏 회장의 한국 사랑은 남다르다. 2011년 3월 그는 두 번째로 한국을 방문했다. 미국에서 한국으로 오려면 10시간 이상 장거리 비행을 감수해야 하지만 고령의 버핏 회장은 이를 감수하고 한국을 찾는다. 버크셔 해서웨이는 대구에 있는 대구텍이라는 중소기업에 지분을 투자하고 있는데 회사현황을 살펴보고 경영진과 대화도 나누기 위해서이다. 이 같은 이유에서뿐만 아니라 버핏 회장은 한국 사람들의 열정과 에너지, 그리고 친절함을 좋아한다. 한국을 방문한 버핏 회장이 미국으로 돌아가 그가 아는 한국 지인知人들에게 일일이 감사의 마음을 담은 편지를 보낸 것은 이 때문이다.

그가 한국이라는 나라에 친밀감을 나타내는 데에는 또 다른 까닭이 있다. 바로 한국 기자들과의 인연이다. 매년 5월 오마하에서 열리는 버크셔 해서웨이 주주총회에는 세계 각국의 기자들이 찾아온다. 미국은 물론이고 영국, 홍콩, 싱가포르 등 국적도 다양하다. 세계 최고의 갑부이자 박애주의자인 버핏 회장의 일거수일투족을 취재하고 인터뷰하기 위해 열띤 취재경쟁을 벌인다.

이 중 한국 기자들이 압도적으로 많다. 4분의 1가량은 한국 기자들이다. 버크셔 해서웨이 주주총회에서 버핏 회장은 공식 행사 중 항상 기자들과 인터뷰하는 시간을 갖는다. 한국 기자들은 순번을 정해 인터뷰하게 되는데 글로벌 경제와 투자 철학은 물론, 한국과 한국경제에 대한 질문도 포함된다.

"한국 경제를 어떻게 보시나요?"

"몇 개의 한국 기업에 투자하고 있나요?"

"한국 기업의 성장 가능성은 어떻습니까?"

한국과 관련된 질문들이 줄을 잇는다. 버핏 회장은 자연스레 한국을 더욱 친밀하게 느끼게 되는 것이다.

그럼 버크셔 해서웨이 주주총회에는 왜 한국 기자들이 유독 많이 오는 것일까. 바로 취재경쟁 때문이다. 주주총회에 오는 한국 기자들은 모두 미국 뉴욕에서 일하고 있는 특파원들이다. 주주총회에 참석할 수 있는 사람은 버크셔 해서웨이 주식을 보유한 주주들이어야 하지만, 신문이나 방송 기자들은 등록만 하면 주주가 아니어도 초대장을 받을 수 있다. 통상 한국 기자들은 주주총회 1~2개월 전에 주주총회 참석을 위한 등록을 한다. 특정 신문에서 등록을 하면 다른 특파원들도 등록하지 않을 수 없다. 다른 신문에는 3~4일간에 걸쳐 주주총회 행사내용이나 버핏 회장과의 인터뷰 내용이 연일 게재되는데 만약 참석하지 않는다면 이 같은 기사를 실을 수 없게 된다. 결국 대부분의 한국 특파원들이 오마하로 향하게 된다. 버크셔 해서웨이 주주총회에 한국 기자들이 유독 많은 이유가 바로 여기에 있고, 버핏 회장이 한국에 친밀감을 나타내는 것도 이 같은 이유에서다. 많이 볼수록 정든다고 하지 않던가.

버핏 회장이 바라본 한국 기업

2011년 3월 버핏 회장이 한국을 두 번째 방문했을 때 내가 몸담고 있는 「서울경제」신문을 비롯해 거의 모든 방송과 신문 매체가 그의 행적을 따랐다. 「서울경제」신문의 기사내용을 중심으로 그의 행적을 추적해보자. 그의 너무나 인간적인 면모를 확인할 수 있을 것이다.

버핏 회장은 3월 20일 대구공항을 통해 입국했다. 오후 9시 5분 전용기편으로 대구공항에 도착한 뒤 김범일 대구시장의 영접을 받고 환영행사에 참석해 한국 방문에 대한 소감을 밝혔다. 그의 한국 방문은 2007년 대구텍 방문 이후 두 번째다. 버크셔 해서웨이가 투자한 대구텍은 전체 매출의 60% 이상을 해외에서 올리는 절삭공구 전문업체로 버핏 회장으로부터 1,000억 원의 추가 투자를 유치하기도 했다. IT보다는 성장성과 수익성이 뛰어난 제조업체에 투자를 선호하는 버핏 회장에게 대구텍은 좋은 투자대상이었던 셈이다.

4년 만에 한국을 다시 찾은 버핏 회장의 첫마디는 "미국에서보다 더한 환대에 감사드립니다"였다. 그는 세계 최고의 갑부라는 별명이 무색할 정도로 소탈했다. 회색 트레이닝복 바지에 회색 운동화, 하늘색 티셔츠를 입은 수수한 모습이었다. 이날 대구공항에는 취재진과 대구시 관계자는 물론 버핏 회장을 보기 위해 전국에서 모여든 400여 명의 인파로 북적거렸다.

대구시는 버핏 회장을 맞이하기 위해 한복을 차려 입은 주부모니터단 60여 명과 대구 시립교향악단 10명으로 구성된 금관악단을 환영단으로 공항에 배치해 눈길을 끌었다. 버핏 회장을 만나기 위해 경기도에서 자가용으로 먼 길을 달려왔다는 김인수(37) 씨는 "버핏 회장은 청렴한 갑부다. 많은 졸부들과의 차이가 여기에 있다. 내 인생의 롤모델을 직접 보기 위해 여기에 왔다"며 흥분을 달래지 못했다.

버핏 회장은 한국경제와 그의 투자 철학에 대해 설명하는 것도 잊지 않았다. 버핏 회장은 "한국에는 좋은 대기업이 많고 투자기회 역시 열려 있다. 정보기술IT 주식보다는 10년 후를 내다볼 수 있는 기업에 투자하겠다"며 그의 투자 철학을 다시 한 번 강조했다. 또 그는 "포스코 지분을 4%가량 가졌고 한국의 다른 중소기업 지분도 일부 보유하고 있다"고 설명했다. 이어 그는 "내가 투자할 기업이 10년 뒤 어떤 모습이 될지를 생각한다. 한국 등 20여 개 국가에 투자할 만한 좋은 기업들이 있으며 이 중 우량하고 경영진이 잘 구성된 좋은 회사에 꾸준히 관심을 기울이고 있다"고 소개했다.

반면 IT주에 대해서는 회의적인 입장을 보였다. 버핏 회장은 "현재 삼성전자에 투자할 계획은 없다. 언젠가 살 수도 있겠지만 지금 우리가 투자하는 기업 중 IT업종은 세계 어디에도 없다"고 말했다. 코카콜라의 10년 이후 모습은 예측하기 쉽지만, 애플의 10년 이후 모습은 예상하기 어려워 투자하지 않는다는 것이다.

버핏 회장은 특히 포스코에 대해 "미국 이외의 지역에서 10억 달러 이상을 투자한 3~4개 기업 중 하나이다. 포스코는 믿기지 않는 놀라운 철강회사"라고 격찬을 아끼지 않았다. 버크셔 해서웨이는 매년 주식보유 현황을 주주들에게 보고하는데, 한국의 포스코는 리스트에 항상 이름을 올리고 있다. 뉴욕특파원들이 버크셔 해서웨이의 주식보유 현황 책자를 받을 때마다 가장 먼저 확인하는 것이 '포스코' 이름이 그대로 남아있는지 여부이다. 포스코는 버핏 회장이 한국경제를 어떻게 전망하고 진단하고 있는지를 판단할 수 있는 가늠자 역할을 하고 있는 것으로 볼 수 있다.

버핏 회장은 한국을 방문할 때마다 그의 투자 원칙과 철학에 대해 역설한다. 버핏 회장은 전세계 투자자들의 눈과 귀가 쏠린 이날 회견에서 '가치주에 대한 장기투자'로 요약되는 자신만의 오랜 투자 철학을 설파했다. 그가 제시한 투자 원칙은 누구나가 알고 있고 공감하는 것들이지만 실천하기는 쉽지 않다. 버핏은 우선 한국에 투자할 만한 유망업종을 제시해 달라는 질문에 "나는 업종이 아니라 기업에 투자한다"고 잘라 말했다. 일부 특종 업종에만 매달리다가 자칫 비유망산업에 묻혀 있는 수많은 우량주를 놓칠 수 있다는 판단에서다. 실제 버핏 회장이 투자한 업체들은 철도회사나 식음료, 생활용품 업체 등 첨단 유망업종과는 거리가 멀지만 지난 45년간 연평균 20%에 가까운 투자수익률을 거두고 있다.

이날 버핏 회장은 자신이 투자한 대구텍 2공장의 생산라인까지 직접 둘러보는 등 빡빡한 일정을 거뜬히 소화해 주위를 놀라게 했다. 버핏 회장은 오전 9시부터 진행된 공장시설 투어에서 도보로 공장 구석구석을 돌아봤으며 회사측에서 마지막 생산동을 방문한 후 전기차를 현관에 대기시키자 괜찮다며 극구 사양하는 모습을 보였다.

그는 이어 열린 기자회견에서 선물로 준비된 두루마기를 건네받자 활짝 웃는 표정으로 '원더풀!' 이라며 고마운 마음을 표시했다. 또 기자회견 내내 한복을 입고 기자들의 질문에 답변하는 등 각별한 한국 사랑을 보여주었다.

또 버핏 회장은 청와대에서 이명박 대통령을 만난 자리에서 "한국의 성공원천은 지성과 열정이고, 한국은 성공할 수밖에 없는 많은 요인을 가진 나라이다. 다음 버크셔 해서웨이 주주총회 때 한국의 성공사례를 보여주겠다"며 한국을 높이 평가했다.

이 대통령은 버핏 회장을 왜 청와대로 초청했을까. 한국 신문과 방송을 통해 전해지는 버핏 회장의 아름다운 재산기부와 소탈한 이미지, 그리고 원칙을 중시하는 경영철학이 이 대통령의 마음을 사로잡았기 때문일 것이다. 버핏 회장을 볼 때마다 한국 사회의 '선비' 같다는 인상을 받는다.

16

인생 최고의 투자는
친구다

친구

좋은 친구가 생기기를 기다리는 것보다
스스로가 누군가의 친구가 되었을 때 행복하다.
―버틀란드 러셀

'기도하는 손' 이라는 제목의 그림을 본 적이 있는가.
 노동으로 거칠어진 양손을 모아 기도하는 손을 그린 그림이다. 이 그림을 그린 사람은 르네상스 시대를 살았던 알브레히드 뒤러^{1471년~1528년}로 독일 뉘른베르크 출신이다.
 그는 어린 시절 미술공부를 하고 싶었지만 집안이 가난해 학비를 감당할 수가 없었다. 그래서 같은 처지의 친구를 만나 의논했다. 그 친구가 이렇게 제의를 했다.
 "네가 먼저 학교에 가서 공부해라. 나는 네가 졸업할 때까지 일을 해서 너의 학비를 지원할게. 네가 졸업한 후에는 나의 뒷바라지를 해줘."
 친구는 뒤러를 위해 열심히 일해 꼬박꼬박 학비를 보냈다. 뒤러가 졸업할 무렵에는 그림도 하나씩 팔려나가기 시작했고, 유명세를 타기도 했다.

어느 날 뒤러가 오랜만에 친구를 만나기 위해 친구의 집을 찾았다. 친구는 마침 기도를 하고 있었다. 뒤러는 문 뒤에서 친구의 목소리를 몰래 들었다.

"주님! 저의 손은 험한 일을 오래해 이미 굳어져 이제는 그림을 그릴 수 없게 되었습니다. 내가 하고 싶었던 일을 제 친구 뒤러가 할 수 있도록 도와주세요. 제 친구가 진실된 그림을 그리고, 세상 사람들로부터 인정받는 화가가 되도록 도와주세요."

자기를 위해 희생한 친구가 두 손을 모아 기도하는 모습을 뒤러는 지켜보았다.

뒤러는 노동으로 뼈마디가 굵어진 친구의 양손을 잊을 수가 없었다. 그리고 친구가 양손을 모아 기도하는 아름다운 모습을 화폭에 담았다. 이 그림이 유명한 '기도하는 손'이다.

우리는 학업을 마치고 사회로 나가 직장생활을 하게 된다. 고등학교를 마치고 바로 직업전선에 나가는 사람도 있을 것이고, 대학교를 졸업하고 사회생활을 시작하는 사람들도 있을 것이다.

중요한 것은 대학교를 졸업했느냐 여부가 아니다. 자신의 적성에 맞는 직업을 빨리 결정하고 미리 준비하는 자세가 중요하다. 이와 함께 평생을 함께할 진정한 친구를 만들어 곁에 두는 것이 절대 필요하다.

비즈니스 관계로 친구를 만날 수도 있고, 조직생활의 동반자로서 친구를 만날 수도 있다. 취미나 성격이 통하는 친구도 좋고, 자신과 스타일이 다른 친구도 상관없다. 평생을 서로 신뢰하고 옆에서 도와줄 수 있는 친구여야 한다.

　인생의 절반은 개인의 노력과 땀으로 만들어지지만 나머지 절반은 친구의 도움과 힘으로 만들어진다. 결코 혼자서는 독불장군 식으로 정글과도 같은 사회생활에 적응하기가 힘들다. 사람들은 흔히 이를 '인맥 네트워크'라고 부른다. 우스갯소리로 금맥金脈보다 중요한 것이 인맥人脈이라고 하지 않던가.

평생 함께할 친구를 사귀어라

　버핏 회장에게는 찰리 멍고라는 평생의 동지가 있다. 어릴 때부터 알고 지냈던 친구가 평생의 사업 동반자가 된 케이스다. 찰리 멍고가 있었기에 워렌 버핏이 빛을 발한 것이다.

　찰리 멍고는 버핏과 같이 오마하 출신으로 고향이 같다. 버핏의 할아버지가 운영했던 식료품 가게에서 찰리 멍고는 심부름꾼으로 일을 했다. 손님이 산 물건을 계산하고, 물건을 배달하고, 쓰레기를 비우는 일을 하면서 버핏의 할아버지를 옆에서 도왔다. 버핏과 찰리 멍고의 인연은 이렇게 맺어져 오늘날까지 이어지고 있다.

　찰리 멍고는 버핏보다 7살이 많으니까 버핏에게는 형이 된다. 이 둘은 어린 시절에는 큰 교우관계를 맺지 못했다고 한다. 만나면 서로 가볍게 인사를 할 정도였다. 하지만 버핏이 26살 되던 때에 이들은 다시 운명적으로 만나게 되고, 평생의 사업동지로 발전하게 된다.

찰리 멍고의 아버지는 변호사, 할아버지는 판사였다. 멍고 자신도 집안의 가풍을 이어받아 법률가가 되기 위해 열심히 공부했다. 그는 대학교를 졸업하지도 않은 상태에서 미국 동부의 명문 하버드 대학 로스쿨^{법률대학원}에 거뜬히 합격했다. 그때까지 학사 학위 없이 하버드 대학 로스쿨에 입학한 사람은 멍고 이외에는 없었을 정도로 그는 뛰어난 두뇌와 열정을 가진 학생이었다.

버핏과 멍고의 대학 생활에서 발견할 수 있는 공통점은 자신의 목표를 일찍 설정하고 목표를 위해 열정적으로 노력했다는 점이다. 버핏은 컬럼비아 대학에서 벤저민 그레이엄 교수 밑에서 공부하며 최우수학생으로 졸업했고, 멍고도 하버드 대학 로스쿨을 졸업할 때에는 335명의 동급생 중에서 우등평가를 받은 12명에 포함되었을 정도였다.

버핏은 훌륭한 투자가가 되겠다는 꿈을 실현하기 위해 벤저민 그레이엄 교수를 찾았고, 멍고는 법률가가 되겠다는 꿈을 안고 하버드 로스쿨에서 열정적으로 공부를 했다. 그리고 그들이 어릴 때 간직했던 꿈은 현실로 나타나 결실을 맺게 된다.

멍고는 하버드 대학을 졸업하고 미국 서부의 캘리포니아 주로 이사해 로스앤젤레스^{LA}에 '멍고 톨슨 앤 올슨^{Munger, Tolls & Olson}'이라는 개인 법률사무소를 개업한다. 버핏의 할아버지가 운영했던 식료품 가게에서 심부름꾼으로 일하면서 간직했던 꿈을 실현한 순간이었다. 명석한 머리와 날카로운 분석력, 법률이론을 모두 겸비한 멍고의 사무실에는 변호를 의뢰하는 사람들이 줄을 이었다.

버핏은 오마하의 투자가로서, 멍고는 LA의 유명 변호사로서 그들의 인생을 성공적으로 출발한 것이다.

버핏과 멍고의 만남은 1956년, 버핏이 26살 되던 때에 다시 이루어진다. 버핏의 투자 파트너였던 친구의 소개로 버핏과 멍고는 오마하의 한 레스토랑에서 다시 만난다.

"멍고 형, 오랜만입니다."

"잘 지냈나? 버핏. 투자가로 명성을 날리고 있다는 얘기는 들었네. 어릴 때의 꿈을 이루었구만."

오늘날의 버핏 회장이 있기까지는 동고동락을 같이했던 친구이자 형님인 찰리 멍고 부회장이 있었기 때문에 가능했다. 여러분의 친구는 누구인가?

"아니에요. 이제 시작에 불과해요. 멍고 형, 제가 만나자고 한 것은 한 가지 제안이 있어서예요. 저와 같이 투자 사업을 해보지 않을래요?"

버핏은 멍고에게 투자 파트너로 같이 일하자는 제안을 했다. 어릴 때부터 지켜보았던 멍고 형의 성품과 능력을 일찌감치 알고 있었기 때문이다.

버핏의 제안을 받고 LA로 돌아온 멍고는 머릿속이 복잡했다. 할아버지와 아버지의 뒤를 이어 변호사의 길을 걷고 있는데 자신의 세계와 영 딴판인 투자가의 길로 들어서는 것은 또 하나의 도전이었기 때문이다.

하지만 어릴 때부터 지켜보았던 동생 버핏의 능력과 열정, 도전정신을 익히 알고 있었던 멍고는 며칠 후 "그래 같이 한번 해보자"라는 답변을 준다.

삼국지에 나오는 유비와 관우, 장비가 복숭아 동산에서 '도원결의桃園結義'를 맺었던 것처럼 버핏과 멍고는 오마하에서 평생을 투자가로서 함께 하기로 굳은 맹세를 하게 된다.

훗날 워렌 버핏이 찰리 멍고와 같이 투자자를 모아 투자회사를 설립하고 버크서 해서웨이의 회장과 부회장이 되어 세계 금융시장을 움직이는 인물이 되는 계기는 이렇게 만들어진 것이다. 버핏은 '인생 최고의 투자는 친구'라는 생각을 일찌감치 간파하고 있었다.

단전을 지적하는 친구가 진짜 친구

나는 5일 동안 버핏 회장과 멍고 부회장을 따라다니며 그들의 말 하나, 행동 하나하나를 보고 듣고 배웠다. 버핏 회장과 멍고 부회장은 모두 안경을 끼고 있고, 뛰어난 투자가라는 점을 제외하고는 닮은 점이 거의 없다. 버핏 회장이 유머와 장난을 좋아하고 사람들과 이야기하는 것을 즐기는 스타일이라면, 멍고 부회장은 무뚝뚝하고 논리적이고 상대방의 잘못을 바로 지적하는 스타일이다.

멍고 부회장이 장남長男의 성격을 갖고 있다면 버핏 회장은 막내의 성격을 가지고 있다고 할까. 사실 멍고 부회장은 버핏 회장보다 나이가 7살이나 많지 않은가.

"멍고 부회장은 어떠한 복잡한 문제라도 30초 만에 핵심을 간파하는 능력을 가지고 있지요. 그는 똑똑하고 예리한 사람입니다."

버핏 회장이 멍고 부회장을 이렇게 소개했다.

내가 만난 멍고 부회장은 국제경제 흐름을 분석하고 투자결정을 내리는 데 있어 버핏 회장과 의견이 다를 경우에는 침묵으로 일관하지 않고 바로 자신의 의견을 내놓았다.

"버핏, 저의 생각은 당신과 다릅니다. 한발 물러나서 다른 면을 한번 분석해보고 다른 방안을 마련하는 것은 어떨까요?" 보통 이런 식이다.

이런 일도 있었다고 한다.

버크셔 해서웨이가 회사용 제트기를 구입했을 때의 일이다. 버핏 회장은 회사의 업무생산성을 높이는 일이라고 판단해 이사회의 결정을 굳이 반대하지 않았다. 하지만 멍고 부회장이 버럭 화를 냈다.

"큰돈을 들여 회사용 제트기를 살 필요가 있나요? 회사 돈으로 제트기를 구입하는 것은 주주들에게 손해를 끼치는 행위입니다. 저는 찬성할 수 없습니다."

멍고 부회장은 회사 경영진이나 버핏 회장의 판단과 선택이 잘못되었다고 생각될 때에는 주저하지 않고 반대의견을 내놓았다. 상대방의 눈치를 살피거나 아부하는 스타일이 아니다.

사실 버핏 회장은 멍고 부회장을 만나 더 많은 돈을 벌고 투자기회를 더욱 늘릴 수 있는 안목을 키우게 되었다. 버핏은 기업의 실적을 중요시한다. 회계장부 상에 나타난 수치들을 보고 투자결정을 내린다. 남들은 세계적인 투자가인 버핏 회장의 투자 철학에 다른 의견을 내놓기를 꺼리지만, 멍고 부회장은 망설이지 않고 조언을 한다.

"버핏, 이제는 당신의 투자스타일에도 변화가 필요해요. 기업의 회계장부만으로 투자선택을 해서는 안돼요. 지금 실적이 좋지 않더라도 기업의 미래가치가 크다면 그 기업은 분명히 성공할 거예요. 앞으로는 기업의 미래가치에 대해서도 연구해야 합니다."

이처럼 멍고는 버핏에게 기탄없이 할 얘기는 했다. 그리고 중요한 것은 버핏은 멍고의 충고나 지적을 아니꼽게 생각하지 않고 그대로 포용하는 배포와 아량을 가졌다는 점이다. 친구로서 할 말은 하는 멍고도 뛰어나지만 친구의 충고를 거리낌 없이 받아주는 버핏의 태도는 더욱 빛난다고 할 수 있다.

나의 단점을 '비난' 하는 친구가 아니라 사심 없이 '비판' 하는 친구를 두어야 한다. 친구를 통해 자신의 잘못을 잡아나갈 수 있다. 세계 최고의 부자 버핏 회장은 자신의 잘못을 지적하는 친구 멍고 부회장을 만나 오늘날의 부富를 이룰 수 있었다.

인도 속담에 '부자인 친구가 파티에 초대하면 가세요. 하지만 가난한 친구에게는 초대되지 않았을 때 찾아가세요' 라는 말이 있다. 다른 사람이 나의 친구가 되기를 기다리기보다는 내가 먼저 다른 사람의 친구가 되어야 한다는 것을 함축적으로 표현한 말이다. 좋은 친구가 생기기를 기다리는 것보다 스스로가 누군가의 좋은 친구가 되었을 때 행복해지는 법이다.

17

자신의 일을 즐기면
돈은 따라온다

일과 직업

> 미래는 일하는 사람의 것이다.
> 권력과 명예도 일하는 사람에게 주어진다.
> 게으름뱅이의 손에 누가 권력이나 명예를 안겨주겠는가.
> ―힐티

워렌 버핏이 6살 때 그의 할아버지는 오마하의 작은 마을에서 식료품 가게를 운영했다. 가게이름은 '버핏 앤 선'이었다. 어린 버핏은 할아버지가 야채와 커피를 파는 것을 도와주었고 무거운 짐도 같이 옮기면서 할아버지 일을 거들었다.

할아버지가 물건을 팔고 일일이 기록하는 회계장부를 유심히 살폈고, 어떻게 물건을 팔아 돈을 버는지 바로 옆에서 지켜본 것이다. 어쩌면 버핏 회장의 비즈니스 감각은 어릴 때 할아버지와 함께 가게 일을 하면서 자연스럽게 얻은 것이라고 볼 수 있다.

할아버지, 코카콜라를 팔고 싶어요

어느 날 어린 버핏은 할아버지에게 하나의 제안을 하게 된다.

"할아버지, 코카콜라를 저에게 좀 싸게 파세요. 도매가격으로 저에게 파세요. 그럼 저는 이것을 이웃 아저씨, 아주머니들께 팔게요. 저랑 비즈니스를 하자는 거예요."

할아버지는 어린 버핏의 제안이 황당하기도 하고 당돌하기도 했지만 제 스스로 돈을 한번 벌어보겠다는 생각이 기특해서 허락했다.

"좋은 생각이구나. 어릴 때 경험했던 고생이 나중에 인생을 살아가는 데 큰 도움이 된단다. 할아버지가 코카콜라를 줄 테니까 이윤을 남겨보도록 해라. 할아버지도 도와줄 테니까."

할아버지는 어린 버핏의 머리를 쓰다듬으며 엷은 미소를 지었다.

"할아버지, 고맙습니다. 절대 손해를 보지 않고 성공할게요."

어린 버핏은 자기 힘으로 돈을 벌 수 있다는 기쁨에 깡충깡충 뛰었다. 이는 세계 최고의 부자인 워렌 버핏이 처음으로 성사시킨 비즈니스이다.

어린 버핏은 다음날 바로 장사를 시작했다. 할아버지로부터 6개가 들어있는 코카콜라 세트를 25센트에 사들인 뒤 여기에 5센트를 붙여 30센트에 팔았다. 동네 아저씨와 아주머니들은 어린 녀석이 기특하다며 할아버지 가게에 가기보다는 어린 버핏의 코카콜라를 사주었고, 나중에 훌륭한 비즈니스맨이 될 것이라고 칭찬을 해주었다. 자신의 일을 즐기고 있는 어린 버핏을 옆에서 지켜보면서 할아버지는 고개를 끄덕일 뿐이었다.

고사리 손으로 코카콜라를 팔았던 어린 버핏은 지금 세계적인 기업인 코카콜라의 대주주가 되어 있다. 어릴 때 코카콜라를 팔아 용돈을 벌었던 워렌 버핏이 지금은 코카콜라의 주인이라는 이야기이다. 그럼 워렌 버핏은 어떻게 코카콜라의 주인이 될 수 있었을까.

어린 버핏이 할아버지에게서 코카콜라를 저렴한 가격에 사서 이윤을 얹어 동네 사람들한테 팔았던 시절로부터 50년이 지난 1989년의 일이다. 당시 버핏 회장은 투자활동을 통해 이미 세계적인 부자 반열에 속해 있었다.

버핏 회장은 어린 시절 코카콜라를 팔아 용돈을 마련했지만, 지금은 코카콜라 회사의 주주가 되었다. 버크셔 해서웨이 주주총회 장소에 마련된 대형 코카콜라 병

버핏 회장은 어릴 때의 경험을 바탕으로 코카콜라가 미국을 넘어 세계적인 기업이 될 것이라는 것을 알고 있었다. 미국을 적대시하는 쿠바에서도 코카콜라는 인기를 끌고 있고, 중국 사람들도 햄버거와 같은 패스트푸드를 먹을 때에는 코카콜라를 같이 주문한다.

어릴 때 코카콜라를 팔아 본 경험이 있던 버핏 회장은 이후 코카콜라에 대해 공부를 했고, 코카콜라가 어떻게 성장해 가는가를 면밀히 관찰했다. 그리고 1989년 3월 자신의 판단이 정확하다고 확신한 버핏 회장은 코카콜라의 지분 6.3%를 10억 달러에 사들인다.

코카콜라를 팔아 용돈을 벌었던 시골의 어린 아이가 세계적인 다국적 기업의 주인이 되는 순간이었다.

버핏 회장은 자신이 좋아하고 즐기는 일을 천직으로 생각한다. 하늘이 내려주신 직업으로 생각하는 것이다. 1985년에 열린 버크셔 해서웨이 주주총회에서 코카콜라의 대표 상품인 '체리코크'를 버크셔 해서웨이의 공식음료로 지정했을 정도이다.

어린 시절 코카콜라와 펩시콜라를 모두 좋아했던 버핏 회장은 펩시콜라는 더 이상 마시지 않고 이제는 코카콜라만 마신다. 자신이 선택한 상품이 최고라는 신념과 자신감을 가지고 있기 때문이다.

그는 경영진과의 회의를 진행할 때도, 주주총회에서 주주들과 대화를 할 때도, 신문이나 방송과 인터뷰를 할 때도 항상 코카콜라를 손에 들고 나타난다. TV나 언론에 조금이라도 많이 코카콜라를 노출시켜 광고효과를 높이기 위해서다.

작고 낮은 곳에서 부(富)를 쌓아라

뉴욕 퀸즈Queens의 더글라스톤Douglaston 지역에는 '피터 루가Peter Ruga'라는 고급 레스토랑이 있다. 오랜 역사와 전통을 자랑하는 음식점으로 랍스터(바다가재) 스테이크를 전문으로 취급하는데 겉모습은 초라하지만 건물 내부로 들어서면 화려한 실내장식에 놀라게 된다. 턱시도나 드레스 같은 정장을 갖추어야 하는 것은 아니지만 남자 손님들 대부분은 넥타이와 양복을, 여자 손님들은 격식 있는 의상을 입을 정도로 고급스런 이미지가 강하게 풍긴다.

식사비용은 전채에피타이저와 후식을 포함해 한 사람 당 100달러10만 원 이상 나온다. 부부와 아이들이 모처럼 기분을 내기 위해 이 레스토랑을 찾을 경우 400달러는 족히 감수해야 한다. 문제는 종업원들에게 지급하는 팁tip이다. 미국에서는 보통 음식 값의 10~15% 가량을 팁으로 내는 것이 관례이다. 이 레스토랑의 경우 자기 테이블에서 주문을 받고 빈 물 잔을 채워주고 식사 내내 시중을 드는 종업원에게 보통 15~20달러가량을 팁으로 테이블 위에 올려놓는다.

이 레스토랑에서 일하는 종업원들은 50대 이상 노인들이 대부분으로 70대 고령자들도 많다. 백발에 나비넥타이를 매고 주문을 받는 웨이터들은 수준급이다. 유명 호텔에서 일한 호텔리어 출신 사람들이 많은데다 경험도 많아 업계에서는 베테랑으로 통한다.

피터 루가 레스토랑에서 일하는 경험이 많은 시니어급 웨이터들은 연봉이 10만 달러를 넘는다. 우리 돈으로 연간 1억 원을 버는 부자들이다. 젊었을 때에는 호텔과 기업체 임원으로 화려하게 활동했지만, 정작 정년퇴직 이후에는 규모도 그리 크지 않은 레스토랑에서 웨이터로서 '인생 2막'을 살고 있는 사람들이다.

"나는 나의 일이 자랑스럽고 이 일을 하는 것을 천직으로 여깁니다. 가족들은 좀 쉬어야 한다고 말하지만 나는 이 일을 그만두고 싶지 않아요. 하고자 하는 일을 하는 것은 세상 어느 것과도 바꿀 수 없는 기쁨이 아닐까요?"

이곳에서 5년째 일하고 있다는 스티브 할아버지의 말씀이다.

직업에는 귀천이 없다고 하지만 한국에서는 이러한 논리가 통하지 않는 것 같다. 보수가 많고 적음에 따라 사람에 대한 평가가 달라진다. 하지만 3년 4개월 동안 뉴욕 특파원 생활을 하면서 내가 보고 느낀 것은 미국도 빈부의 격차가 크기는 하지만, 직업에는 높고 낮음이 없다는 철학을 굳게 믿고 있는 사회라는 점이다. '피터 루가' 레스토랑에서 일하는 웨이터들은 그 단면을 보여준다.

자신의 일을 즐기는 할아버지

자동차 수리공도 마찬가지다. 우리 집 앞에는 중국인이 운영하는 '모빌Mobil 주유소'가 있었다. 기름을 넣는 곳일 뿐만 아니라 자동차 고장수리, 정기 검사를 위해 손님들로 북적거리는 곳이다. 미국에서는 전문기술을 가지고 있으면 대접 받고 산다. 한국도 점차 전문기술자가 존경받고 월급도 많이 받는 사회가 될 것이다.

미국에서는 인건비가 비싸기 때문에 웬만한 것은 소비자들이 직접 고치는 것이 보통이다. 한국에서는 자동차 타이어를 직접 교체하는 운전자가 흔하지 않지만 미국 드라이버들은 웬만하면 타이어 교체는 혼자서 처리한다. 주유소에 가서 수리를 할 경우 수백 달러는 고스란히 나가기 때문이다. 미국 주유소에서 일하는 기계공들은 회사로부터 정기적으로 월급을 받기도 하지만 수리가 끝나면 역시 팁을 받는다.

기술과 실력을 알아주는 기계공일 경우 1년에 10만 달러를 벌어들이는 것은 힘든 일이 아니다. 손에는 기름때가 묻고, 지저분한 작업복을 입고 있지만 그들의 집은 화려하다.

웨이터로 시중을 들면서, 자동차 수리공으로 기름땀을 흘리면서 그들은 백만장자의 꿈을 이루어가고 있는 것이다.

네일[nail]샵 직원들도 마찬가지다. 구찌, 페라가모, 버버리, 샤넬 등 고급 명품가로 유명한 맨해튼 5번가를 비롯해 번화가에는 미국사람뿐 아니라 한국인과 중국인들이 운영하는 네일샵들이 많다.

손톱정리를 하고 불필요한 신체의 털을 제거하고 발톱을 다듬는 등 몸을 가꾸는 곳이다. 여기서 일하는 종업원들도 전문 학원을 나와 경력이 쌓일 경우 짭짤한 수익을 챙긴다. 손님들로부터 받는 팁이 쌓이면 목돈이 된다. 베테랑일 경우 연봉 1억 원은 손쉽게 벌어들일 수 있다.

한국에서 미국으로 건너온 한국인 이민자들의 경우 남자들은 델리가게[식료품가게] 종업원으로, 여성들은 네일샵에서 일하는 경우를 많이 볼 수 있다.

미국에서는 이런 분야에서 시작해 큰돈을 벌 수 있는 분야들이 많이 있다. 위에서 예로 든 레스토랑 종업원, 자동차 수리공, 네일샵 직원들이 대표적인 경우다. 자신의 일을 애인처럼 사랑하고, 그 분야에서 반드시 성공하고야 말겠다는 의지와 집념이 있으면 성공과 부는 저절로 따라온다.

백만장자 부자들은 타고나는 것이 아니라 작고 낮은 곳에서 시작해 쌓아가는 것이라는 사실을 워렌 버핏 회장과 미국 부자들은 우리들에게 보여주고 있다. 미래는 일하는 사람의 것이다. 게으름뱅이의 손에 누가 권력과 명예를 안겨다주겠는가.

18 남과 다른
자신만의 원칙을 세워라

원칙

> 버핏 회장이 세계 최고의 부자가 될 수 있었던 것은 자신만의 원칙과 소신을 정하고 이 원칙을 평생 지켰기 때문이다. 자신과의 원칙과 약속을 지키지 못하는 사람에게 성공과 부(富)가 다가올 리가 없다.
> —버핏 회장을 만나고 나서

버크셔 해서웨이 주주들은 버핏 회장이 들려주는 주식투자 원칙을 하나라도 빠트리지 않으려고 귀를 쫑긋 세워가며 강의를 듣는다. 마치 고액과외라도 받는 것처럼 온 정신을 집중해 버핏 회장의 말을 노트에 적었다.

유명한 종교지도자를 따르는 신도들처럼 버크셔 해서웨이 주주들은 버핏 회장의 말을 경청하는 열렬한 신도들이었다.

사람들을 매료시키는 버핏 회장의 투자 강연

사실 버핏 회장의 주식투자 원칙과 글로벌 경제에 대한 견해를 듣는 것은 쉽지 않은 일일 뿐만 아니라 돈도 많이 든다. 2010년의 경우 버핏 회장과 점심 한 끼를 같이하는 경매 비용이 263만 달러^{약 33억 원}에 달했다. 버핏 회장과 점심을 같이 먹게 된 경매 낙찰자는 뉴욕 맨해튼 49가의 유명한 스테이크 레스토랑 '스미스 앤 월렌스키'에서 버핏 회장과 점심을 함께하며 주식투자에 대한 값진 조언을 얻는다.

이 자리에서 버핏 회장은 자신이 어떤 주식을 사고팔았는지를 제외한 광범위한 화제를 놓고 대화를 나눈다. 버핏 회장과의 점심 식사는 그의 투자 철학과 인생관을 배울 수 있는 기회로, 전 세계 투자자들의 엄청난 관심을 받아왔다.

경매 수익금은 빈민층과 노숙자 등 빈민구호 활동을 하는 샌프란시스코의 자선단체인 글라이드재단에 기부된다. 버핏과의 점심을 통해 버핏 회장이 지금까지 글라이드재단에 기부한 돈은 856만 달러에 이른다. 작고한 부인 수전의 소개로 글라이드재단과 인연을 맺게 된 버핏 회장은 2000년부터 이 재단을 위해 매년 자신과 점심을 함께하는 이벤트를 해오고 있다.

버크셔 해서웨이 주식 한 주라도 가지고 있으면 공짜로 참석이 가능한 버크셔 해서웨이 주주총회는 주주들에게는 값으로 매길 수 없는 배움의 장소인 것이다.

기껏해야 2시간 동안 대담을 나누고 6억 원을 지불해야 하는 것과 비교하면 주주총회에 참석해 강연을 듣는 것이 훨씬 값진 것이 아닐까.

버핏 회장과 주주들의 질의응답이 오가던 중 아니나 다를까 한 주주가 마이크 앞으로 다가가 "주식투자를 어떻게 해야 됩니까?" 라고 질문을 던졌다. 버핏 회장이 옷깃을 여미더니 다음과 같이 답변했다.

버핏 회장과 점심을 같이 먹을 수 있다는 경매 광고. 버핏 회장과 점심을 같이 먹으려면 6억 원의 경매 비용을 내야 한다.

"주식을 짧은 기간에 사고파는 단타매매데이트레이딩는 도박과 같다고 볼 수 있어요. 사람들은 천성적으로 도박을 좋아하지요. 하지만 투자를 그렇게 해서는 안 됩니다. 기업을 열심히 분석해서 기업가치가 시장가치보다 낮아졌다고 생각될 때 투자해 기업가치가 오를 때까지 장기간 기다린다면 반드시 수익이 올라갈 겁니다."

버핏 회장이 자신의 트레이드마크인 '장기 가치투자' 를 설파했다. 금융시장에 충격이 가해지거나 기업 자체의 일시적인 문제로 주가가 기업가치보다 떨어질 경우 주식을 사야 한다는 설명이다.

예를 들어 삼성전자 회사의 적절한 시장가치가 90만 원이라고 하자. 그런데 국제 기름 값이 크게 오르거나 한국 경제가 일시적인 침체양상을 보인다면 주식시장에서 거래되는 기업들의 주식가격은 전반적으로 떨어지게 된다.

삼성전자 회사 자체에는 별다른 문제점이 없지만 주변의 경제여건이 좋지 않기 때문에 삼성전자 회사의 주식가치도 덩달아 떨어지게 된다. 만약 삼성전자 주식가격이 70만 원까지 떨어진다면 삼성전자 주식은 시장가치인 90만 원보다 크게 떨어져 있는 상태가 된다.

버핏 회장은 삼성전자 주식가치 70만 원가 시장에서 평가받는 가치 90만 원보다 하락했을 때 주식을 사서 주가가 오르기를 장기간 기다린다면 투자이익을 얻을 수 있다는 것을 강조한다. 이 원칙은 버핏 회장이 11살 때부터 주식투자를 한 이후 지금까지 지키고 있는 철칙이자 신조이다.

마이크로소프트에 투자하지 않는 이유

이 같은 버핏 회장의 투자원칙은 버크셔 해서웨이가 투자하고 있는 주식을 살펴보면 금방 확인할 수 있다. 버크셔 해서웨이는 신용카드 회사인 아메리칸 익스프레스 American Express 와 코카콜라, 면도기 회사인 질레트 Gillette, 국제신용평가회사인 무디스 Moodys, 세계적인 명성을 얻고 있는 신문「워싱턴포스트」, 웰스파고 Wells Fargo 은행, 미국을 대표하는 페인트 회사인 벤저민 무어 Benjamin moore 등 회사가 튼튼하고 재정적으로 안정된 기업에 주로 투자한다.

버핏 회장은 일시적인 경영환경 악화로 주식가치가 떨어지거나 금융시장 충격으로 이 기업들의 주가가 하락할 때 주식을 사들였다. 그리고 주가가 오른다고 해서 재빨리 내다 팔지 않고 기업 가치를 제대로 평가받을 때까지 묵묵히 기다린다.

코카콜라의 경우 버핏 회장은 1988년 주식을 사들이기 시작해 20년이 된 지금까지도 코카콜라 주식을 그대로 보유하고 있다. 버핏 회장이 주주들에게 짧은 기간에 주식을 사고파는 단타매매는 도박과도 같은 것이라며 단타매매의 위험을 경고하면서 장기 가치투자를 강조한 것은 그의 투자원칙을 그대로 밝힌 것이다.

버핏 회장은 자신이 잘 모르는 기업에는 투자하지 않는 것으로 유명하다. 손실을 볼 위험이 많기 때문이다. 인터넷, 정보통신IT, 첨단기술 등 기업 내용이 검증되지 않은 회사보다는 꾸준하게 안정된 수익을 올리고, 소비자들에게 친숙한 기업을 선호한다.

독자들도 잘 알다시피 버핏 회장과 마이크로소프트의 빌 게이츠 회장은 오랜 친구이다. 마이크로소프트는 소프트웨어를 개발하는 인터넷 기업의 대명사이지만, 버핏 회장은 마이크로소프트에는 투자하지 않는다.

대신 버핏 회장은 재산의 85%가량을 빌 게이츠 회장이 운영하는 재단에 기부했다. 버핏 회장의 세 자녀도 각자의 기부재단을 운영하고 있지만, 버핏 회장은 빌 게이츠 재단에 자신의 돈을 기부할 정도로 빌 게이츠를 신뢰하고 능력을 높이 평가한다.

하지만 버핏 회장은 빌 게이츠가 운영하는 마이크로소프트 주식은 한 주도 가지고 있지 않다. 다른 투자자들은 마이크로소프트 주식가격을 예의주시하지만 버핏 회장은 거들떠보지도 않는다.

왜냐하면 버핏 회장은 마이크로소프트 회사에 대해 잘 모르고, 인터넷 기업에 대해 모르고, 변화속도가 빠른 첨단기술에 문외한이기 때문이다. 철저하게 자신이 잘 이해하고, 경험이 있는 분야의 기업에만 투자를 한다. 이는 코카콜라의 주가 흐름을 보면 알 수 있다. 일반 투자자들은 코카콜라와 같이 대형 기업은 주가가 움직이지 않는다는 착각에 빠져있다. 반면 인터넷, 정보통신과 같이 규모가 작은 기업은 기회만 잘 잡으면 주식가치가 크게 오른다는 편견에 사로잡혀있다. 버핏 회장은 버크셔 해서웨이 주주들에게 이 같은 착각에서 하루빨리 벗어나라고 조언한다.

누구나 쉽게 따라할 수 있는 투자습관

코카콜라 주가는 1990년 1주당 10달러에도 미치지 못했지만, 1993년 20달러, 1996년 40달러를 넘어섰으며 지금은 60달러대에서 거래되고 있다. 1990년에 코카콜라 주식을 사서 지금까지 장기간 보유하고 있다면 6배 이상의 이익을 올리게 되는 셈이다.

1990년에 코카콜라 주식을 1억 원어치 샀다면 지금은 주식가치가 6억 원 이상으로 불어나 있는 것인데, 주가변동이 심하고 기업 내용이 알려지지 않은 기업을 사고판 투자자들이 과연 이 같은 수익률을 올릴 수 있었을까. 버핏 회장이 강조하는 장기 가치투자의 진면목을 볼 수 있는 대목이다.

버핏 회장은 '타인의 말에 흔들리지 말 것' 도 버크셔 해서웨이 주주들과 우리들에게 당부한다. 자신의 투자 원칙에 충실해야 하며, 절대 주식시장 흐름에 흔들리지 말 것을 조언한다.

많은 개인투자자들이 주식시장이 강세를 보이면 앞뒤 가리지 않고 아

버핏 회장은 어릴 때부터 올바른 투자습관을 몸에 익히는 것이 무엇보다 중요하다고 말한다. 어린이펀드에 대한 한국 부모들의 관심도 높아지고 있다.

무 기업이나 사들이고 주식시장이 크게 떨어지면 자신이 보유한 주식을 무작정 내다파는 실수를 저지른다.

　기업의 가치를 보지 않고 주식시장 장세와 타인의 말에 의존한 투자 행태를 보이기 때문이다. 지난 1999년과 2000년초 전 세계적으로 인터넷, 첨단 기술주 열풍이 불었다. 한국도 예외는 아니었다. 기업 내용이 알려지지 않은 인터넷 회사들이 주식시장에서 거래되기 시작했고, 투자자들은 집을 담보로 은행에서 돈을 빌려 이들 회사의 주식을 샀다.

　주식시장도 흥분의 도가니였다. 연일 주가가 오르다 보니 일부에서는 눈을 가리고 아무 기업을 찍어도 투자이익을 챙길 수 있다는 우스개 이야기도 있었다. 이 기회에 수익을 못 내는 사람은 바보로 취급받던 때가 있었다. 하지만 버핏 회장은 인터넷 붐이 전 세계를 휩쓸아치던 이때에도 인터넷, 기술주 기업에 투자하지 않았다. 다른 사람들의 행동을 따라 하지 않고 철저하게 기업 가치를 평가하는 투자원칙을 지켰다.

2000년말부터 시작된 인터넷 거품 붕괴와 주가 급락으로 개인투자자들 사이에서는 통곡소리가 터져나왔지만, 버핏 회장은 태연할 수 있었다. 군중심리에 동요하지 않고 자신의 원칙을 지키며 투자를 했기 때문이다.

버크셔 해서웨이 주주총회에서 버핏 회장은 다음과 같은 투자원칙을 주주들에게 전달했다.

"주식투자는 기업의 과거를 보고 미래를 전망하는 작업입니다. 주주 여러분, 보수적인 가치를 두고 투자를 하십시오. 기업의 미래가치를 찾아내는 것이 무엇보다 중요하며, 미래가치를 보고 사서 장기 보유하도록 하십시오. 첨단업종의 기업을 고르는 것보다 미래가치가 높은 기업을 골라야 합니다. 아직도 우리가 모르는 영역이 많습니다. 앞으로 25년 후에 좋은 산업, 좋은 기업이 어디일까 고민하시기 바랍니다. 제가 여러분에게 드릴 수 있는 최고의 조언입니다."

버핏 회장이 버크셔 해서웨이 주주들에게, 또 여러분들에게 알려준 가장 기본이 되는 투자원칙은 '가치가 낮게 평가된 기업을 발굴해 장기간 가지고 있어야 한다는 것'이다.

원칙과 기준이 있다는 것은 자신만의 이미지와 색깔을 구축한다는 얘기가 된다. '저 사람은 정직해' '저 사람은 책임감이 강해' '저 사람은 신용이 있어' 등과 같이 삶에 플러스가 되는 원칙은 반드시 지켜야 한다. 사람들은 나의 원칙이 무엇인가, 그리고 그 원칙을 얼마나 제대로 이행하고 있는지 옆에서 지켜보면서 나의 시장가치를 평가하기 때문이다.

19
젊음이
가장 큰 자산이다

20세 때 보수주의자이면 열정이 없는 것이고,
40세 때 자유자의자이면 두뇌가 없는 것이다.
—윈스턴 처칠

　버핏 회장을 만나면서 내가 가장 놀란 것은 버핏 회장의 '젊음'이었다. 버크셔 해서웨이 주주총회 강당에서 버핏 회장을 만나 인터뷰를 했을 때 약간의 화장을 한 것 같았지만 그의 피부는 노인이라고 보기에는 너무 건강했다.
　버크셔 해서웨이가 투자한 기업들이 진열한 제품을 둘러볼 때에는 어찌나 빨리 걸음을 걷던지 따라가기가 버거울 정도였다.
　한국의 웬만한 기업총수들이 고령을 이유로 일선에서 물러나 명예회장으로 남거나, 기업경영은 전문경영인에게 맡기고 소일거리를 찾는 것과는 너무나 대조적이었다.

버핏 회장의 여비서인 마거릿 임. 그녀는 옆에서 모시고 있는 버핏 회장이야말로 인생의 스승이라고 말했다.

젊음은 곧 가능성이다

"버핏 회장은 가만히 있지를 않아요. 직접 기업들을 찾아가 경영환경이 어떻게 돌아가는지 챙기고, 아침 일찍 회사에 출근해 경제신문을 읽고, 기업보고서를 검토하지요. 너무나 열정적이세요. 심지어 광고문건 하나하나에도 신경을 쓰신다니까요."

버핏 회장의 개인 비서가 나에게 전해준 말이다.

버핏 회장의 노익장은 주주총회 강당에서 확인할 수 있었다. 2007년 5월 5일 진행된 주주들과의 질의응답은 아침 9시 30분부터 저녁 5시 30분까지 무려 8시간 동안 진행되었는데 중간에 점심시간은 30분만 허용되었다.

처음에는 진득하게 앉아있던 주주들도 몸이 쑤시는지 수시로 자리를 비웠지만, 버핏 회장과 멍고 부회장은 연단에서 점심시간을 빼고는 잠시도 자리를 비우지 않았다.

주주들의 질문에는 조금의 주저하는 기색도 없이 큰 목소리로 거침없이 답변을 했고, 멍고 부회장도 버핏 회장의 오른쪽 자리에 앉아 부연설명을 해가면서 주주들의 이해를 도왔다.

해외에서 몰려든 60명의 해외 특파원들도 지칠 줄 모르고 설명회를 이끌어가는 거장 두 노인의 체력과 열정에 혀를 내두를 정도였다.

"대단하네요. 어디서 저런 에너지가 나오는지 모르겠어요. 정말 자기관리를 철저히 하는 분들이세요."

나의 옆자리에 앉아서 열심히 타이핑을 하고 있던 프랑스 여기자가 말했다.

자신의 투자원칙과 버크셔 해서웨이의 경영현황을 하나라도 더 많이 주주들에게 알려주려고 애쓰는 버핏 회장과 멍고 부회장을 지켜보면서, 주주들은 나이를 거꾸로 먹는 버핏 회장의 열정을 확인하는 듯 했다.

질의응답 시간이 끝나자 버핏 회장은 주주들과 함께 자신이 직접 운영하는 가구회사 '네브래스카 퍼니처 마트'에 얼굴을 내밀었다. 장시간 토론으로 피곤이 겹쳐 호텔에서 쉴 만도 한데 그는 다시 주주들이 있는 곳으로 발걸음을 옮긴 것이다.

중국에서 들여온 가구제품을 싼 가격에 구입하려고 몰려든 주주와 손님들을 향해 버핏 회장은 웃는 얼굴로 인사를 건네고 손을 흔들어 보였다. 온종일 토론을 하고, 걸어다니고, 사람들을 만났지만 그의 얼굴에는 피곤한 기색을 전혀 찾아볼 수 없고, 오히려 그러한 분위기를 즐기는 것 같았다.

건강을 유지하는 비결

다음날 기자간담회에서 한국 특파원들이 버핏 회장에게 물었다.
"회장님, 건강을 유지하는 비결이 뭡니까?"
"저는 담배를 피우지 않아요. 어머니가 80세까지 사실 정도로 장수했지요. 저는 제가 하는 일이 좋고, 스트레스도 받지 않아요."
버핏 회장이 짧게 대답했다.
스트레스를 받지 않는 일을 하고 있다는 버핏 회장의 답변에 특파원들이 한바탕 크게 웃었다. 어려운 회계장부를 봐야 하고, 투자기업을 고르고, 경영성과를 내야 하는 어려운 자리에 있는데 어떻게 스트레스를 받지 않겠느냐고 반문하는 표정이었다.
고희古稀의 나이를 훌쩍 넘긴 버핏 회장은 일을 하면서 즐거움을 찾고 삶의 보람을 얻는다. '이만하면 되었다' 고 현역에서 물러나 은퇴를 선언하지 않고 자신이 하는 일에 열정을 쏟으며 생활한다. 주주총회 행사기간 동안 연신 체리 코카콜라를 마시는 버핏 회장과 크래커를 집어삼키는 멍고 부회장을 보면서 젊게 산다는 의미를 알 수 있었다.
나이가 드는 것을 슬퍼하기보다는 자신의 일을 사랑하고 열정을 쏟는다면 젊은이 못지않은 젊음을 간직할 수 있다는 게 버핏 회장의 인생철학이다.
버핏 회장은 2007년 76살에 재혼했다. 8월 31일 자신의 생일날 오마하에 있는 딸 수지 버핏의 집에서 조촐하게 결혼식을 올렸다. 상대는 16살 연하의 아스트리드 멩크스로 버핏 회장과는 오랜 기간 친구로 지내다 부부의 인연을 맺게 되었다.

한국인들 정서로는 '다 늙은 나이에 주책이다' 라는 반응을 보일지 모르지만 항상 청춘을 간직하며 살아가는 버핏 회장에게는 대수롭지 않은 지극히 자연스러운 일이었다.

버핏은 전 부인인 수전 톰슨과 1952년 결혼해 슬하에 2남 1녀를 두었다. 두 사람은 지난 1977년부터 별거에 들어갔으며, 공식적인 이혼절차를 밟지 않고 수전 버핏이 2004년 세상을 떠나기 전까지 친구 같은 부부로 살아왔다.

재미있는 것은 두 번째 부인 멩크스를 버핏 회장에게 소개한 사람도 먼저 세상을 떠난 부인 수전 버핏이라는 점이다. 워렌 버핏과 멩크스 여사는 멩크스가 오마하의 칵테일 바에서 여종업원으로 일하고 있을 당시 수전의 소개로 처음 만나게 되었다.

세상을 먼저 떠난 아내 소개로 결국 버핏은 재혼을 하게 된 셈이다. 버핏 회장은 78살의 나이에도 불구하고 자기가 좋아하는 일과 사랑에 정열을 불태우고 있다.

하지만 버핏 회장은 나이가 들어가는 것을 슬퍼하거나 두려워하지 말라고 우리들에게 말한다. 우리가 정작 버핏 회장에게서 배워야 할 것은 '돈 버는 기술' 이 아니라 '아름답게 나이 드는 방법' 이 아닐까 한다.

"젊은이가 범하는 가장 큰 죄악은 평범해지는 것입니다. 젊음이 아름다운 이유는 무한한 가능성과 끝없는 도전을 꿈꿀 수 있기 때문입니다."

세상에서 가장 유명한 흑인여성 토크쇼 진행자인 오프라 윈프리의 말이다.

20

은혜 입은 일은
대리석에 새겨라

보답

은혜에 보답할 때에는 저울질을 해서는 안 된다.
하나를 받았더라도 백으로 갚아야 한다.

—예수회 선교사 방적아

　　우리는 다른 사람들과의 관계와 어울림 속에서 살아간다. 그래서 때때로 어려움에 처하거나 곤궁에 빠질 때에는 다른 사람들의 도움을 받기도 한다. 하지만 어떤 사람들은 다른 사람들의 도움을 받을 때에는 허리를 굽실거리다가 시간이 지나면 언제 그랬냐는 듯이 까맣게 잊어버리는 경우가 많다. 어떤 사람들은 은혜를 원수로 갚기도 한다. 버핏 회장은 다른 사람에게 받은 도움과 은혜에 대해서는 반드시 보답을 해야 한다고 강조한다. 인간의 기본적인 도리라고 생각하기 때문이다.

　　지난 1991년에 있었던 일이다. 미국의 대형 투자은행인 살로먼^{Salomon}은 큰 곤경에 처해 있었다. 일부 직원들의 국채 부정입찰 사건으로 자금줄이 막혀 회사경영이 파탄 직전까지 내몰렸다. 미국 정부가 발행하는 채권입찰에 참여하면서 일부 몰지각한 직원들이 부정한 방법으로 이익을 올리려고 했던 것이다.

투자자들은 '살로먼은 믿을 수 없다'며 돈을 빌려 주려고 하지 않았고, 기존 거래 회사들도 살로먼과의 관계를 정리하려고 했다. 시간이 지날수록 살로먼의 경영환경은 어려워졌고, 일부에서는 살로먼이 곧 파산할 것이라는 소문이 나돌기도 했다.

버핏 회장과 버크셔 해서웨이의 멍고 부회장은 살로먼의 이 같은 부정거래에 불같이 화를 냈다. 살로먼 CEO인 굿 프렌드가 사실을 빨리 주주들에게 공개하지 않고, 쉬쉬하며 숨겼기 때문이다.

미국 연방정부도 "살로먼 은행은 미국 국채 입찰에 더 이상 직접 참여할 수 없다"는 성명을 발표했다. 살로먼의 파산이 현실로 다가오고 있는 순간이었다.

막다른 골목에 몰린 살로먼 은행을 구하기 위해 버핏 회장이 나서게 된다. 버핏 회장은 부정거래의 책임을 물어 살로먼 은행 CEO 굿 프랜드를 이사회에서 정식으로 해임시켰다. 미국 국민과 언론들로부터 쏟아지는 비난을 수용해야 했기 때문이다.

그리고 살로먼 은행을 곤경에서 구하기 위해 미국 정부를 대상으로 대화와 설득을 계속했다. 버핏 회장은 미국 재무부 장관인 브레디를 만나 자신이 살로먼 회장에 취임해 살로먼 은행을 개혁시키겠다는 약속을 한다. 버핏 회장의 능력과 청렴성을 익히 알고 있었던 브레디 장관도 이에 동의한다. 이후 버핏 회장은 유능한 인재들에게 살로먼 은행의 중요한 직책을 맡겨 살로먼을 위기에서 구해내는 데 일등공신 역할을 한다.

버핏 회장은 어려움에 처한 살로먼 은행을 왜 적극적으로 도와주었을까.

버핏 회장이 살로먼 은행을 도운 이유

자신이 입은 은혜는 반드시 갚아야 한다는 믿음 때문이었다. 지난 1967년 보험회사 가이코GEICO는 재정적으로 큰 어려움에 놓여 있었다. 당시 37살의 워렌 버핏은 파산 위기에 몰린 가이코의 주식을 사들이고 있었다. 이미 큰돈을 투자한 버핏 회장도 어떻게 해서든지 가이코를 살리기 위해 투자자들을 설득하며 백방으로 뛰고 있었다. 가이코 경영진들은 돈을 지원해 줄 투자자들을 찾아 나섰지만 문전박대를 당하기 일쑤였다. 이때 가이코를 회생시키기 위해 우군으로 나선 사람이 살로먼의 제2인자였던 굿 프렌드였다. 살로먼은 곤경에 빠진 가이코에 자금을 지원해 주었고, 버핏 회장도 가이코 주식투자 규모를 늘리며 가이코를 부도 위기에서 구해낼 수 있었다.

버핏 회장 입장에서는 굿 프렌드와 살로먼 은행으로부터 큰 도움을 받았던 것이다. 이후 버핏 회장은 살로먼 은행의 주식을 사들여 최대주주가 된다. 버핏 회장은 살로먼 은행의 주식을 사들인 이후, 열린 버크셔 해서웨이 주주총회에서 다음과 같이 말했다.

"제가 살로먼 주식을 산 것은 은혜에 보답하기 위한 것입니다. 가이코가 어려움에 처했을 때 살로먼은 우리를 도와주었습니다. 이처럼 큰 은혜를 입었기 때문에 살로먼이 곤경에 빠졌을 때 도와주는 것은 당연한 일입니다."

　버핏 회장은 살로먼 은행을 물심양면으로 도와주면서 살로먼 은행을 회생시키는 데 성공했다. 하지만 버핏 회장이 살로먼 은행의 회장과 CEO로 있으면서 받은 연봉은 1,000원^{1달러}에 불과했다. 그리고 살로먼의 경영이 정상화되고 어려운 문제들이 해결되자 1992년 살로먼의 경영을 전문가에게 맡기고 회사에서 깨끗이 물러났다.

　자신에게 은혜를 베풀었던 회사에게 도움을 주고, 자신은 아무런 이득이나 특혜를 챙기지 않았다. '남에게 받은 은혜는 반드시 갚아야 한다'는 부모님의 가르침을 실천에 옮겼던 것이다.

　오늘날 버핏 회장이 버크셔 해서웨이 주주들을 위해 신나고 즐거운 주주총회를 개최하는 것도 주주들에 대한 고마움을 표현하기 위한 것이다.

　지난 1963년 버크셔 해서웨이를 인수할 때에만 하더라도 버크셔 해서웨이는 다 쓰러져가는 섬유회사에 불과했지만 주주들이 믿음을 저버리지 않고 투자를 했기 때문에 지금은 세계적인 투자회사로 성장할 수 있었다.

　버핏 회장의 탁월한 투자 감각이 큰 힘이 되었지만 주주들의 격려와 도움으로 버크셔 해서웨이는 글로벌 기업이 되었다. 버크셔 해서웨이는 자동차보험으로 유명한 가이코와 제너럴리 등 보험회사를 포함해 76개의 투자 자회사를 소유하고 있으며, 여기서 일하는 직원 수도 23만 명에 달한다. 버크셔 해서웨이가 코카콜라, 아메리칸 익스프레스^{신용카드}, 프록터 앤 갬블^{생활용품}, 포스코^{철강} 등의 회사에 투자한 금액도 75조 원^{750억 달러}에 달한다. 초창기 12명에 불과했던 주주총회 참가자들은 2005년 처음으로 2만 명을 넘어섰고, 지금은 3만 명 이상으로 늘어났다. 해마다 10% 이상 늘어나고 있는 것이다. 버핏 회장은 오늘날의 버크셔 해서웨이가 존재할 수 있었던 것은 주주들의 따뜻한 애정이 있었기에 가능했다고 생각한다. 그래서 주주들로부터 받은 은혜에 조금이라도 보답하기 위해 주주들을 주주총회에 초대해 즐거운 시간을 보내는 것이다. 또 회사경영과 관련해 주주들에게 꼭 알려야 할 소식이나 내용이 있으면 직접 편지를 써서 주주들에게 보낸다.

버핏 회장이 살로먼 은행을 도와준 것이나 정성을 다해 주주총회를 준비하는 것이나 이는 모두 자신이 입은 은혜에 대해서는 보답해야 한다는 철칙을 가지고 있었기 때문이다.

현대사회에서는 따뜻한 인정이 점점 메말라가고 있다. 딱딱한 인간관계가 형성되고 있고, 돈을 위해서는 가까운 친구나 부모까지 배신하기도 한다. 남들로부터 신의를 얻기는 힘들지만 잃기는 한순간이다.

벤자민 프랭클린은 "손해 본 일은 모래 위에 새겨 두고, 은혜 입은 일은 대리석에 새겨 두세요"라고 강조하지 않는가. 내가 금전적인 손해를 본 것은 마음에 새겨 두지 말고 빨리 잊어버려야 한다. 하지만 내가 다른 사람에게 신세를 졌거나 은혜를 입었을 때에는 평생 잊지 말고 나중에 반드시 갚아야 한다는 것이다.

버핏 회장은 남들에게서 받은 은혜는 마음속에 깊이 기억해 두었다가 자신이 베풀 만한 위치가 되면 반드시 보답해야 한다고 역설한다. 버핏 회장이 우리들에게 제시하는 성공 처세술의 중요한 원칙이다.

4장
인간관계

21
인생 최고의 지혜는
친절이다

친절

이로울 때만 친절을 베풀지 마라.
자기에게 이로울 때만 남에게 친절하고, 어질게 대하지 마라.
지혜로운 사람은 이해관계를 떠나
누구에게나 친절하고, 어진 마음으로 대한다.
왜냐하면 어진 마음 자체가 나에게 따스한 체온이 되기 때문이다.
—파스칼

2007년 3월말 반 총장이 유엔을 출입하는 언론사 8개사와 함께 중동을 방문했을 때의 일이다. 종교 갈등, 인종차별이 난무하고 전쟁과 분쟁, 반목이 그치지 않아 중동은 '세계의 화약고'라고 불린다. 위험한 중동 지역을 반 총장이 방문하기로 결정한 것은 중동지역의 현실을 제대로 파악해 평화구축의 실마리를 찾아보자는 의도에서였다.

이슬람교를 믿는 아랍국가와 유대교의 이스라엘은 물과 기름같이 서로를 받아들이지 못하며 총부리를 겨누고 있다. 한마디로 원수관계다. 옛날 자신들의 영토에서 밀려난 팔레스타인은 이스라엘이 눈엣가시와 같은 존재이다. 아랍국가와 이스라엘은 '한 하늘 아래에서는 함께 살 수 없다'는 식으로 서로 으르렁거리고 있다. 언제든지 화약이 터질 수 있는 위험한 지역이다.

반 총장이 이들 지역을 순방한 것은 긴장관계를 완화하고, 평화 분위기를 조성해 보자는 생각에서였다.

아랫사람에 대한 도리

이번 순방에 동행한 기자 중에 이스라엘 출신의 오를리 아줄레이라는 여기자가 있었다. 아줄레이 기자는 순방 첫째 날부터 불안한 모습이 역력했고, 안색이 좋지 않았다. 순방 국가 중의 하나인 사우디아라비아의 비자VISA가 나오지 않았기 때문이다.

이스라엘의 수도 예루살렘을 거쳐 며칠 뒤면 아랍정상회의가 열리는 사우디아라비아로 들어가야 하지만 비자가 나오지 않아 노심초사하고 있었던 것이다. 잘못하다가는 반 총장과의 동행 취재가 어렵게 될 처지였다.

사우디아라비아 정부가 아줄레이 기자의 비자발급을 거부한 것은 그녀가 적대국인 이스라엘 출신이었기 때문이다. 적대국 국민을 자기네 영토 안에 들여놓을 수 없다는 생각이었다. 뉴욕에 있는 사우디아라비아 영사관이 아줄레이 기자의 신원을 보증하고 여행에 별 다른 문제가 없다는 사실을 보고했지만, 사우디아라비아 정부는 꿈쩍도 하지 않았다.

시간이 지나갈수록 아줄레이 기자는 더욱 초조해졌지만, 사우디아라비아 정부로부터는 어떠한 긍정적인 답변도 돌아오지 않았다. 아줄레이

기자는 프랑스와 이스라엘 이중국적을 가지고 있었다. 이스라엘 국적으로 비자 신청을 하면 비자가 거부당할 위험이 있다고 판단해 일부러 프랑스 여권으로 비자를 신청했지만 결과는 마찬가지였다. 이스라엘 국적도 함께 가지고 있다는 사실이 들통 났기 때문이다.

여행 중 이스라엘을 경유한 외국인에 대해서도 입국을 불허하는 마당에 이스라엘 국적을 가지고 있는 아줄레이 기자의 입국을 허용할 리 만무했다. 반 총장은 아줄레이 기자의 안타까운 소식을 전해 듣고 반드시 도와야 한다고 생각했다.

반 총장의 중동평화 협상을 취재하기 위해 위험한 지역에 같이 온 것도 고마운 일인데 그녀의 어려운 처지를 그냥 두고 볼 수는 없는 일이었다. 유엔 사무총장과 기자와의 관계를 떠나서 아랫사람에 대한 도리가 아니라고 생각했다.

반 총장은 사우디아라비아 정부와 전화 접촉을 시도했다. 매일 협상의 연속이라 개인적인 시간이 없었지만, 그래도 시간을 쪼개고 쪼개서 사우디아라비아 외무장관과 통화했다.

"사무총장님, 우리도 원칙이 있으니 양해해 주시기 바랍니다. 좀 더 검토한 뒤에 연락을 드리도록 하겠습니다. 조금만 시간을 주십시오."

유엔 사무총장까지 나서서 이 문제 해결에 매달리리라고는 생각지도 않았던 사우디아라비아 외무장관은 순간 당황했다. 아무리 적대국인 이스라엘이 밉지만 유엔 사무총장의 요청을 거절하다가는 국제사회의 비웃음과 냉소를 살지도 모를 일이었다. 사우디아라비아 외무장관은 곧바로 조치를 취해보라고 외무부에 명령을 내렸다.

뉴욕 유엔본부 1층에 들어서면 반 총장 사진이 세계에서 몰려든 관광객들을 맞이한다. 반 총장은 아랫사람에게 친절을 베풀라고 가르친다.

그리고 몇 십 분이 지나 '비자가 나왔다'는 보고가 반 총장에게 들어왔다. 반 총장은 고개를 끄덕일 뿐이었다. 하마터면 동행취재 자체가 무산될 뻔한 아줄레이 기자는 기뻐서 어쩔 줄을 몰라 환호성을 질렀다. 그녀는 반 총장과 유엔 직원들에게 연신 '감사합니다'를 연발했다.

특히 자신의 안타까운 사연을 전해들은 반 총장이 팔을 걷어붙이고 도움을 준 것에 대해 고마움을 넘어 존경심을 가지게 되었다. 그런데 아줄레이 기자가 또 한 번 반 총장의 따뜻한 마음씨에 감동을 받은 일이 있었다. 사우디아라비아 방문을 마치고 다음 행선지인 레바논으로 향하기 위해 공항에 도착한 날이었다.

사우디아라비아와 마찬가지로 이번에는 레바논 정부가 아줄레이 기자의 입국불허를 통보해왔다. 적대국 국민을 받아들일 수 없다는 게 레바논 정부의 설명이었다. 반 총장은 이 같은 일이 일어날 것으로 예상하고, 전날 에밀 라후드 레바논 대통령과의 회담 때 중요한 논의를 마친 뒤에 아줄레이 기자의 입국허가를 요청했었다.

레바논 정부가 너무나 완곡한 표현을 써가며 제안을 거부했기 때문에 아줄레이 기자는 레바논으로 향하지 못하고 결국 뉴욕으로 돌아가야만 했다. 하지만 그녀는 자신의 개인적인 문제에 대해 반 총장이 레바논 대통령에게까지 선처를 호소했다는 사실을 전해 듣고 또 한 번 놀라지 않을 수 없었다.

미소 뒤에 감추어진 친절

뉴욕으로 돌아오는 비행기 안에서 그녀는 반 총장의 따뜻한 마음씨와 배려에 '무한無限 감동'을 다시 한 번 느꼈다고 훗날 기자들에게 얘기했다.

반 총장이 아줄레이 기자에게 베푼 선행 소식은 바로 유엔본부 기자들과 직원들에게 전해졌다.

취재를 하다 유엔본부 3층 기자실 복도에서 만난 오스트리아 출신의 핀카스 자웨츠 특파원은 "나는 반 총장의 미소 뒤에 숨겨져 있는 강한 힘파워을 보았어요. 그는 아줄레이 기자가 어려운 상황에 처해 있었을 때 적극적이고 신속하게 대처했습니다. 상대방을 대하는 깊은 신뢰와 사랑이 담겨 있음을 알 수 있었어요"라고 말했다.

반 총장이 상대방에게 베푸는 '인격적인 사랑'은 우리들에게 시사하는 바가 크다. 삭막하고 딱딱한 조직생활과 사회생활 속에서 우리는 인격적인 사랑을 잊고 살 때가 많다.

부하직원이나 친구의 작은 실수 하나에도 온갖 신경질을 부리는 사람이 있기도 하고, 부하 직원이 올린 잘된 보고서를 자신이 작성한 것인 양 가로채는 상사도 있다. 동료가 곤경에 처했을 때 겉으로는 위로의 말을 건네지만 돌아서서는 미소를 짓는 사람이 있기도 하고, 친구의 성공을 못마땅해 하는 사람도 있다.

가정에서는 어떠한가. 돈벌이가 시원찮은 남편을 무시하는 아내가 있기도 하고, 학벌이 처진다고 아내를 한 수 아래로 보는 남편도 있다. 상대방의 약점을 찾아야지만 내가 우월해 보이고, 상대방을 억눌러야지만 내가 돋보일 수 있다는 그릇된 사고방식에서 생겨난 악습들이다.

반 총장이 아줄레이 기자에게 베푼 인격적인 사랑을 지켜보면서 오랫동안 인연을 맺고 있는 한 중소기업 대표가 생각난다.

볼펜심에서 불빛이 나오는 펜을 만들어 해외에 수출하는 길라씨엔아이의 김동환 사장으로, 그와 직원들 간에는 위와 아래, 명령과 복종, 사장과 직원이라는 구분이 없다. 그가 직원이고, 직원들이 사장이다. 그의 명함에는 '대표'니 '사장'이니 '회장'이니 하는 거창한 직함이 없다.

대신 '책임사원'이라고만 써져 있다. 직원들과 마찬가지로 그도 회사의 사원에 불과하며, 다만 차이가 있다면 그는 사원들을 '책임'질 위치에 있다는 점이다.

　사장이라고 해서 직원들을 함부로 대해서는 안 되며, 오히려 회사를 위해 일하는 직원들을 위로하고 섬겨야 한다는 정신이 묻어 있다. 반 총장과 김동환 사장의 상대방을 대하는 '인격적인 사랑' 정신이 우리들 모두의 가슴속에 전해졌으면 하는 마음 간절하다.

22

 나를 비판하는 사람을
친구로 만들어라

포 용

강한 사람이란 자기를 억누를 수 있는 사람과
적을 벗으로 바꿀 수 있는 사람이다.

-탈무드

결혼식을 앞둔 신혼부부들은 신혼여행을 어디로 갈지 고민하게 된다. 한적한 휴양지를 찾아 동남아로 갈까, 역사의 숨결이 느껴지는 유럽으로 갈까, 자유의 여신상과 나이아가라 폭포를 보러 미국으로 갈까, 잉카제국 유적들이 즐비한 남미로 갈까, 행복한 고민에 빠지게 된다.

신혼부부들은 허니문기간 동안만이라도 세상 속의 모든 고민과 괴로움을 떨쳐버리고, 둘만의 행복한 시간을 즐긴다. 정말 꿀벌들이 모아놓은 달콤한 꿀을 먹는 듯 행복한 나날을 보내게 된다. 허니문은 인생에서 두 번 다시 즐길 수 없는 감미롭고 향기로운 시간들임에 틀림없다.

반 총장이 2007년 초 때 아닌 '허니문 타령'을 한 적이 있었다. 사무총장으로 처음 유엔에 들어와 여기저기서 축하인사도 받고, 꽃다발도 받고, 뭇사람들의 부러움도 받을 것으로 생각했는데, 상황은 영 딴판으로 돌아가는 것이었다.

나에게는 허니문 시간도 없어요

많은 사람들이 열렬히 반 총장을 환영하고, 손이라도 한번 잡아보려고 환호성을 지르기도 했지만, 그의 마음 한구석은 뭔가 망치로 얻어맞은 듯 불편하기만 했다. 바로 유엔을 취재하는 신문과 방송 기자들이 수시로 그의 심기를 건드리는 일이 많았기 때문이다.

신임 장관이나 관료가 새로운 자리에 취임하면, 언론은 이 분들이 업무를 파악하고, 조직을 제대로 장악할 수 있도록 10일 정도 여유기간을 주는 것이 보통이다.

신임 관료가 큰 잘못을 하는 경우가 아니라면 사소한 잘못은 눈감아주고, 실수가 있어도 경험부족을 이유로 기사화하지 않는 것이다.

신혼부부들이 신혼여행 동안 싸우거나 다투지 않고 허니문을 즐기는 것처럼, 신임 관료들은 언론의 견제가 없는 취임 초기 10일 가량을 '허니문'이라고 부른다.

반 총장이 '허니문 타령'을 했다고 앞에서 얘기하는 것은 바로 취임 초기인데도 신문과 방송들이 그를 가만히 내버려두지 않고 비난의 기사를 마구 쏟아냈기 때문이다.

"나에게는 허니문 시간도 없네요."

반 총장이 농담 반 진담 반으로 기자들에게 자주 했던 말이다.

사실 반 총장은 사무총장 자리에 앉자마자 여기저기서 안 좋은 방향으로 기사들이 터져 나오기 시작했다. 물론 어려운 역경을 이겨내고, 대한민국에서 큰 인물이 나왔다는 찬사도 빼놓지 않았지만, 다른 한편으로는 비판의 칼날을 높이 세웠고, 악의적인 내용을 싣기도 했다. 정말 반 총장에게는 '허니문 시간'이 없었던 것이다.

이에 대해 유엔 관계자들은 반 총장 취임 당시 어수선하고 뭔가 나사가 빠진 듯한 유엔조직 자체에 문제가 있었고, 유엔을 둘러싼 뒤숭숭한 소문들도 반 총장에게 불리하게 작용했다고 설명하고 있다.

즉, 반 총장 개인에게 문제가 있었던 것이 아니라 유엔 조직 자체에서 새어 나오는 불미스러운 일들이 반 총장에게까지 불똥이 튀었던 것이다.

당선 초기에 반 총장을 겨냥해 날카로운 칼을 겨누며, 비판의 강도를 높였던 대표적인 신문들이 영국의 「더 타임스」와 「뉴욕타임스」, 「뉴욕선」 등이었다. 이들 신문사의 유엔담당 기자들은 이전 사무총장인 코피 아난 총장의 개인적인 비리가 터져 나오고, 유엔조직의 비효율성이 도마 위에 오르자 연일 유엔에 대해 부정적인 기사를 쏟아내고 있었다.

상황이 이처럼 불리하게 돌아갈 때에 반 총장이 취임하게 된 것이다. 일단 유엔을 부정적으로 보기 시작한 이들 기자들이 신임 반 총장이 들어왔다고 해서 하루아침에 입장을 바꿀 리 만무했다. 반 총장이 '허니문 시간'을 기대하기는 사실상 불가능했다.

적을 친구로 만들어라

상황을 더욱 악화시킨 사건이 있었다. 맨해튼의 동쪽 이스트East 강에는 '루즈벨트'라는 섬이 있다. 이곳에는 서민들을 대상으로 임대하는 영세민 아파트가 많은데, 뉴욕 시市가 저렴한 가격에 이들 영세민들이 살 수 있도록 배려해 주었다. 영세민들이 사는 삶의 보금자리인 셈이다. 문제는 코피 아난 전前 유엔 사무총장에게서 터지고 말았다.

아프리카 가나 출신인 코피 아난 사무총장은 유엔 고위 관료를 지낼 정도로 유엔에서는 잔뼈가 굵은 인물이었다. 1997년 사무총장에 취임하기 전 고위 관료로 있으면서 그도 루즈벨트 아파트에 살았다. 총장 취임까지는 별 문제가 없었다.

하지만 총장 취임 이후 총장관저로 이사한 이후에도 이 아파트를 그대로 가지고 있었던 것으로 밝혀지면서 유엔 기자들이 그의 도덕성과 청렴성을 비판하기 시작했다.

총장관저로 옮긴 이후에는 당연히 다음 순번을 기다리는 영세민에게 이 아파트를 넘겨야 했지만, 어찌된 영문인지 취임 후 10년 동안 이 아파트를 그대로 가지고 있었다고 한다.

심지어 자신의 가족과 친척들이 자신의 퇴임 이후에도 루즈벨트 아파트에 살았던 것으로 드러나면서, 유엔 기자들은 작정이라도 한 듯 코피 아난 사무총장과 유엔을 비판하기 시작했다.

유엔과 언론사 간 갈등이 정점을 향해 치닫고 있는 시점에 반 총장이 유엔의 새로운 지휘봉을 잡게 된 것이다.

옛날의 나쁜 기억을 가지고 있었던 언론들은 새로운 총장이 왔다고 해서 인정을 베풀지는 않았다. 반 총장은 취임 초기 언론사들의 집요한 공격에 시달려야만 했다.

아니나 다를까. 「뉴욕타임스」는 2007년 1월 4일자에서 반 총장이 결정한 유엔 고위직 인사에 대해 '반 총장이 관료주의를 개혁할 계획이 없음을 보여주는 신호'라며 딴죽을 걸었다.

「뉴욕선」도 반 총장의 인사를 놓고 '유엔 관료주의를 손보겠다던 반 총장이 오히려 유엔 조직에 길들여진 것처럼 보인다'며 비판적으로 보도했다.

언론의 냉담한 반응은 여기서 끝나지 않았다. 주간지인 「뉴스위크」는 '신임 유엔 사무총장이 실패할 수밖에 없는 이유'라는 기사에서 '반 총장이 취미가 일이고, 관료주의와 끊임없이 싸워온 투사이지만 결국에는 실패할 것"이라고 반 총장을 과소평가했다.

또 '역대 가장 성공적인 사무총장이라고 하더라도 지금 총장직을 맡는다면 결코 성공할 수 없을 것'이라며 반 총장을 깎아 내렸다. 이후에도 언론의 반 총장에 대한 십자포화는 계속되었다.

궁지에 몰린 반 총장은 상황을 역전시킬 묘안을 짜내야 했다. 이대로 언론의 '먹잇감'이 될 수는 없는 노릇이었고, 언제까지 언론과의 불편한 관계를 유지할 수는 없었다.

이런 저런 궁리에 궁리를 거듭하다 반 총장은 흉금을 터놓고 자신의 본 모습을 기자들에게 보여주는 것이 가장 좋은 방법이라고 생각했다.

피할 수 없다면 즐겨라

촌음을 쪼개 「뉴욕타임스」와 「뉴욕선」 기자를 만났다. 피해간다고 해서 해결될 문제가 아니었다. 자신의 비전을 설명하고, 향후 유엔개혁의 방향을 알리고, 오해의 소지가 있는 부분은 해명했다. 도도하고 위엄을 내세울 것으로 예상했던 것과는 달리 반 총장의 솔직함과 수수함에 이들 기자들은 매료되기 시작했다. '뭔가 이루려고 하는 의지가 강한 사람'이라는 인상을 받았고, 반 총장의 진실성을 인정하게 되었다. 문제가 있다고 피해 다니거나 방관하는 것이 아니라 정면으로 대응하는 반 총장의 '승부사 기질'이 빛을 발한 순간이었다.

요즘 유엔 기자들은 반 총장의 '열성 팬'이 되었다. 따끔하게 지적할 때에는 날카로운 비판의 칼날을 세우지만, 전반적으로 우호적인 분위기로 반전되었다는 것이 일반적인 분위기다.

유엔개혁에서 알 수 있듯이 한 번 뱉은 말은 그대로 실천하는 추진력도 확인했으며, 아프리카와 중동을 연이어 순방하는 등 그의 부지런함을 눈으로 확인했기 때문이다. 말이 아니라 몸소 실천으로 보여주는 반 총장의 진실함에 뭇사람들이 감동을 하고 있는 것이다.

반 총장은 '피할 수 없다면 오히려 그 상황을 즐겨라'라는 가르침을 우리들에게 보여주고 있다. 아무리 조건이 나에게 불리하게 돌아가더라도 노력과 정성만 기울인다면 반대로 그 상황을 즐길 수 있는 기회가 온다는 뜻이다. 취임 초기 언론들로부터 '허니문 기간'을 받지 못했던 반 총장은 요즘 진정한 '허니문'을 보내고 있다.

23
베푸는 것이 **얻는 것이다**

배려

독불장군이 되면 될수록 그만큼 자신의 위치가 흔들리는 법이며,
자신을 낮게 하면 할수록 위치는 견고하게 되는 법이다.
─톨스토이

한국인 어머니와 일본인 어머니가 어린 자녀들을 데리고 백화점에 쇼핑을 갔다. 백화점은 손님들로 붐볐고 아이들은 여기저기 뛰어 돌아다녔다. 에스컬레이터를 탈 때에는 핸드레일을 잡고 가만히 서 있는 것이 상식이지만, 아이들은 오랜만의 외출에 기분이 좋은지 에스컬레이터 계단에서도 가만히 있지를 않았다.

한국인 어머니가 말했다.

"좀 가만히 있어. 그러다가 다치면 어쩌려고."

하지만 일본인 어머니는 이렇게 말했다.

"좀 가만히 있어. 다른 사람들한테 피해가 되잖아."

한국 어머니는 아이들이 다칠까봐 아이들에게 장난을 치지 말라고 말하는 것이고, 일본 어머니는 다른 사람들에게 피해가 될까봐 아이들의 행동을 제지시켰던 것이다. '고슴도치도 제 자식은 예쁘다고 한다' 는 말이 있듯이 어느 부모인들 아이들이 기죽는 것을 좋아할까마는 한국 부모들은 아이들의 거친 행동을 제지하는 데 인색하다.

하지만 '남에 대한 배려' 가 지나치다 싶을 정도로 까다로운 일본 어머니들은 남들에게 피해가 될까봐 아이들의 거센 행동을 제지시킨다. 남을 배려하는 동기에서 차이가 있는 것이다.

물론 한국 어머니들이 모두 그렇다는 얘기는 아니다. 식당에서도 아이들을 마음대로 풀어놓아 다른 손님들에게 피해를 주는 몰지각한 어머니들을 두고 하는 말이다.

맨해튼에서 빛난 반 총장의 배려

반 총장의 따뜻한 마음 씀씀이와 배려에 대해 말해 볼까 한다. 맨해튼은 교통지옥이다. 출퇴근길에 길이 막히는 것은 서울과 별반 다를 것이 없으며, 맨해튼을 빠져나가는 데만 1시간 이상이 걸릴 정도로 교통체증이 심하다.

평일에도 교통이 대단히 혼잡한 편이다. 세계 금융의 중심지이다 보니 좁은 땅에 인구밀도가 대단히 높다. 맨해튼 주차장들이 1시간 주차에 20달러 이상을 받는 것은 그만큼 교통 혼잡이 심하고, 수많은 차들이 주차하기 위해 장사진을 이루기 때문이다.

유엔회의나 큰 국제회의가 있어 외국 정상, 국가원수가 맨해튼을 방문할 경우에는 안전이 최우선이기 때문에 차량통제가 특히 심하다. 바리케이드를 치고 차량흐름을 막는가 하면 일부 차선을 아예 차단하기도 한다. 안 그래도 체증이 심한 맨해튼의 교통흐름은 그야말로 지옥이 되고 만다. 여기저기서 차를 빼라고 빵빵거리는 소음이 진동한다.

반 총장은 아침 출근길에 20분 거리의 유엔본부까지 걸어가지만 중요한 미팅이

반 총장이 양손을 모으고 유엔본부 정면에 서 있는 모습. 반 총장은 베풀면 더 많은 것을 얻게 된다고 가르친다.

있어 이동할 경우에는 경호 차량을 이용한다. 하지만 대기시간을 5분 이내로 단축시키도록 한다. 반 총장이 처음 경호 차량을 이용할 때는 경호원들이 옛날 방식 그대로 20분가량 차를 도로변에 세워놓곤 했다.

지나가는 차량들이 "무슨 대단한 분이 나오기에 검은 리무진이 도로를 점령하고 있나"며 힐끗 쳐다보곤 했다. 반 총장이 경호원들을 불러 모았다.

"앞으로 차량 대기 시간을 최대한으로 줄이세요. 뉴욕 시민들에게 피해가 가서는 안 됩니다."

경호원들이 반 총장의 마음 씀씀이에 감동했다. 반 총장은 아무리 유엔 사무총장이라고 하더라도 자신의 편의를 위해 일반 시민들에게 피해를 주어서는 안 된다는 생각을 경호원들에게 전달한 것이다.

지금은 많이 개선되었지만 옛날 권위주의가 팽배하던 한국에도 고위 관료 차량이 도로를 지나가면 교통통제를 하던 때가 있었다. 광화문 대로변에 스위치로 신호를 줘 고위 관료 차량이 완전히 지나갈 때까지 시민들의 차량운행을 중단시켰다. 시민들은 "대단한 사람이 지나가는가 보다" 하고 생각은 하면서도 "이렇게까지 시민들에게 피해를 주어야 하나"며 투덜거렸다.

하나를 주면 두 개를 얻는다

월스트리트 투자은행과 기업들을 취재하면서 한국 기업과 미국 기업 문화의 중요한 차이점을 하나 발견하게 됐다. 조직사회라고 하면 통상 시멘트처럼 딱딱하고 무미건조한 인간관계를 떠올리지만, 그래도 한국 기업문화는 '정情'이 있다, 남에 대한 배려라고 볼 수 있겠다.

동료가 아프면 야근을 대신 서주기도 하고, 잔업을 도와주기도 한다. 생일을 맞이한 직원이 있으면 지갑은 얄팍하지만 상사가 한턱을 내기도 한다. 가정만큼 온화하고 부드럽지는 않지만 한국의 직장에는 따뜻한 정과 배려가 흐르는 것을 알 수 있다.

하지만 실적과 능력이 모든 것을 말해주는 맨해튼 월스트리트의 투자은행과 미국 기업에는 그러한 인간미가 없다. 상사의 수직평가가 인사고과에 반영되기 때문에 자신의 라인에 있는 상사가 시키는 일은, 심지어 잔심부름이더라도 '예스맨'을 자처하며 처리하지만, 나의 라인이 아닌 상사가 시키는 일은 무관심으로 일관한다. 처리하겠다고 말은 해놓고 방치하기 일쑤다. 자신의 실적과 이해관계에 따라 인간관계가 결정되는 구조라고 볼 수 있다.

상사에게 걸려오는 외부전화를 받는 비서들은 상사가 자리에 없을 경우 전화통화가 귀찮다는 듯이 바로 음성메시지로 돌려버린다. 어떻게 해서든 자신의 상사와 상대방을 연결하도록 방안을 강구하는 것이 아니라 빨리 전화를 끊어버리려고 한다. 전화선으로 냉담한 반응을 느낄 수 있다. 외국 기업에 전화를 걸 때마다 한국 기업의 '따뜻한 정' 문화가 그리워진다.

반 총장을 옆에서 지켜보면서 참으로 마음이 따뜻한 분이라는 것을 피부로 느낀다. 뉴욕의 한국 특파원들이 이구동성으로 하는 말이기도 하다. 그래서 반 총장을 만나는 것은 언제나 기쁜 일이다. '배려의 아름다움'을 반 총장은 우리에게 보여주고 있다. 하나를 주면 두 개를 얻을 수 있다는 가르침을 우리들에게 주고 있다.

24
유머감각은 큰 자산이다

우리는 행복하기 때문에 웃는 것이 아니라
웃기 때문에 행복하다.
─윌리엄 제임스

    우리는 학창시절을 마치면 사회라는 큰 울타리로 들어가게 된다. 사회라는 새로운 조직은 업무실적과 능력이 인간을 평가하는 가장 중요한 잣대가 되기 때문에 학창시절보다 삭막하고 언제나 긴장감이 감돈다.
    하지만 결코 두려워하거나 무서워할 필요가 없다. 학창시절부터 자신이 일하고 싶은 분야에 대한 전문지식을 쌓고, 원만한 인간관계를 형성한다면 우리는 회사와 조직이 원하는 인간형이 될 것이다.
    또 한 가지 중요한 점은 원만한 인간관계를 유지하기 위해서는 유머감각과 같은 대화의 기술을 익혀야 한다. 유머감각은 사람과 사람 사이의 인간관계를 더욱 친밀하게 하고, 동료와의 화합도 촉진시키는 역할을 한다. 무미건조하게 대화하는 것보다는 유머를 섞어가면서 얘기를 나누면 조직이나 동료들 사이에서 인정을 받게 된다. 유머감각은 성공과 부富를 이루는 큰 자산이라는 점을 명심하기 바란다.

사회생활은 따분하고, 무미건조하고, 지루함을 느낄 때가 많다. 초등학생들도 학교에서 돌아오면 또래 친구들과 놀지 못하고 영어 학원에 가거나, 피아노 레슨을 받거나, 태권도를 배우거나, 부족한 과목을 학원으로 달려간다.

조급증에 시달리고 있는 아이들의 얼굴에 미소와 웃음이 점점 사라지고 있는 것이 현실이다.

마음의 여유가 없이 항상 무언가에 쫓기는 마음으로는 올바른 학교생활, 회사생활을 할 수 없고, 이러한 생활은 그 자체가 참기 힘든 고역이다.

독서를 통해 유머감각을 키워라

유엔 직원들에게 '일벌레'로 소문난 반기문 총장은 유머감각을 강조한다. 하루에도 5~6명의 외국 정상들과 전화통화를 하며 국제문제를 논의하는 빠듯한 일정 속에서 반 총장은 유머감각으로 생활의 활력을 찾는다.

반 총장은 외국 정상이나 외교관과의 대화를 원만하게 이끌고, 좋은 대화 분위기를 연출하기 위해 의식적으로 유머 공부를 한다. 반 총장의 연설을 자세히 들어보면 군데군데 유머가 섞여있는 것을 발견하게 된다.

반 총장은 풍부한 독서를 통해 지식을 쌓고 적당한 타이밍에 유머를 구사할 수 있는 능력이 인생을 살아가는 큰 자산이라는 점을 강조한다.

2007년 2월 17일 토요일 저녁의 일이었다. 뉴욕의 한국 특파원들이 맨해튼에 있는 주유엔 한국대표부의 대사관저에 모였다. 최영진 유엔대사가 뉴욕 특파원들을 저녁식사에 초대한 날이었다.

한국 시간으로는 구정 설날이었기 때문에 멀리 이국땅에서 떡국도 제대로 얻어먹지 못하는 특파원들을 불쌍히(?) 여겨 마련한 소중한 자리였다. 최 대사와 특파원들은 화롯불이 활활 타오르는 거실에서 신년인사와 덕담을 건네며 오붓한 시간을 보내고 있었다.

그리고 한 10분이 지났을까! 반 총장이 환한 웃음을 짓고 양손을 흔들며 거실로 들어서는 것이 아닌가. 특파원들의 눈이 모두 반 총장을 향했다. 맨해튼의 고급 호텔인 월도프 아스토리아 호텔의 임시 관저에서 조용하게 구정을 보내기가 좀 심심했는지, 반 총장도 특파원들과의 저녁식사에 자리를 같이 한 것이다. 반 총장은 특유의 구수한 웃음을 지으며 특파원들에게 인사를 건넸고, 특파원들은 반 총장의 건강과 유엔에서의 승승장구를 소망했다.

저녁식사는 한국의 전통 궁중 음식이었다. 보기만 해도 군침이 돌 정도로 먹음직스러웠는데 외국 대사들을 초대하면 이 음식을 대접한다고 최 대사가 설명했다. 식사를 반쯤 끝냈을 때 반 총장이 우스운 얘기가 있으니 한번 들어보라며 좌중의 흥미를 끌었다.

주위는 조용해졌고, 손님들의 눈과 귀는 반 총장이 어떤 말씀을 하실지에 쏠렸다. 반 총장이 충청도 특유의 느린 톤으로 이야기보따리를 풀기 시작했다.

미국에 이민 온 한국 할머니 두 분이 계셨다. 자식들을 따라 미국으로 같이 이민 온 할머니들이었다. 한 분은 경상도 할머니이고, 다른 한 분은 전라도 할머니였다.

영어가 전혀 안 통하는 미국 생활이 지겨워 하루는 전라도 할머니가 경상도 할머니 집을 방문했다. 초인종을 누르자, 집안에서 경상도 할머니가 물었다.

"후^{Who}~꼬?"

전라도 할머니가 대답했다.

"미^{Me}랑께~."

순간 폭소가 터졌다. 물을 마시다가 사래가 걸린 사람도 있었다. 경상도 할머니는 '누구신가요?'를 뜻하는 '후^{Who}'라고 말한다는 것이 그만 경상도 사투리가 들어가 '누군교?'를 의미하는 '후꼬?'를 얼떨결에 내뱉은 것이다.

또 전라도 할머니는 '저예요'를 뜻하는 '미^{Me}'를 말한다는 것이 그만 전라도 사투리가 불쑥 나와 '미랑께'로 대답하고 말았다.

식사 전까지만 해도 저녁 만찬의 이야기 주제는 유엔개혁, 북한 핵문제, 외국 순방 등 딱딱한 내용들이었지만, 반 총장의 재치 있고 번뜩이는 유머 한마디에 포도주에 붉은 기운이 오른 만찬 분위기는 더욱 빨갛게 무르익었다.

그날 나는 융숭한 저녁대접과 함께 즐거운 미소도 선물로 받았다는 느낌을 받았고, 집으로 돌아오는 길이 마냥 즐거웠다.

유머와 조크 공부를 하는 반 총장

반 총장의 유머감각은 2006년 12월초 이미 전 세계적인 관심과 흥미를 끈 적이 있었다. 일명 '산타 송Santa Song' 유머가 그것이다. 유엔본부 3층에 있는 유엔출입기자단UNCA의 송년 만찬 장소에서 유엔을 출입하는 전 세계 방송, 신문기자들이 묵은해를 보내고 새해를 맞이하기 위해 조촐한 행사를 가졌다.

연사로 나선 반 총장이 서먹한 분위기를 띄우려고 간단한 유머로 운을 뗐다. 반 총장의 위트가 유감없이 또 한 번 발휘되는 순간이었다.

"나의 성은 '반Ban'이지만 007영화에 나오는 제임스 본드Bond와 다르게 '007'이 아니라 '07'을 나의 작전 암호명으로 쓰려고 합니다. 2007년부터 나의 임기가 시작되기 때문입니다."

반 총장은 이날 그를 초대한 사람들, 즉 세계 언론에 대해서도 잘 대응해 나갈 자신이 있음을 유머로 표현했다. 어려운 질문을 해 답변을 궁하게 만들기도 하고, 날카로운 비판으로 신경을 거슬리게 할 수도 있겠지만 나는 대응할 준비가 되어 있다는 '출사표'를 세계 언론에 던진 것이다.

반 총장은 "나는 한국에서 기자들의 질문을 잘도 피해간다고 해서 '기름장어slippery eel'라는 별명을 얻었는데, 뉴욕에서 나는 '테플론 외교관

Teflon diplomat' 이라는 별명을 또 하나 얻었습니다. 여러분의 매서운 비판도 나는 잘 피해나갈 자신이 있습니다"라고 말했다.

'테플론'은 표면이 코팅 처리돼 생선요리 등이 눌러 붙지 않는 프라이팬을 말하는데, 반 총장은 이를 통해 어떠한 언론으로부터의 비난과 비평에 대해서도 유연하게 대처하겠다는 의지를 간접적으로 내비친 것이다. 순식간에 좌중에 웃음꽃이 피었다.

반 총장의 유머는 여기서 그치지 않고 계속 이어졌다.

반 총장은 '산타 할아버지가 오신다네Santa Clause is coming to town' 라는 크리스마스 캐럴을 '반기문이 우리 동네에 온다'로 가사를 바꿔 멋들어지게 한 곡조 뽑았다.

반 총장은 '누가 착한 아이인지, 나쁜 아이인지 리스트를 만들어 두 번이나 확인을 했다'라는 내용을 원래 리듬에 맞춰 멋들어지게 불렀다. 근무태만으로 유엔에서 내보내야 할 직원의 명부를 만들고 있다는 강력한 의지를 노래를 통해 전달한 것이다.

반 총장은 부드러운 유머가 거센 호통이나 꾸지람보다 더 효과적이라는 아주 기본적인 이치를 유엔 기자들에게 소개한 것에 다름 아니다. 나의 옆 자리에서 반 총장의 연설을 지켜보던 한 외국 기자는 "반 총장은 지혜와 함께 유머도 겸비한 멋쟁이"라고 말했던 기억이 난다.

사실 반 총장은 유엔 사무총장이 되고 난 이후, 촌철살인의 유머와 조크를 공부하고 있다고 고백하기도 했다. 대화와 협상이 많은 국제 외교 무대에서 유머는 대화 분위기를 부드럽게 해주는 윤활유 역할을 한다고 역설한다.

반 총장과 마찬가지로 버핏 회장도 유머를 공부하고, 대화의 기술을 배우라고 힘주어 말한다. 반 총장의 성공 이면에 유머와 위트가 있었다면, 버핏 회장이 투자자를 유치해 부를 형성하는 데에도 유머가 큰 역할을 했다.

화술 학원에 다닌 버핏 회장

이 글을 읽는 독자들은 미소를 띠고 다니십니까? 아니면 짜증스럽고 귀찮은 표정을 짓고 다니십니까? 버핏 회장은 여러분에게 유머감각과 대화하는 능력을 키워 다른 사람들에게 즐거움을 주는 존재가 되라고 말한다.

내가 만난 버핏 회장은 공식석상에서 연설을 하거나 개인적으로 인터뷰를 할 때에도 유머를 섞어가며 대화를 풀어나갔다. 항상 얼굴에 미소를 머금고 즐겁게 인생을 살아가는 버핏 회장의 생활 이면에는 유머가 자리하고 있었다.

버크셔 해서웨이 주주총회에 주주들이 먼 거리를 마다하지 않고 몰려드는 것도 버핏 회장의 유머와 익살스러운 말에 매료되었기 때문일 것이다.

"5시간 동안 주주총회를 지켜보면서 한 토막의 코미디를 본 느낌을 받았습니다. 버핏 회장의 경제교육과 투자 철학도 물론 중요하지만 5시간의 토론이 전혀 지루하지 않고 재미있었어요. 버핏 회장의 말속에는 유머와 해학, 재치가 숨어있기 때문이지요. 버핏 회장은 '언어의 연금술사' 같습니다."

버크셔 해서웨이 주주총회에서 만난 브라이언 씨의 설명이다.

버핏 회장은 어려운 경제용어나 금융현상을 설명할 때에도 이해하기 쉬운 유머를 구사해 투자자들의 이해를 돕는다. 상대방의 긴장을 풀어주고 대화분위기를 부드럽게 하는 데에는 유머만큼 좋은 수단이 없다는 것을 버핏 회장은 알고 있다. 버핏 회장은 의식적으로 유머와 대화의 기술을 배웠다. 많은 사람을 비즈니스 파트너로 만들어야 하고, 사람들을 설득하기 위해서는 유머가 들어간 대화가 필수적이라고 생각했기 때문이다.

대학을 갓 졸업한 버핏은 여가시간이 있을 때마다 대화 기술을 향상시키기 위해 동네 학원에 등록해 화술話術교육을 받았다. 이미 투자가로서의 꿈과 비전을 확고히 간직하고 있었기 때문에 향후 투자자를 설득하기 위해서는 대화 기술이 필수적이라고 생각하고 미리 준비를 한 것이다.

자신의 꿈과 목표를 달성하기 위해 필요한 것이라고 판단해 준비를 게을리하지 않았다. 특히 많은 사람들을 대하는 직업의 특성상 대화의 중요성을 일찌감치 감지하고 있었다.

버핏은 자신의 유머와 대화 기술을 시험해 보기 위해 오마하 대학의 직장인 대상 교육프로그램에서 투자원칙에 대해 강의를 하기도 했다. 학원에서 보고 배운 대화 기술을 실전에서 응용해본 것이다.

직장인들은 어려 보이는 버핏이 강사로 들어오는 것에 대해 처음에는 불만이 많았지만, 첫 시간 강의를 듣고 나서는 바로 버핏의 매력에 빠지고 말았다.

버핏이 토해내는 해박한 투자이론도 나무랄 데가 없었지만 무엇보다 청중들을 휘어잡은 것은 그의 탁월한 유머 감각이었다.

이후 버핏이 투자자를 유치해 세계 최대의 부富를 형성하고 큰 성공을 거둘 수 있었던 데에는 일찌감치 배운 유머와 대화의 기술이 큰 역할을 하게 된다. 버핏 회장은 다음과 같이 다른 사람과 대화하는 능력을 강조한다.

"나는 어렸을 때 소심하고 수줍음을 많이 타는 성격이었어요. 남들 앞에서 말하는 것을 무척 부끄러워했죠. 하지만 다른 사람들 앞에 나서기를 저 자신한테 강제했습니다. 노력한 결과 시간이 지나면서 무대공포증은 사라졌죠. 의사소통 능력은 대단히 중요한 기술로 반드시 갖추어야 합니다."

그럼 여기서 버핏 회장의 유머와 재치를 한번 감상해 보자.

2008년 버크셔 해서웨이 주주총회에서 있었던 일이다. 세계 최고의 부자로 등극한 버핏 회장에게 한 주주가 소감을 물었다.

버핏 회장은 다음과 같이 대답했다.

"아무것도 바뀐 것이 없습니다. 옆에 앉은 멍고 부회장을 바라보며 특히 찰리 멍고 부회장이 나를 대하는 태도가 하나도 달라지지 않았습니다."

주주총회 대강당에는 폭소가 터져 나왔다.

세계 최고의 부자가 된 만큼 멍고 부회장이 조금이라도 달리 자신을 평가해 주기를 바랐는데 멍고 부회장은 꿈쩍도 하지 않는다는 것을 에둘러 표현한 것이다. 멍고 부회장은 이에 지지 않고 다음과 같이 말했다.

"버핏 회장이 세계 최고의 부자가 되었다고 해서 새로운 존경심이 생기는 것은 전혀 없습니다."

대강당에는 다시 폭소가 터져 나왔고, 주주들은 버핏 회장과 멍고 부회장의 '유머 대결'을 한껏 즐겼다. 또 다른 주주 한 명이 버핏 회장에게 물었다.

"지구온난화로 전 세계가 몸살을 겪고 있습니다. 이상기온 현상이 나타나고 있지요. 지구온난화를 예방하는 대책이 없을까요?"

이에 대해 버핏 회장은 재치 있게 이렇게 말했다.

"아이스크림 회사 '데어리퀸 Dairy Queen'의 '블리자드 Blizzard'를 많이 먹어 세상을 썰렁하게 해야 합니다."

대강당에 모인 주주들은 뒤로 허리가 젖혀질 정도로 박장대소했다. 에너지절약이나 자동차 사용 줄이기, 자연보호 등 현실적인 답변을 내놓을 것으로 기대했는데 아이스크림을 많이 먹어 더위를 없애야 한다는 버핏 회장의 재치에 주주들은 즐겁다는 표정이었다.

'데어리퀸'은 버핏 회장이 투자한 아이스크림 회사이다. 그리고 '블리자드'는 데어리퀸에서 판매하는 아이스크림 상표로 '시원한 강풍'이라는 뜻을 가지고 있다. 버핏 회장은 자신이 투자한 회사의 아이스크림을 많이 먹어 지구온난화를 막아야 한다는 뜻으로 유머감각을 발휘한 것이다.

버크셔 해서웨이 주주들은, 아니 세상 사람들은 버핏 회장이 쏟아내는 유머와 재치 때문에 더욱 버핏 회장을 친근하게 느끼는 것 같다.

말 잘하는 사람이 성공한다

　사회생활을 하면서 상대방을 친구로 만들고, 비록 의견을 달리하는 상대편이더라도 우군으로 만들 수 있는 것이 바로 유머와 대화이다.
　버핏 회장이 쌓은 부富와 성공 이면에는 사람들을 끌어들이고 흡입할 수 있는 유머와 협상능력이 있었다는 점을 명심해야 한다. 버핏 회장은 배움의 과정에 있는 우리들에게 폭 넓은 독서와 공부를 통해 유머감각을 키우고 대화의 기술을 향상시킬 것을 주문하고 있다. 유머와 대화 능력은 성공과 부를 약속하는 큰 자산인 것이다.
　이 글을 쓰는 나 자신도 스피치학원에서 6개월가량 대화와 화술기법을 배운 적이 있다. 친구들끼리 만나면 얘기를 곧잘 하는 편이었지만, 남들 앞에서 발표를 하거나 내 의견을 내놓을 때에는 가슴이 답답해지는 것을 느꼈다. 말을 더듬게 되고, 평소 같으면 논리적으로 설명할 수 있는 것도 뒤죽박죽이 되었다. 무대공포증이 있었던 것이다. 나 자신에게 큰 결점이 있다는 것을 인정하고 어떻게 해서든지 고쳐보겠다고 마음을 먹었다. 서울 종로에 있는 스피치학원에 등록을 했다. 수강비가 꽤 비쌌지만 주저하지 않고 나 자신에게 투자한다는 생각으로 수강신청을 했다.
　회사 일이 끝나면 저녁시간에 학원으로 달려갔다. 바쁜 스케줄로 평일에 시간이 없을 때에는 주말에 학원으로 향했다. 학원 원장의 말씀과 가르침을 하나라도 더 배우고 익히기 위해 참으로 열심히 다녔다.
　수강생 중에는 국책은행의 임원, 시중은행의 부장, 대기업에 다니는 임원, 대학강사, 대학생, 세일즈우먼, 심지어 70대의 할아버지도 있었다.

일주일에 3번씩 10여 명 앞에서 내 생각을 얘기하고 발표를 하면서 점점 남들 앞에서 부끄러움과 수줍음이 없어지는 자신을 발견하게 되었다. 때때로 남들 앞에 서고 싶은 욕구도 생겼다. 6개월의 스피치과정을 마치고 이전보다 발전된 나 자신을 느낄 수 있었다. 웅얼거렸던 목소리는 쩌렁쩌렁해졌고, 다른 사람의 시선을 응시하게 되었고, 청중을 사로잡는 여유도 가지게 되었다. 이제 나는 남들 앞에서 얘기하는 것이 오히려 재미있다. 화술학원을 다녔던 버핏 회장도 나와 똑같은 느낌이었을 것이다. 남들 앞에서 당당하게 얘기할 수 있는 용기가 있어야지 남들 앞에서 유머를 구사할 수 있는 마음의 여유가 생긴다. 청중들 앞에서 발표를 잘하는 사람은 대부분 유머도 잘 구사한다.

유머는 적도 친구로 만든다

여기서 독자들에게 퀴즈를 하나 내볼까 한다. 영국 사람들이 가장 존경하고 사랑하는 영국인은 누구일까요? 바로 윈스턴 처칠 1874~1965년이다. 영국인들은 영국 총리를 지낸 정치가로서, 제2차 세계대전을 승리로 이끈 세계적인 지도자로서, 노벨문학상을 수상한 저술가로서 처칠을 '국민 영웅'으로 여기고 있다.

하지만 영국인들이 정작 처칠에 대해 열광하고 존경심을 표하는 것은 바로 촌철살인에 담겨 있는 그의 유머와 재치 때문이다. 나치 독일의 독재자 히틀러와 전쟁상태에 있었던 영국 국민들에게 던지는 처칠의 말 한

마디 한마디에는 용기와 희망 그리고 유머가 있었다. 마치 버핏 회장의 말에 담겨 있는 유머와 해학이 세상 사람들을 미소 짓게 만드는 것처럼.

버핏 회장의 유머와 처칠 총리의 유머를 비교해 보는 것도 재미있다. 한번은 처칠 총리가 의회에 30분 늦게 도착했다. 처칠을 못마땅하게 생각하고 있었던 반대파 의원들은 "처칠은 게으른 사람"이라며 맹비난을 해댔다. 반대파 의원들은 처칠을 눈엣가시 같은 존재로 미워했으며, 이번 기회에 처칠을 깔아뭉갤 생각이었다.

입장이 난처해진 처칠은 당황하지 않고 머리를 긁적거리며 다음과 같이 말했다.

"예쁜 아내를 데리고 살면 일찍 일어날 수가 없습니다. 다음부터는 의회에 회의가 있는 전날에는 아내와 따로 방을 쓰도록 하겠습니다."

조금 전까지만 하더라도 처칠을 향해 손가락질을 해댔던 반대파 의원들은 처칠이 던진 한마디에 그만 웃음을 터트리고 말았다. 그리고 언제 그랬냐는 듯 처칠에게 다정한 미소를 던져 보이며 자리에 앉기를 권했다.

처칠 총리는 '차가 막혀서 늦었습니다' '늦잠을 잤습니다' '몸이 아팠습니다' 등과 같이 구차한 변명을 늘어놓기보다는 자신의 잘못을 솔직히 인정하고 재치 있는 말 한마디로 위기에서 벗어날 수 있었던 것이다. 이런 일도 있었다.

처칠과 정견을 달리하는 여성 정치인 에스더 부인이 있었다. 그녀는 처칠을 너무나 싫어해 이렇게 독설을 퍼부었다.

"당신이 내 남편이라면 커피에 독을 타서 당신에게 줬을 거예요."

그러자 처칠은 화를 내기보다는 웃으면서 다음과 같이 응수했다.

"내가 당신 남편이라면 그 커피를 마시고 죽을 겁니다."

성깔이 못된 부인과 살기보다는 차라리 독을 마시고 죽어버리겠다는 유머를 구사한 것이다. 이 말을 들은 에스더 부인의 표정이 어떠했을까 한번 상상해 보라.

이처럼 버핏 회장과 처칠 총리는 말 한마디를 던질 때에도 유머와 재치를 섞어서 사용했다. 유머는 딱딱한 대화 분위기를 부드럽게 하고, 상대방의 심리적 긴장감을 풀어줄 수 있는 묘약이 될 수 있다는 것을 이들은 누구보다 잘 알고 있었던 것이다.

웃음이라는 보약

여러분 주위를 한번 둘러보라. 항상 심각하고 딱딱한 대화를 나누는 사람보다는 항상 미소를 머금고 재치 있는 말을 하는 사람에게 더욱 많은 친구들이 몰린다는 것을 알게 될 것이다. 사회생활도 마찬가지이다. 회사 직원들은 찡그린 얼굴을 하고 있는 상사에게 높은 점수를 주지 않으며, 상사 또한 불평만 하는 부하 직원에게는 높은 점수를 주지 않는다. 어려운 문제에 처해도 유머와 재치로 문제를 해결하려고 노력하는 상사나 부하 직원에게 높은 점수를 준다.

미국 역사상 가장 존경받는 대통령으로 꼽히는 링컨 대통령은 다음과 같은 말로 유머의 중요성을 강조했다.

"내가 웃지 않고 살았다면 이미 나는 죽었을 겁니다. 여러분도 웃음이라는 보약을 드시기 바랍니다. 자신은 물론 조직 전체가 변하는 놀라운 효과를 몸으로 직접 느낄 수 있을 겁니다."

어떤 사람은 이렇게 말하기도 한다.

"무뚝뚝한 리더보다는 유머감각을 갖춘 리더가 성공합니다. 물건을 파는 세일즈맨이 유머감각을 갖추면 설득력은 두 배가 됩니다. 부모의 유머감각이 풍부하면 아이들은 두 배나 행복해집니다. 재미있는 선생님의 수업시간에는 잠자던 학생들도 벌떡 일어납니다. 의사의 재치 있는 유머 한마디는 환자의 얼굴에 웃음꽃을 피게 합니다. 세상 여성들이 가장 좋아하는 남성은 바로 유머감각을 갖춘 사람입니다."

아름다운 꽃이 그윽한 향기를 우리들에게 선물하듯이 이처럼 유머는 다른 사람들에게 웃음과 미소를 전달한다. 또 유머는 자신의 건강을 위해서도 반드시 필요한 자기계발 요소이다.

노르웨이 과학기술대학교의 스벤 박사팀이 노르웨이인 5만 4,000명을 대상으로 조사한 결과, 암 환자라도 유머감각이 뛰어난 경우 그렇지 않은 환자보다 생존율이 훨씬 더 높은 것으로 나타났다.

일상생활에서 유머를 중시하는 사람일수록 7년 생존율이 더 높은 것으로 조사됐다. 스벤 박사는 "유머를 자주 사용하고 중요하게 여기는 삶을 기준으로 할 때 상위 25%의 암환자들이 하위 25%보다 7년 생존율이 35%나 더 높게 나왔다"며 "탁월한 유머감각이 사망률을 70%나 줄인 것으로 나타났다"고 설명했다. 결국 유머는 다른 사람들에게는 웃음을 전하고, 자기 자신에게는 건강을 보장하는 힘이 되는 것이다.

버핏 회장과 처칠 총리는 유머 능력이야말로 대화와 칭찬을 뛰어넘는 최고의 설득기술이라는 사실을 여러분에게 보여주고 있다. 칭찬은 고래도 춤추게 한다는 말이 있지만, 유머는 코끼리도 물구나무서게 하는 효과가 있다고 본다. 특히 버핏 회장은 유머감각을 키우기 위해서는 책과 신문을 많이 읽어야 한다고 강조한다. 우리가 명심하고 가슴속에 새겨두어야 할 말씀이 아닐까?

우리는 행복하기 때문에 웃는 것이 아니라 웃기 때문에 행복해지는 것이다. '신은 죽었다'는 말로 유명한 철학자 니체는 이렇게 표현했다.

"웃는 사람에게는 밤에도 해가 뜨고, 겨울에도 꽃이 피고, 어떠한 고난에도 감사할 수 있습니다. 오늘 가장 좋게 웃는 사람은 역시 최후에도 웃을 겁니다."

25

진실한 대화로
승리하는 법을 배워라

설득

남의 의견을 뚝 잘라 반대하거나 독단적으로
내 의견을 밀어붙이기보다는 겸손하게 남의 의견을 들어라
- 벤저민 프랭클린

2007년 1월초 유엔 회원국들이 반 총장에게 거세게 반발하며 '노^{No}'라고 말하는 일이 벌어졌다. 당시 반 총장은 유엔의 '군축국^{군비축소를 관할하는 부서}'을 줄이는 방안을 회원국에게 제시했는데, 118개 회원으로 구성된 비동맹운동^{NAM} 국가들이 '받아들일 수 없다'며 거세게 반발한 사건이었다.

비동맹운동은 제2차 세계대전 이후 미국과 소련으로 양분된 국제 정치질서 속에서 동서 냉전의 어느 쪽에도 가담하지 않고, 정치적 중립을 지킨 운동을 말한다. 제2차 세계대전 종전 뒤 독립한 아프리카와 아시아 후진국들이 대부분 여기에 속했다.

반 총장의 당선에 압도적인 지지와 성원을 보내 주었던 아시아, 아프리카의 후진국 국가들이 이번에는 반 총장에게 반대의사를 표명한 것이다. 반 총장이 유엔개혁의 깃발을 내걸고 시작한 첫 시도가 무산될 위기에 처하게 되었다.

사면초가에 몰린 반 총장은 고민에 빠졌다. 어떻게 하면 후진국과 선진국의 이해갈등, 충돌을 조화롭게 해결할 수 있을까. 잘못하다가는 개혁 작업에 착수하기도 전에 유엔 회원국 간 분열만 가중시킬 판이었다.

후진국의 목소리를 '나 몰라라' 하고 밀어붙이는 것은 불에 기름을 퍼붓는 격이었다. 결코 독불장군 식으로 밀어붙여서는 안 되며, 대화와 타협을 통해 회원국 모두의 동의를 구하는 것이 무엇보다 중요하다는 결론을 내렸다.

반대 의견을 찬성으로 만드는 기술

반 총장은 수정된 아이디어를 들고 다시 회원국들을 찾아다니며 설득에 나섰다. 38년간 외교관 생활을 하면서 '대화와 설득'이 '강경대응'보다는 더욱 큰 힘을 발휘하고, 결국에는 조직 전체의 화합을 꾀할 수 있다는 것을 경험으로 반 총장은 알고 있었다.

반 총장의 이러한 노력에 대해 댈 길레르만 유엔주재 이스라엘 대사는 "반 총장이 아마도 유엔에서 무엇을 바꾼다는 것이 얼마나 힘든 일인가를 배우고 있을 것"이라며 "유엔 사무국 개편이 반 총장에게 첫 번째 현실 파악의 기회가 될 것"이라고 지적하기도 했다.

반 총장은 아랑곳하지 않고 발이 닳도록 뛰어다니고, 입술이 마르도록 회원국을 설득했다. 그 결과 한 달이 지나면서 성과가 나타나기 시작했다. 아크람 유엔주재 파키스탄 대사는 "분위기가 예전에 비해 좋아진 것을 느낍니다"라고 말했고, 토마스 마투섹 유엔주재 독일 대사도 "중요한 점은 이제 모두가 반 총장을 지지한다는 점입니다"라고 설명했다. 유엔개혁의 기치를 내건 반 총장의 노력이 결실을 맺는 순간이 점점 다가오고 있었다.

그리고 2007년 3월 15일. 유엔 총회 회의실로 각국의 회원국 대표들이 몰려들었다. 그리고 반 총장의 유엔 조직개편 결의안을 한 사람의 반대도 없이 만장일치로 채택했다. 의사결정의 속도는 다소 느렸지만, 대화와 타협을 통해 만들어낸 값진 결실이었다. 유엔 총회에 모인 각국 대표들은 열띤 박수와 환호로 반 총장의 노력을 격려하고 감사의 마음을 전달했다.

"유엔 조직 효율화를 위해 제안한 사무국 개편방안을 총회가 승인해 준 것은 사무총장 리더십에 대한 회원국의 전폭적인 신뢰를 보여준 겁니다. 이를 거울삼아 남은 개혁과제도 지속적으로 추진해 나갈 겁니다."

총회 회의 뒤 유엔 출입 기자단과 만난 반 총장의 말에는 당당함과 자신감이 넘쳐흘렀다. 이번에는 반 총장과 달리 독단적인 고집과 아집으로 내려진 결정이 어떠한 결과를 초래하는지 다른 예를 한번 살펴보자.

독불장군이 되어서는 안 된다

지난 2003년 3월 20일 새벽, 이라크 수도 바그다드 남동부에 미사일 폭격이 시작되었다. 미국이 주도하는 이라크 전쟁의 시작이었다. 이라크 침략의 명분으로 내세운 이라크의 대량살상무기 은닉이나 9·11테러와 알카에다의 연계 등에 대해서는 제대로 증거를 제시하지 못한 채 중동지역 패권 장악이라는 자신들의 필요에 따라 미국이 무력을 행사한 것이다. 미국이 이라크를 무력으로 공격하는 순간이었다.

세계평화와 안보를 위해 무력사용 권한이 있는 유엔의 승인도 받지 않고 오로지 '힘의 논리'만을 내세운 것이었다. 미국 정부는 유엔 정신은 헌신짝 버리듯 내팽개쳤다. 미국의 행동은 몽둥이를 마구 흔드는 골목대장의 그것과 별반 다를 것이 없었다.

'미국의 이익이 유엔정신 위에 있다'는 조지 부시 대통령과 그의 관료들이 독불장군 식으로 유엔 회원국들의 반대에도 불구하고 전쟁을 선택한 것이었다.

당시 일간지인 「뉴욕타임스」는 사설을 통해 "최소한 한 세대 안에 워싱턴이 저지른 최악의 실책이며, 외교적 실패의 절정"이라며 "전임자들과 달리 부시 대통령은 동맹관계를 과소평가하고, 군사력은 과대평가했다"고 꼬집었다.

대화와 타협을 버리고 힘의 논리만으로 전개된 이라크 전쟁은 6년이 지난 지금도 진행 중이며, 국제사회는 물론 부시 대통령과 공화당을 지지하는 국민들로부터도 냉대를 받고 있다.

2006년 11월 미국 중간선거에서 부시 대통령의 공화당이 상·하원을 모두 야당인 민주당에 내주는 참담한 결과를 얻은 것은 당연한 일이었다.

부시 대통령은 대화와 설득을 통해 협상에서 이기는 법을 몰랐다. 오로지 미국이 가지고 있는 힘의 우위를 앞세워 외교 전략을 세웠기 때문에 국제 사회로부터 외면당하고 있다.

반 총장이 꾸준한 대화와 지속적인 협상을 통해 유엔 회원국들의 모든 동의를 이끌어낸 것과는 비교가 된다. 설득의 기술이 얼마나 중요한지 알 수 있는 대목이다.

상대방을 인격체로 인정하고 '대화와 타협'을 통해 문제를 풀어가는 반 총장과 '힘의 논리'를 앞세워 상대방을 위압적으로 대하는 부시 대통령의 국제외교 정책은 이처럼 상반된 결과를 만들어냈다.

이는 비단 유엔이라는 국제 사회에서만 통용되는 것이 아니다. 가정에서 남편과 아내, 직장에서 CEO와 직원, 상사와 부하, 학교에서 선생님과 학생 등과 같이 우리 사회 전 분야에서 적용되는 자연법칙과도 같다는 것을 반 총장은 보여주고 있다.

소크라테스의 설득 방법을 배워라

미국 건국의 아버지로 통하는 벤저민 프랭클린도 힘을 앞세운 강압보다는 지속적인 설득과 대화로 문제를 해결한 인물이다. 프랭클린은 그리

미국의 40대 대통령이었던 로널드 레이건 대통령의 부인 낸시 레이건 여사가 지난 1984년 유엔에 기증한 그림. '남들로부터 대접을 받고 싶으면 먼저 남들을 대접하라(DO UNTO OTHERS AS YOU WOULD HAVE THEM UNTO YOU)' 는 평범하지만 심오한 인생철학이 담겨져 있다.

스의 유명한 철학자 크세노폰[BC 431~355년]이 쓴 『소크라테스의 회고록』을 통해 대화와 설득의 기술을 배웠다.

남의 의견을 뚝 잘라 반대하거나 독단적으로 자신의 의견을 밀어붙이기보다는 겸손하게 다른 사람의 의견을 묻고 의문을 던지는 식이다.

인쇄소를 직접 운영하면서 직원들의 동의를 구할 때나, 주[州] 방위군을 조직할 때나, 필라델피아 대학을 세울 때나, 전쟁에 필요한 자금을 마련할 때나, 프랭클린은 주민들을 찾아다니며 설득하고 동의를 구했다.

프랭클린은 다른 사람들보다 높은 지위와 권력을 가지고 있었지만 다른 사람에게 윽박지르거나 강압적으로 문제를 처리하지 않고, 대화와 설득으로 문제를 해결했다.

그는 자신의 회고록에서 다음과 같이 말하고 있다.

"자신을 겸손하게 표현하는 습관을 지녀야 한다. 예를 들면 논란과 분쟁의 여지가 있는 의견을 낼 때에는 '확실히' '의심할 여지없이' 등과 같이 독단적인 분위기를 풍기는 말은 사용하지 않는 것이다. 그 대신 이런 식으로 말하는 것이 좋다. '제 생각에는 이런 것 같은데요.' '그럴 거라고 짐작이 갑니다만, 내가 틀리지 않았다면 이럴 겁니다.' 이런 습관은 내게 큰 이득이 되었다고 믿고 있다. 특히 나의 의견을 다른 사람들에게 관철시키거나, 내가 추진하고 있는 일을 다른 사람들에게 납득시킬 때 큰 효과가 있었다."

프랭클린은 평생을 살면서 어려운 문제에 봉착할 때마다 설득과 대화로 문제를 풀어나갔다. 프랭클린이 『소크라테스의 회고록』을 통해 배운 설득의 기술은 반 총장의 대화기술과 흡사하다. 이런 점에서 성공한 역사적인 위인들은 닮은 점이 많은가 보다.

26 여러분의 친구는 누구입니까

인간관계

행복의 90%는 인간관계에 달려 있다.
―키에르 케고르

'인사^{人事}가 만사^{萬事}'라는 말이 있다. 어떤 조직이든 사람을 적재적소에 잘 써야지 조직이 제대로 굴러간다는 말이다. 기업의 경우 기술개발도 중요하고, 생산성도 중요하고, 해외시장 개척 등도 중요하지만 무엇보다 인재를 잘 뽑아야 한다.

초등학교에서 반장선거를 할 때에도 학급을 어떻게 꾸려나가고, 어떻게 모범반이 되도록 하겠다는 정책을 발표한다.

국가를 다스리는 대통령은 능력도 탁월하고 청렴한 장관을 뽑아야 나라가 제대로 돌아가지만, 반대로 부패하고 무능한 인물을 옆에 앉힐 경우에는 나라가 퇴보하게 된다.

기업의 CEO도 회사에 보탬이 되고 회사가치를 높일 수 있는 사람을 뽑아야 회사가 성장하고, 무능한 신입직원을 뽑으면 그 회사는 경쟁력을 잃고 만다.

남들에게 도움이 되는 존재가 되라

일상생활도 마찬가지이다. 남편은 아내를, 아내는 남편을 잘 만나야 가정이 화목하고, 번창하게 된다. 신뢰할 수 있고 믿음이 가는 동료를 만나야 의기투합할 수 있고, 믿음이 가지 않는 동료를 만날 때에는 같이 일할 맛이 나지 않는다. 그만큼 제대로 된 사람을 만나는 것이야말로 삶의 또 다른 행운이라고 할 수 있다.

반 총장이 한국에서 외교통상부 장관으로 일하면서 같이 업무를 보았던 직원들을 유엔본부로 데려가 유엔을 훌륭하게 이끌고 있는 것도 좋은 친구와 인재들이기 때문이다.

반 총장이 세계 최고의 외교관으로 명성을 날리고 있는 이면에는 항상 반 총장의 그림자가 되어 성실히 업무를 수행하는 한국 외교관들이 있기 때문이다.

이는 버핏 회장이 찰리 멍고 부회장을 만나 버크셔 해서웨이를 세계적인 기업으로 이끌고 있는 것과 똑같은 맥락이다. 서로의 단점을 보완하고 힘들 때 도움이 되는 친구와 인재가 있기 때문에 가능했던 일이다. 주위를 한번 둘러보라. 여러분은 어떤 친구를 가지고 있고, 여러분은 친구들에게 어떠한 존재인가.

사람을 잘못 만나 조직 전체가 와해된 경우는 수없이 많다. 그 중에서 대표적인 케이스가 베어링스 은행이다. 베어링스 은행에 '닉 리슨'이라는 직원이 있었는데, 그는 위험도 높지만 수익도 많이 챙길 수 있는 금융상품 거래를 담당했다.

리슨은 당시 경영진들도 제대로 이해하지 못했던 위험성이 높은 금융상품 거래에 투자해 엄청난 수익을 올렸으며, 1993년에는 싱가포르 지점 전체 수익의 20%를 혼자서 벌어들일 정도로 베어링스 은행의 '떠오르는 스타'로 인정받았다.

경영진들도 회사에 많은 수익을 안겨주는 그를 신뢰하게 되었고, 30만 파운드의 연봉과 수백만 파운드의 천문학적인 보너스를 그에게 주었다. 상사로부터 전폭적인 지지를 받고, 연봉도 상상할 수 없을 정도로 많이 받는 백만장자가 되자 그는 더 큰 욕심을 내기 시작했다.

그는 지난 1995년 일본 주식시장에 일생일대의 큰 도박을 걸었는데, 그 해 1월 고베 지진이 일어나면서 14억 달러라는 천문학적인 손실을 회사에 입히게 된다.

이로 인해 232년의 오랜 전통을 자랑했던 세계적인 기업 베어링스 은행은 한순간에 파산하게 되었고, 단돈 1달러에 다른 회사에 매각되는 비운을 맞게 되었다.

1990년대 전 세계 금융 회사들을 바짝 긴장시켰던 베어링스 은행의 몰락은 한 직원의 실수가 얼마나 치명적인 손실을 조직에 안겨주는가를 보여주는 실증적인 예라고 할 수 있다. 다시 말해 사람을 제대로 발탁하고 올바로 관리하는 것이 얼마나 힘든 일인지 알 수 있다.

게으름과 나태의 굴레에서 벗어나라

반 총장은 사람관리를 어떻게 할까. 2007년 초 유엔 사무총장에 당선되었을 당시로 돌아가 보자. 유엔본부 38층 집무실에 발을 들여놓기 무섭게 반 총장은 고위관리 55명을 대상으로 사직서 제출을 요구했다.

조직의 최고경영자가 힘을 과시하기 위해 '군기 잡기'를 하는 차원이 아니라 느슨했던 조직문화를 쇄신하고, 반 총장의 유엔개혁에 동참할 수 있는 능력 있는 인물을 찾기 위해서였다.

당시까지만 하더라도 유엔은 '굼벵이' 조직이라는 불명예 소리를 들을 정도로 현실에 안주하는 공무원들이 많았고, 내근과 외근 직원 간 인사교류가 거의 없어 능력 있는 인재들이 요직을 차지하는 경우가 드물었다.

반 총장이 고위관료 사직서 제출을 통해 노린 것은 안일한 조직문화에 긴장감과 생동감을 함께 불어넣기 위함이었다.

고위 관리들의 반발이 잇따랐다. 반 총장이 관리들의 집단반발에 결국 사직서 요구를 철회할 것이라는 기대를 갖고 끝까지 버틴 관리도 적지 않았다. 하지만 반 총장은 자신의 첫 번째 유엔개혁 과제가 관리들의 반발로 실패로 끝날 경우, 유엔개혁 전체가 타격을 받을 것이라는 판단 아래 굽히시 않고 관리들을 압박했다.

반 총장의 개혁의지가 꺾이지 않을 것이라는 점을 간파한 관리들이 하나 둘씩 반 총장의 뜻을 따르기 시작했고, 끝까지 버틴 관료들 중에서도 인사개혁이 대세로 굳어짐을 알고서는 반 총장에게 백기를 들기 시작했다.

한 달이 지나자 결국 고위관리 대부분이 사직서를 반 총장에게 제출했다. 이어 반 총장은 공석이 된 자리에는 경험과 능력을 겸비한 사람들로 채용했다. 무엇보다도 중요한 것은 개인의 자질과 경험이었다. 인재를 고르는 인선과정에 외부청탁도 많았지만, 어떠한 양보와 타협도 있을 수 없었다.

고위 관리들이 개인적인 친분관계를 이유로 반 총장에게 사람을 천거하는 경우도 있었지만, 반 총장은 일언지하에 거절했다. 개혁의 기치를 내건 당사자가 외부 청탁을 들어준다는 것은 곧 개혁의 실패를 의미한다는 것을 잘 알고 있었기 때문이다.

반 총장은 '유엔의 2인자'인 사무 부총장에 아프리카 탄자니아의 여성 외무장관인 아샤 로스 미기로를 임명했다. 선거공약으로 사무 부총장에 여성을 임명할 것이라는 약속을 지킨 것이다.

그런데 문제가 생겼다. 유엔 출입 기자들이 미기로 부총장은 경험이 없고 검증도 되지 않았으며, 그 자리에 맞지 않는 인물이라고 비판의 기사를 마구 썼다. 시간이 지나면 조용해질 것으로 예상했지만, 날이 갈수록 비판의 강도는 강해지기만 했다. 반 총장의 인사개혁이 수술대에 오르는 순간이었다.

"저는 미기로 부총장을 잘 압니다. 그녀의 능력을 검증하기 위해 수많은 시간을 들여 그녀와 인터뷰를 했습니다. 그녀는 폭넓은 재능과 능력을 겸비하고 있어 부총장으로서의 업무도 잘 처리할 것으로 생각합니다. 저에게 시간을 주십시오. 지금 당장 그녀에 대한 인사가 제대로 되었는지 얘기하는 것은 시기상조입니다. 시간이 지나 되돌아보면 당신들도 저의 판단과 결정이 옳았다는 것을 알게 될 겁니다."

반 총장은 미기로 부총장의 능력과 인품을 익히 알고 있었고 자신의 결정에 대한 자신감도 있었기 때문에 결코 외부 비판에 흔들리지 않았다. 취임 1년이 지난 현재 반 총장의 인사를 문제 삼는 유엔기자들은 별로 없다. 결국 유능한 인재를 뽑는 반 총장의 탁월한 혜안과 안목이 승리를 거둔 것이다.

경쟁을 피할 수 없다면 맞서라

이와 함께 반 총장은 유엔에서 그 동안 시도되지 않았던 직원 간 경쟁의식을 새롭게 주입했다. 뉴욕 유엔본부 직원이 아니라 세계 각국에 파견된 현장근무 직원이더라도 업무성과가 좋고, 탁월한 능력을 보여줄 경우에는 과감하게 본부로 스카우트하는 인사정책을 펼쳤다. 부지런히 일하는 직원은 가까이 두어야 한다는 반 총장의 평소 소신을 실천한 것이다.

본부 직원들에게는 열심히 하지 않으면 언제든지 밀려날 수 있다는 위기의식을 심어주었고, 현장근무 직원들에게는 외지에 있더라도 자신의 업무에 최선을 다한다면 언제든지 본부로 승진해 갈 수 있다는 희망을 불어넣었다.

고여 있는 물은 시간이 지나면 썩게 되듯이 조직에도 언제나 변화가 있어야 한다는 반 총장의 철학을 유엔에 적용한 것이다. 특히 유엔본부 사무국 고위직이 개방되면서 이전까지는 본부 근무가 희망사항에 불과했던 현장근무 직원들로부터 큰 반향을 일으켰다. 총장실이 개방한 12개 자리에 1,200명 이상의 직원들이 지원하는 경우도 있었다.

이에 대해 미국 정론지인 「뉴욕타임스」는 반 총장의 인사쇄신에 따른 조직문화 변화를 격찬하는 기사를 내보냈다. 반 총장이 추진하는 유엔개혁을 바라보는 외부 시각이 변해가고 있음을 보여주는 대목이다.

"반 총장이 나태와 비대함이 지배해 온 유엔 분위기를 쇄신시키고 있습니다. 반 총장이 직원들의 내부경쟁을 유도하고, 자신의 사무실부터 일부 직원의 임기보장을 없애는 등 이전에 없었던 변화를 시도하고 있습니다."

「뉴욕타임스」가 반 총장의 인사개혁을 평가한 기사 내용이다.

반 총장의 인사개혁을 옆에서 지켜보면서 과거 한국 국민들로부터 지탄받았던 대통령 자녀와 측근들의 비리가 떠오른다. 능력도, 경험도 없는 사람들이 혈연, 지연, 인맥을 동원해 고위직에 진출하고 갖은 권력형 비리를 저질렀던 때가 있었다.

하지만 반 총장은 우리들에게 실력과 능력으로 승부하라고 가르친다. 그리고 나태와 게으름에 빠진 사람들을 멀리하고, 도움이 될 수 있는 부지런하고 능력 있는 사람들을 친구로 두라고 한다.

여러분의 친구는 누구인가. 또 여러분은 친구들에게 어떠한 존재인가. '좋은 친구가 생기기를 기다리는 것보다 스스로가 누군가의 좋은 친구가 되었을 때 행복하다'는 격언을 곰곰이 생각해 볼 때이다.

27 세계 역사를 바꿀 수 있는 리더십을 배워라

리더십

> 리더는 강한 영향력을 지닌 낙관주의자여야 한다.
> 청중의 정신을 고양시키고 자신감을 심어줄 수 있다면,
> 그 사람은 뛰어난 리더인 것이다.
> —몽고메리 장군

지난 1992년 1월 18일에 있었던 일이다. 88세의 늙은 몸을 이끌고 중국대륙의 남쪽 지방을 시찰하는 사람이 있었다. 비록 노구였지만 무엇인가 반드시 이루고야 말겠다는 굳은 결의와 의지가 그의 발걸음 하나하나에 묻어 있었다.

사회주의 중국경제에 자본주의 시스템을 도입해 중국 경제 발전의 디딤돌을 놓은 인물로 평가받는 등소평鄧小平, 덩샤오핑, 1904~1997년이었다. 가난했던 한국 경제를 중진국 수준으로 끌어올린 사람이 박정희 대통령이었다면, 허약한 중국 경제에 새로운 바람을 불러일으킨 사람이 등소평 중국 주석이었다.

그때까지만 하더라도 중국은 중앙정부가 경제를 관리하고, 통제하는

사회주의 경제시스템을 가지고 있었다. 인민들이 공동으로 논과 밭을 경작해 농작물을 수확하고, 수확된 쌀과 양식을 균등하게 배급했다.

이 같은 시스템을 개혁해 열심히 일한 사람은 더욱 많이 돈을 벌고, 경쟁을 통해 생산성을 높이는 시장경제를 중국에 도입한 장본인이 등소평이다. 그가 중국 경제발전에 미친 영향을 높이 평가해 중국 사람들은 그를 '작은 거인'이라고 부른다.

중국 주서 등소평의 리더십

등소평은 우창, 선전, 상하이 등 중국대륙 남쪽의 도시를 방문하면서 중국 경제의 개혁과 개방이야말로 인구 10억 명의 중국이 살아나갈 수 있는 길이라고 목청을 높였다.

이처럼 등소평이 지방의 간부들을 격려하면서 시장경제 도입에 대한 확고한 의지를 밝힌 것이 그 유명한 남순강화南巡講話이다. 등소평이 중국대륙의 남쪽을 돌아다니면서 강연을 통해 자본주의 경제시스템을 받아들이도록 했다는 뜻을 담고 있다. 한 마디로 말하자면 세계경제의 개방 흐름에서 외로이 동떨어져 문을 꼭꼭 걸어 잠그는 것이 아니라 개혁과 개방을 가속화한 것이다.

그 동안 중국이 공동 생산, 공동 배분의 사회주의 이념에 기반을 두고 나라를 이끌어왔지만, 인민들은 여전히 가난에 허덕이고 있었던 만큼 새로운 변화가 필요하다는 것이 등소평의 생각이었다.

여러분이 잘 알고 있는 것처럼 등소평의 생각은 '검은 고양이든 흰 고양이든 쥐만 잘 잡으면 된다' 는 것이었다. 고양이는 쥐만 잘 잡으면 되지 고양이의 색깔이 검은색이든, 흰색이든 상관할 것이 없다는 얘기다. 이는 인민들의 생활을 윤택하게 하고, 풍요롭게 하는 것이 중요한 것이지 사회주의를 굳이 고수할 필요는 없다는 것이다.

이후 등소평이 개방경제를 도입하겠다는 생각은 중앙 정치국을 통과해 전국 각지에 빠르게 전달되었으며, 이에 근거해 중국경제는 개혁과 개방에 속도를 내면서 빠른 성장을 달성할 수 있었다.

그 과정에서 반대가 만만치 않았다. 중국의 기존 경제체제를 고수해야 한다며 반대하는 사람들이 많았지만, 등소평은 그들의 주장을 일언지하에 물리치고 자신의 생각대로 개혁과 개방정책을 밀고 나갔다. 자본주의 경제시스템을 도입하는 과정에서 처음에는 혼란과 문제점이 나타나겠지만, 장기적으로 보면 중국 경제에 도움이 된다는 것을 등소평은 알고 있었기 때문에 자신의 소신을 굽히지 않았다.

오늘날 중국 사람들은 등소평의 리더십을 중국 역사를 바꾼 위대한 리더십이라고 극찬하고 있다.

최근 중국 남부에 있는 심천을 방문했을 때 느낀 중국 경제는 놀라움 그 자체였다. 현대식 건물은 규모면에서 오히려 서울의 웬만한 건물보다 더 웅장했으며, 밀려드는 해외 기업들의 직접투자로 심천은 그야말로 괄목할만한 성장을 보이고 있었다.

중국 산동 성에 있는 위해시를 방문했을 때는 경쟁과 생산성 향상을 소리 높여 외치는 공무원들의 의지에 혀를 내두를 정도였다. 외국기업을 많이 유치할수록 실적이 올라가기 때문에 하나의 기업이라도 더 유치하려고 백방으로 뛰는 공무원들의 모습이 인상적이었다.

현재 중국이 연 9% 이상의 경제성장률을 달성하며, 미국과 함께 세계 경제를 이끄는 쌍두마차로 부상한 것은 결코 우연이 아니다. 이는 개방 경제를 이끈 등소평의 위대한 리더십이 있었기에 가능한 것이었다.

아프리카 개혁 리더십

이처럼 등소평이 강한 리더십과 사고의 전환을 통해 중국 경제를 크게 변화시킨 것처럼 반 총장도 아프리카 대륙에서 새로운 변화의 바람을 일으키고 있다.

2007년 1월 29일, 아프리카대륙 에티오피아의 아디스아바바에서 아프리카연합[AU] 정상회의가 열렸다. 아프리카 국가들이 경제발전과 국가 번영을 꾀하기 위해 개최한 대규모 회의로, 각국의 대통령과 수상들이 다같이 모인 자리였다.

반 총장이 기조 연설자로 나섰다.

"전쟁이 어떻게 인간의 숭고한 삶과 발전의 기회를 빼앗아가는지 너무나도 잘 알고 있습니다. 저도 어린 시절 한국에서 이 같은 경험을 했으니까요. 어린 시절 할머니들이 고물을 찾아 이리저리 돌아다니고, 아이들이 제대로 먹지를 못해 영양실조와 오염된 물에 괴로워하며, 논과 밭이 썩어들어가는 것을 눈으로 직접 보았습니다. 하지만 한국 국민들은

반기문 총장은 승자의 리더십을 배우라고 가르친다. 반 총장이 세계 각국에서 모여든 젊은이들을 대상으로 에이즈 등 국제 현안을 설명하고 있다.

포기하지 않았습니다. 국민들이 단합하고 노력한 결과 사정은 바뀌었습니다. 별다른 경제활동도 없는 병든 나라였던 한국이 건설적이고 활기찬 사회로 바뀌었고, 점차 경제 강국으로 성장하는 것을 보았습니다. 한국 국민들의 노력과 땀방울에 국제사회도 적극적인 지원을 아끼지 않았습니다. 어린 시절 목격했던 이 같은 광경은 지금도 잊히지 않습니다. 아프리카에서도 한국과 같이 단합된 목표를 통해 경제발전을 이루도록 합시다."

반 총장의 힘찬 연설에 아프리카 정상들은 회의실이 떠나갈 정도로 박수를 쳤다. 지난 1930~1950년대만 하더라도 아프리카보다 더 가난했던 한국이 지금은 세계 11위의 경제력을 자랑하는 경제대국으로 우뚝

선 것에 대해 아프리카 정상들은 부러움과 동경의 대상으로 생각하고 있었다.

아프리카 정상들은 놀라운 경제성장과 뛰어난 외교력으로 유엔 사무총장까지 배출한 한국의 저력을 내심 부러워했으며, 한국이 이렇게까지 빨리 발전할 수 있었던 원동력이 무엇인지 궁금해 했다. 반 총장이 아프리카 순방을 마치면서 케냐 나이로비에서 이번 순방에 동행한 세계 각국의 특파원들을 잠깐 만났다.

"오늘 아침 케냐 나이로비에서 유엔과 산하기관 직원들을 만나 아프리카에 한국이 새마을 운동을 도입하는 것이 어떻겠느냐고 제안했습니다. 아프리카 곳곳을 돌아다녀 보면서 느낀 점은 외국의 많은 물적 자원과 원조에도 불구하고 아직까지 큰 진전이 없다는 겁니다. 아프리카에서도 한국의 새마을 운동처럼 근면정신과 협동을 통해 발전하는 방안을 강구해보면 어떻겠느냐는 의견을 내놓았더니, 모두들 좋은 아이디어라는 반응을 보였습니다."

반 총장이 아프리카 국가들에 한국의 새마을운동을 제안한 것이었다. 반 총장은 이전 뉴욕 특파원들과의 만남에서도 일부 아프리카 국가들이 국가원수 주도로 '한국형 새마을 운동'을 전개하는 것을 많이 목격했다고 밝히기도 했다. 아침 일찍 일어나 길거리를 빗자루로 쓸고, 동네를 청소하는 등 근면과 성실로 대표되는 1970년대 한국의 새마을 운동을 그대로 따라하는 국가들이 꽤 있다고 소개했다.

아프리카 국가들은 한국의 새마을운동 도입을 통해 그들의 생활방식을 바꾸고, 경제 환경도 더욱 건설적으로 바꿀 수 있을 것으로 기대하고 있다.

반 총장이 취임 후 첫 방문지로 아프리카를 선택하고, 한국경제 성장의 디딤돌이 되었던 새마을운동을 제안한 것은 그만큼 한국경제에 대한 자신감이 있었기 때문이다. 반 총장은 아프리카 국가들이 한국의 경제모델을 통해 반드시 성공할 수 있을 것이라는 확신을 가졌다.

반 총장은 현재 세계에서 가장 가난한 나라인 아프리카의 빈곤퇴치와 경제발전을 위해 강한 리더십을 발휘하고 있다. 반 총장이 유엔 사무총장에 취임하고 첫 방문지로 아프리카를 선택한 것도 아프리카 경제개혁에 강한 의욕을 보이며 리더십을 발휘하겠다는 의지로 보인다.

등소평의 강력한 리더십으로 중국 경제가 발전의 초석을 다진 것처럼, 아프리카 대륙도 유엔본부에서 펼쳐 보이는 반 총장의 위대한 리더십 아래 변화의 가능성을 보이고 있다.

중국의 등소평 주석과 반 총장은 한 사람의 뛰어난 리더십이 개인의 생활을 바꾸고, 국가를 변화시키고, 세계 역사의 흐름을 바꿀 수 있다는 것을 보여주고 있다.

사회는 리더십을 갖춘 인재를 원한다

보통 학업을 마치면 사회생활을 시작한다. 물론 회사를 위해 열심히 일하고 개인의 능력을 계발하면서 조직생활을 하는 것이 중요하지만, 이보다 더욱 중요한 것은 조직생활에서 리더십을 발휘해야 한다는 것이다.

다른 사람들에게 자신의 의견을 강요하는 것이 리더십이 아니다. 대화를 통해 자신의 생각을 전달하고, 상대방의 동의를 구해내는 것이 진정한 리더십이다.

리더십을 갖고 있는 사람 주위에는 항상 사람들이 몰린다. 리더십이 없는 사람은 다른 사람들의 관심을 끌지 못한다. 리더십은 자신을 변화시키고 조직을 바꿀 수 있는 가능성을 가지고 있다.

학교성적만을 유일한 평가 잣대로 삼는 한국의 대학과 달리 미국에서는 신입생을 뽑을 때 학교성적뿐 아니라 봉사활동 경력, 조직에서의 리더십을 같이 평가해 성적에 반영한다. 교회 성가대를 이끈다든가, 청소년 단체의 회장직을 지냈다든가, 자원봉사 활동을 주도했다든가 하면 높은 점수를 받는다. 조직사회는 리더십이 있는 인재를 원하기 때문이다. 중국의 등소평 주석과 반 총장처럼 세계 역사의 흐름까지 바꾼 리더십이 있다.

전 생애를 통해 배움의 과정에 있는 우리들도 자신의 인생을 변화시킬 수 있는 리더십을 기르기 위해 노력해야 한다. 어릴 때 경험한 리더십이 사회생활을 하면서 더 큰 리더십으로 발전하게 된다. 등소평 주석과 반 총장이 보여준 리더십처럼.

Ban Ki-moon
The success & secret

5장 자기계발

항상 꿈과 희망을
가지시기 바랍니다.
유엔본부에서
사무총장 반기문 드림

28

1등이 되어라.
2등은 패배다

최선

나무는 그 열매에 의해서 알려지고,
사람은 일에 의해서 평가된다.
—탈무드

꿈 많던 학창시절, 버핏의 인생을 이끌어준 정신적인 멘토^{스승}가 벤저민 그레이엄 컬럼비아 대학 교수였다면, 반기문 총장의 멘토는 존 F. 케네디 미국 대통령이었다.

반 총장은 유독 케네디 가문과 인연이 깊다. 반 총장은 충주 고등학교 3학년 때 미국을 방문해 케네디 대통령을 직접 만난 이후 외교관의 꿈을 더욱 확고히 했다.

또 외교관 시절 미국에서 유학할 때에는 하버드 대학의 케네디 스쿨^{행정대학원}에서 공부하면서 외교관으로서의 자질과 능력을 더욱 키울 수 있었다. 케네디 대통령이 미국 역사상 최연소 대통령으로 미국인들의 존경과 사랑을 한 몸에 받고 있는 것처럼, 반기문 총장은 한국 역사상 최초로 유엔 사무총장에 당선돼 전 세계인의 존경을 받고 있는 것도 비슷하다.

준비하면 기회는 반드시 온다

1962년 반 총장이 충주 고등학교 3학년 때의 일이다. 좀 더 넓은 세상을 구경하고 다양한 문물을 경험하기 위해서는 세계를 알아야 한다는 생각으로 영어공부에 몰두했던 반 총장에게 기회가 찾아왔다.

반 총장은 어릴 때부터 어렴풋하게나마 외교관이 되고 싶다는 꿈을 간직하고 있었고, 외교관의 꿈을 이루기 위해서는 영어 구사가 필수적이라고 생각하고 있었다.

한국 공장에서 일하는 외국인 근로자들을 찾아가 영어를 배우고, 미국 선교사들을 쫓아다니며 영어회화 공부를 할 정도로 반 총장은 영어에 남다른 매력을 느꼈다.

당장 영어를 활용할 기회는 없겠지만 언젠가는 영어가 꿈을 펼치는 데 큰 도움이 될 것이라는 확신을 가지고 있었다. 그런데 고등학교 3학년 때 그 기회가 정말로 찾아온 것이다. 기회는 준비하고 있는 자에게만 찾아온다는 격언은 이를 두고 하는 말이다.

반 총장은 미국 적십자사가 주최하는 미국 연수프로그램인 비스타 VISTA Visit of International Student to America 시험에 합격했다. 전 세계에서 120여 명의 학생이 비스타 미국연수 프로그램에 참가했는데 한국에서는 반 총장을 포함해 4명의 학생이 선정되었다.

미국에 체류하는 30일 동안 샌프란시스코 등 미국 각지를 돌아다니며 미국의 가정과 학교생활, 봉사활동을 경험한 것도 소중한 자산이 되었지만, 무엇보다 반 총장의 인생에 큰 영향을 미친 것은 백악관에서 케네디 대통령을 만난 일이었다.

한국의 시골마을에서 비행기로 15시간을 날아와 만난 케네디 대통령은 반 총장의 인생에 크나큰 영향을 미치게 된다.

세계 각국의 학생들에게 둘러싸인 케네디 대통령이 한국에서 온 반 총장에게 물었다.

"학생은 앞으로 무엇이 되고 싶어요?"

케네디 대통령이 상냥한 미소를 지으며 반 총장을 바라보았다.

"저의 꿈은 외교관입니다."

반 총장은 마치 오래전부터 준비하고 있었던 것처럼 자신도 모르게 '외교관' 이라는 단어를 내뱉었다. 지금까지 막연하게 간직했던 외교관의 꿈이 더욱 구체적인 모습으로 반 총장에게 다가왔다. 케네디 대통령과의 만남으로 반 총장의 꿈은 더욱 확고해졌다.

반 총장은 케네디 대통령을 만난 이후 오로지 외교관의 꿈을 향해 전진했다. 서울 대학교 외교학과에 입학한 것도 외교관의 꿈을 이루기 위한 과정의 하나였다.

반 총장은 케네디 가문의 가훈인 '1등을 하라. 2등은 패배다' 라는 문구를 좋아한다. 물론 겸손과 겸양을 미덕으로 여기는 집안에서 자라난 반 총장이지만 그는 꿈을 향해 열심히 노력하면 반드시 이룰 수 있고 최고가 된다는 확신을 가지고 있었다. 하지만 동시에 열심히 공부하고 노력해 일등이 되는 일이 많았지만 언제나 겸손한 마음을 잃지 않았다.

반 총장은 2006년 10월 13일 유엔 사무총장 임명 수락연설에서 다음과 같이 말했다.

"저는 겸손으로 최상의 결과를 내놓겠습니다. 제가 솔선수범해서 (유엔을) 이끌 것입니다. 약속은 지키기 위해서 존재합니다. 이것이 제 평생을 지배해온 신념입니다.I will seek excellence with humility. I will lead by example. Promise should be made for the keeping. This has been my motto in life."

반 총장은 언제나 최상의 결과를 내놓기 위해 노력했지만 그 결과에 대해서는 자랑이 아니라 겸손으로 일관했다. 언제나 1등을 목표로 꾸준히 노력했지만 정작 1등이 되었을 때는 마치 꼴찌인 것처럼 자신을 낮추었다.

1등을 하더라도 꼴찌처럼 겸손하라

반 총장의 꿈을 더욱 단련시키고 인생에 큰 영향을 미친 케네디 대통령은 어떤 사람이었을까.

케네디 대통령의 증조할아버지는 1849년 아일랜드에서의 생활을 청산하고 가족들과 함께 '아메리칸 드림'을 안고 미국에 이민 왔다. 다른 이민자들처럼 영국에서의 종교적인 박해를 피해서 온 것도 아니고, 성공하기 위해 조국을 떠난 것도 아니고, 단지 가난이 싫어 먹고 살기 위해서 미국행을 선택했다.

케네디 가문은 '1등을 하라. 2등은 패배일 뿐이다' 라는 가훈을 가지고 있다. 이국땅에서 갖은 고생을 해가며 케네디의 할아버지2대가 주의원이 되고, 케네디의 아버지3대가 영국대사를 하고, 케네디4대가 최연소 미국 대통령이 될 수 있었던 것은 그들의 가훈처럼 최고를 향해 노력한 결과였다.

지긋지긋한 가난이 싫어 케네디 가문은 빈손으로 미국에 왔지만 그들은 미국 정치를 주도하는 명문가문으로 자리 잡았다.

특히 케네디 대통령은 1961년 대통령에 당선돼 1963년에 암살당하기까지 겨우 2년 동안 대통령 자리에 있었지만, 그는 미국 민주주의의 상징이 되어 미국 국민들의 사랑과 존경을 한 몸에 받고 있다. 가난한 농사꾼의 자손이었던 케네디 가문은 1등주의 정신과 노력으로 하버드 대학과 깊은 인연을 맺게 된다.

케네디의 아버지와 케네디 대통령을 포함한 4명의 아들이 모두 하버드 대학을 졸업해 5부자가 모두 하버드 대학의 동문이다. 이후 케네디 가문의 자손들은 하버드 대학 진학이 인생의 필수코스가 되었다. 자손들이 땀을 흘려 1등주의 가훈을 실천하고 있기 때문이다.

하버드 대학에는 케네디 가문의 이름을 딴 케네디 스쿨이라는 행정대학원이 있다. 아일랜드에서 이민을 와서 갖은 역경과 어려움을 견뎌내고 최연소 미국 대통령을 배출한 케네디 가문을 기리기 위한 것이다.

나는 2005년 미국 텍사스 주 댈러스에 있는 케네디 기념관을 방문한

적이 있다. 케네디 대통령이 리무진을 타고 선거운동을 하다 암살범의 총탄을 맞고 사망한 자리가 도로에 하얀 'X' 자로 표시되어 있었다.

케네디 기념관은 암살범인 오스왈도가 케네디 대통령을 저격하기 위해 숨은 장소를 개조해 만들었다. 전 세계에서 몰려든 관광객들이 케네디 대통령을 애도하기 위해 방문하는데 특히 어린이들이 역사의 현장을 체험하기 위해 많이 온다고 한다.

고등학교 3학년 때 케네디 대통령을 만나 외교관의 꿈을 확고히 한 반 총장도 1983년 하버드 대학의 케네디스쿨에서 유학을 하게 된다. 반 총장의 1등주의 정신은 유감없이 발휘돼 케네디스쿨 전 과정에서 최고점수인 'A+'를 받았으며 졸업식에서 하버드 대학 설립자상을 수상했다.

케네디 가문과 반기문의 1등주의 정신이 서로 통했던 결과였을까. 우연치고는 대단한 우연이다. 아니, 뜻을 세우고 열심히 노력하면 모든 것은 서로 통하게 되어 있다는 필연일지도 모를 일이다.

29

세계는
멀티 플레이어를 원한다

멀티 플레이어

세계 각국의 특파원들과 인터뷰나 기자회견을 할 때에는 세계 각국의 이해관계가 걸려 있는 질문들이 쏟아지는데 어떤 때는 답변이 어려운 질문들도 있습니다. 늘 역사를 공부하고 세계 각국에서 일어나는 일들의 백그라운드를 공부해야 합니다. 하도 세상을 많이 돌아다니다 보니 지금은 인사말 정도는 15개국 언어로 할 수 있을 정도입니다.

—반기문

반 총장은 멀티 플레이어다. 여러 다른 분야를 두루 섭렵하면서 자신의 전문 분야를 더욱 넓혀 나간다. 자신의 전문분야 이외에는 별다른 지식과 상식이 없어 친구들과의 대화에 끼지 못하는 사람들과는 다르다.

이는 외교관으로서 쌓은 폭넓은 경험이 바탕이 되었겠지만, 기본적으로 꾸준히 자신의 영역을 넓혀나가고 새로운 분야를 개척하려는 의지와 노력이 없었다면 불가능했을 것이다. 외교관으로서 영어는 기본이고 반 총장은 요즘 프랑스어 공부에 몰두하고 있다. 지금도 국제회의에서 의사소통에 큰 불편을 느끼지 않을 정도로 능숙하게 불어를 구사하지만, 좀 더 세련된 불어로 대화하기 위해 틈나는 대로 불어공부를 한다. 유엔이라는 국제무대에서 영어만으로는 인정받을 수 없으며, 다른 외국어, 특히 외교 언어인 불어를 마스터해야 한다는 생각에서다.

반 총장은 2006년 선거기간 중 자주 연설을 했는데 영어와 불어를 섞어서 구사하는 경우가 많았다. 하나만 잘해서는 안 되고 대화와 협상이 중요한 국제무대에서 또 다른 자신만의 무기가 필요하다고 생각했었기 때문이다.

이는 반 총장의 업무 스타일에서도 여실히 나타난다. 2007년 3월 유엔본부 4층에 있는 오스트리아 기자가 나를 찾아왔다. 내가 오스트리아 기자에게 먼저 물었다.

"취임한 지 4개월이 지났는데 반 총장을 어떻게 평가하세요?"

오스트리아 기자는 잠시 생각에 잠기더니 "좀 더 지켜봐야겠지만 지금은 아주 좋아요. 저는 사실 당선 전까지만 하더라도 반 총장이 특정 분야에 대해서만 아는 문외한인줄 알았는데 지금은 생각이 달라졌어요. 그는 멀티 플레이어입니다."

나는 무슨 영문인지 궁금했다. 왜 오스트리아 기자의 생각이 변한 것일까. 사정은 이러했다. 오스트리아 기자는 환경보호에 관심이 많은 사람이었다. 지구온난화 등 기후변화로 지구가 몸살을 겪고 있는데 대해 걱정을 많이 하고 있었으며, 반드시 국제사회가 공동으로 적절한 조치를 취해야 한다고 생각하고 있었다.

반 총장이 당선되기 전 그는 반 총장에게 질문할 기회가 있었다고 한다. 오스트리아 기자는 지구온난화에 대해 질문을 던졌고, 반 총장은 나름대로의 답변을 했다. 하지만 오스트리아 기자는 환경전문가였던 만큼 반 총장의 답변이 뭔가 부족하고, 만족할 만한 수준의 명쾌한 답은 아니었다고 말했다. 그래서 솔직히 그 당시에는 반 총장을 좀 더 지켜보아야겠다는 생각을 하게 되었다고 한다.

그리고 수개월이 지난 지금, 그는 반 총장이 지구온난화와 기후변화에 대해 높은 관심을 기울이는 것은 물론 폭넓은 식견을 가지고 있는 것에 대해 놀랐다고 한다. 옛날 반 총장과 지금의 반 총장은 180도 다르다는 것이 그의 설명이었다. 오스트리아 기자가 말했다.

"반 총장이 할 일이 산더미처럼 쌓여있을 텐데 이렇게 짧은 시간 내에 남들은 별반 관심도 기울이지 않는 환경문제에 높은 식견을 쌓았다는데 대해 사실 놀랐습니다. 반 총장이 오직 유엔개혁에만 몰두하고 있는 줄 알았는데, 환경과 기후 분야에도 그는 전문가 수준의 지식을 가지고 있었어요. 그는 진정한 멀티 플레이어입니다."

하나에만 빠지지 말고 폭넓게 배워라

사실 반 총장은 주어진 일을 처리함에 있어 빈틈이 없을 정도로 철두철미하다. 자신이 그 분야의 전문가가 될 정도로 매달린다. 유엔을 출입하는 한국 특파원들과의 만남에서도 반 총장은 이 같은 점을 강조하곤 했다.

"해야 할 것이 너무 많아요. 그리고 국제사회에서 얼마나 많은 일들이 벌어지고 있는지 실감하고 있어요. 아프리카에서 어떤 일이 벌어지고 있는지, 멀리 떨어진 중동에서 어떤 분쟁이 일어나고 있는지, 중동 분쟁의 원인은 무엇이고 어떠한 해결책을 제시해야 될지, 지금부터 공부를 해야 될 것 같습니다."

반 총장이 당선 초기 한국 특파원들과의 만남에서 한 말이다. 이후 반 총장은 아프리카와 중동, 이라크 등 국제 분쟁이 일어나고 있는 지역에 대해 공부했다. 「뉴욕타임스」「파이낸셜타임스」 등 외국신문을 보는 것은 물론이고, 전문서적을 읽기도 하고, 전문가들의 의견을 경청하기도 했다.

자신이 맡고 있는 분야에서는 결코 남에게 뒤져서는 안 된다는 자신만의 철학과 노력으로 반 총상은 취임 몇 개월 만에 지구 구석구석에서 일어나고 있는 일을 부처님 손바닥 보듯 훤히 꿰고 있었다.

직원들이 올린 보고서의 내용 중 잘못된 부분을 지적하기도 하고, 숫자표기가 잘못 되었을 때에는 이를 찾아내는 예리함을 보여주었다. 유엔 사무국 직원들은 반 총장이 유엔의 '멀티 플레이어'로 빠르게 변신하고 있는 것에 대해 놀랐다.

물론 유엔이 처리해야 할 국제문제가 한두 개가 아니고 반 총장이 모든 분야를 총괄하는 유엔의 수장으로서 국제 문제 전반을 알아야 하는 것은 당연한 일이지만, 반 총장은 자신이 맡고 있는 분야에서는 최고가 되고자 한다. 반 총장의 이러한 정신이 그를 멀티 플레이어로 만드는 것이다.

반 총장이 집무하는 유엔본부에서 걸어서 5분 거리에 주유엔 한국 대표부가 있다. 반 총장이 유엔 사무총장에 당선되기까지 온갖 궂은 일을

반 총장이 중동 국가를 방문했을 때 한 여학생으로부터 질문을 받고 있는 모습. 반 총장은 폭넓게 배우고 이해하는 멀티 플레이어가 되라고 말한다.

도맡아 한 곳으로, 대한민국을 대표해 유엔의 주요 회의와 의사결정에 참여한다.

이 건물 10층에 박은하 여성 참사관이 있다. 남편은 반 총장을 그림자처럼 따라다니며 반 총장을 보좌하고 있는 김원수 특별보좌관이다. 이들 부부는 '외교관 커플 1호'로 이미 국내에서 유명세를 타기도 했다. 남편인 김원수 특별보좌관이 외무고시 12회, 박 참사관이 19회 출신이다.

반 총장을 따르는 사람들

박 보좌관은 2007년 3월 유엔본부에서 열린 제51차 유엔 여성지위위원회에서 2009년 3월까지 제52차, 제53차 회기의 부위원장으로 선출된 인물이다. 한국 외교관이 여성지위 위원장에 선출된 것은 박 참사관이 두 번째로, 그만큼 값진 자리라고 할 수 있다.

박 참사관도 반 총장처럼 멀티 플레이어다. 영어는 기본이고 중국어에도 능통하다. 지난 2003년 8월 베이징 주재 한국대사관으로 발령 났을 때, 중국어 공부에 매달렸다. 자신에게 주어진 좋은 환경을 이용해 무엇이든지 하나 제대로 이루고 가야 한다는 생각에 중국어를 마스터하기로 결심했다고 한다.

"매일 아침 1시간씩 중국어 강좌를 들었어요. 아무리 오랫동안 중국에 산다고 하더라도 공부를 하지 않으면 몇 년이 지나도 중국어 한마디도 못하거든요. 얼마나 창피한 일이에요. 처음에는 아무것도 몰랐지만 이를 악물고 그렇게 3년을 공부하니까 중국어에 능통하게 되더라고요." 박 참사관의 설명이다.

박 참사관은 한국을 대표하는 주유엔 한국대표부의 외교관이자 유엔 여성지위위원회의 부위원장으로 일하는 멀티 플레이어다. 영어와 중국어를 모두 구사하는 언어의 멀티 플레이어이다. 꾸준히 자신의 능력과 실력을 쌓고, 기회가 왔을 때 그 기회를 잘 활용했기 때문에 가능한 것이었다. 부단한 노력을 기울이지 않으면 멀티 플레이어는 고사하고 자기 분야에서도 두각을 나타내지 못하게 된다.

박 참사관은 반 총장과 남편 얘기도 나에게 들려주었다.

"반 총장님은 일을 사랑한다는 표현이 맞을 거예요. 너무나 정열적으로 일을 하셔서 옆에서 지켜보고 있으면 저도 더 열심히 해야겠다는 생각이 들 때가 많아요. 자극제가 되는 셈이죠. 반 총장님과 남편은 주말에도 전략회의를 열거나, 사람들을 만나 인터뷰를 하거나 해요. 너무 바쁘죠. 제대로 쉴 때가 거의 없는 것 같아요. 가끔은 남편과도 오붓한 시간을 가지고 싶지만 쉽지 않아요. 그래도 괜찮아요. 두 분 다 유엔과 대한민국을 위해서 열심히 일하는 것이 아니겠어요."

박 참사관이 웃으며 말했다.

여기서 잠깐 우리들의 사회생활, 학교생활을 되돌아보자. 우리들은 과연 멀티 플레이어인가. 지금 하고 있는 일 이외에 자신의 능력을 계발하고 발전시키기 위해 무엇을 하고 있는가.

점점 경쟁이 치열해지는 현대 조직사회에서는 멀티 플레이어의 중요성이 더욱 부각된다. 사람들은 보통 새로운 도전을 하지 않으려고 한다. 지금까지 자신이 해왔던 일을 무의미하게 반복하는 것에 길들여져 있다. 별도의 노력이나 수고를 하지 않으려고 한다.

하지만 반 총장은 하나의 임무가 완수되면 거기에 그치지 말고, 새로운 임무를 설정하고 또다시 도전하라고 얘기한다. 앞으로 조직사회를 이끌어갈 사람은 멀티 플레이어 인간형이기 때문일 것이다.

30

직업은
일찍 결정하라

직업

사람은 천성과 직업이 맞을 때 행복하다.
—베이컨

반 총장과 버핏 회장은 많은 공통점을 가지고 있다. 부지런하고, 열심히 노력하고, 남을 먼저 배려하는 등 손으로 헤아리기 힘들 정도이다. 그중에서도 가장 눈에 띄는 것은 이른 나이에 자신들의 직업과 꿈을 결정하고, 목표를 향해 실천했다는 점이다.

반 총장과 버핏 회장은 우연의 일치인지는 모르지만 모두 19살의 나이에 미래의 직업과 꿈을 결정했다. 일찍부터 자신이 이루고자 하는 목표를 설정하고, 그 목표를 향해 달려갔다는 공통점을 가지고 있다. 목표를 정하고 살아가는 삶과 아무런 목표 없이 생활하는 삶에는 하늘과 땅만큼의 큰 차이가 있다.

자신이 갖고자 하는 직업과 꿈을 미리 정해놓고 인생 설계를 하면 큰 어려움이 있거나 도전이 있어도 쉽게 포기하지 않는다. 오뚝이가 넘어졌다 다시 일어서는 것처럼 목표와 꿈이 있기 때문에 다시 일어서는 힘과 용기를 얻게 된다.

하지만 목표 없는 삶을 살다보면 나침반 없이 표류하는 배처럼 이리저리 흔들리게 된다. 그리고 앞에 큰 장벽이 있을 때에는 쉽게 포기하게 된다. 반 총장과 버핏 회장은 우리들에게 빨리 직업과 꿈을 결정하고, 정해진 목표를 향해 매진해야 한다고 가르친다.

반 총장 19살 때의 꿈

앞서 말했듯 반 총장은 고등학교 3학년인 19살 때 외교관이 되기로 마음을 굳혔다. 어린 시절부터 세계무대에서 활동하고 싶다는 막연한 꿈을 안고 영어공부에 몰두했는데, 19살 때에는 막연한 꿈이 구체적으로 결정되었다.

반 총장은 19살 때 백악관에서 당시 미국 대통령이었던 존 F. 케네디 대통령을 만난다. 한국을 대표하는 장학생으로 뽑혀 백악관을 방문했을 때 케네디 대통령이 "장래의 희망이 무엇이냐"고 묻자, 반 총장은 "저는 외교관이 될 겁니다"라고 씩씩하게 대답한다.

반 총장은 고등학생 때 외교관을 자신의 직업으로 결정했다. 그는 이후 계획된 삶을 살게 된다. 난관을 만나더라도 포기하지 않고 오로지 외교관이 되고 말겠다는 꿈을 향해 달려나갔다.

반 총장의 부모님은 아들이 공부를 잘하니까 내심 의과대학에 가서 의사가 되기를 바라는 눈치였다. 하지만 반 총장은 국제무대에서 활동할 수 있는 외교관이 되기로 이미 마음을 굳혔기 때문에 오히려 부모님을 설득해 외교관의 꿈에는 변함이 없다는 점을 강조했다.

여기서 중요한 점은 부모님이 반 총장의 생각과 의사를 존중해 주었다는 것이다. 반 총장의 꿈이 외교관이라는 것을 확인한 부모님은 아들에게 진로를 바꾸라든가, 꿈을 바꾸라든가 하면서 부모의 생각을 아들에게 강요하지 않았다. 아들의 뜻을 존중해 아들이 꿈을 이룰 수 있도록 물심양면으로 지원해 주었다.

오늘날 우리 주위에는 자녀들의 적성과 꿈은 무시하고 부모의 생각대로 아이들의 진로를 결정해버리는 부모들이 많다. 자녀의 성적이 부모가 원하는 대학이나 학과에 입학할 수준이 안되면 재수를 시키거나 심지어 삼수를 강요하기도 한다. 이는 오히려 자식들의 꿈을 빼앗아가는 행동이다.

반 총장의 부모는 철저하게 아들의 꿈과 적성을 존중해 힘을 실어주었다. 반 총장은 황소의 뿔처럼 단단한 꿈과 바다처럼 넓은 부모님의 지원과 응원을 등에 업고 서울대학 외교학과에 당당히 입학한다. 외교관이 되기 위해서는 외교학과에 입학하는 것이 정통코스였다.

외교학과에 입학한 반 총장은 외교관이 되기 위한 1차 관문을 넘었다. 그리고 그는 2차 관문인 외무고시를 준비한다.

반 총장에게는 외교관이라는 꿈이 있었기 때문에 외교학과를 지원하고, 외무고시에 도전하는 계획표가 이미 만들어져 있었던 것이다. 반 총장이 대학생활을 하면서 직업 때문에 고민하거나, 장래 문제로 흔들리지 않고 오로지 공부에 매진할 수 있었던 것도 고등학교 때 이미 꿈이 있었기 때문이다.

결국 반 총장은 서울대학 외교학과 졸업과 동시에 1970년 외무고시 3기에 차석으로 합격하게 된다. 반 총장의 꿈은 그렇게 이루어졌다.

버핏이 19살 때 결정한 직업

반 총장이 19살 때 외교관이 되기로 마음을 굳혔던 것처럼, 세계 최고의 부자인 워렌 버핏도 반기문과 마찬가지로 19살 때 주식투자가가 되기로 결심한다. 자신의 직업과 꿈을 상당히 일찍 결정한 것이다.

버핏은 초등학교 4학년인 11살 때 주식투자를 처음 시작했다. 주식브로커였던 아버지의 영향을 받아 버핏은 일찍부터 주식투자의 세계를 경험하게 되었다.

여기서 눈여겨보아야 할 대목은 버핏의 아버지가 어린 버핏의 적성과 능력을 재빨리 간파하고 버핏이 주식투자에 나서는 것을 적극적으로 도와주었다는 점이다. 어린 버핏이 할아버지의 식료품가게에서 코카콜라를 받아와 웃돈을 받고 동네 사람들에게 팔고, 신문배달로 돈을 벌고, 핀볼 대여사업으로 큰돈을 버는 등 비즈니스 감각이 탁월하다고 판단했기 때문이다.

버핏의 아버지는 아들에게 '어린 녀석이 무슨 주식투자냐' '공부나 열심히 해라' '주식투자는 위험하다' 고 말하지 않았다. 오히려 어린 버핏이 관심 있는 분야를 북돋아주고 지원해 주었다.

아이들이 주식투자를 하고, 사업을 한다고 하면 얼마나 많은 한국 부모들이 아이들의 의견을 존중해 줄까. 분명 버핏의 아버지는 보통의 한국 부모들과는 생각이 달랐다.

버핏의 아버지는 어린 버핏이 재능과 적성을 살려 금융 분야에서 일하기를 원했다. 버핏이 고등학교를 졸업할 즈음, 아버지는 금융 분야에서 세계적인 명성을 얻고 있는 미국 동부의 명문 펜실베이니아 대학의 와튼Warton스쿨을 권유했다. 버핏은 아버지의 뜻을 받아들여 와튼 스쿨에 입학하게 된다. 버핏의 적성과 아버지의 뜻이 맞아떨어졌던 것이다.

버핏이 막연하게 주식투자가로서의 꿈을 간직하고 있었던 19살 때 그는 주식투자가가 되기로 마음을 굳힌다. 근대 증권투자의 아버지로 불리는 벤저민 그레이엄 교수의 『현명한 투자자The Intelligent Investor』를 읽고 그는 주식투자의 세계에 매료된다. 한 권의 책이 버핏의 인생을 바꾸는 계기가 된 것이다.

이후 그는 벤저민 그레이엄 교수가 교편을 잡고 있는 뉴욕의 컬럼비아 대학에 입학해 주식투자의 이론을 배우고, 전문적인 주식투자가로 변모하게 된다.

버핏, 25살에 백만장자가 되다

일찍이 자신의 꿈과 직업을 결정하고 주식투자가의 길로 들어선 버핏은 25살 되던 때에 백만장자의 대열에 합류한다. 친구들은 대학에서 공부를 하거나, 신입사원으로 사회생활을 시작할 때에 버핏은 남부럽지 않은 부富를 가지게 된다. 그리고 33살의 젊은 나이에 버크셔 해서웨이를 사들여 CEO가 된다.

이처럼 버핏이 젊은 나이에 주식투자가로서의 명성을 날리며 세계적인 부자가 될 수 있었던 것은 19살 때 일찍이 자신의 직업과 꿈을 결정하고 한 가지 목표를 향해 노력했기 때문이다. 이는 반 총장이 19살 때 외교관이 되기로 결심하고, 쉼 없이 노력한 것과 똑같은 과정이다.

반 총장과 버핏 회장은 우리들에게 적성과 재능을 빨리 발견하고 꿈을 일찍 결정하라고 주문한다.

1962년 필립 나이트 Philip Knight와 오리건 대학 육상코치였던 빌 보워먼 Bill Bowerman이 의기투합해 스포츠회사를 세웠다. 설립 당시 나이트의 나이는 25살이었다. 젊은 친구들이 부모와 주변의 반대를 무릅쓰고 스포츠회사를 만들어 아디다스에 도전장을 내민 것이다.

지난 1960년대 독일의 아디다스 Adidas는 세계적으로 유명한 스포츠신발 브랜드였다. 그 누구도 도전할 수 없는 거대기업이었다.

누구나 무모한 도전 challenge이고, 승산이 없는 싸움이라고 생각했다. 모두들 부정적으로 생각했다.

하지만 이들 젊은이들은 아디다스를 이길 수 있다는 희망과 열정으로 그들의 계획을 실행에 옮겼다. 물론 처음에는 힘이 들었다. 브랜드 인지도도 없었고, 영업방법도 잘 몰랐고, 사업자금도 충분하지 않았다. 하지만 그들은 똘똘 뭉쳐 외쳤다.

"한번 해보는 거야 Just Do It."

일단 도전해보자는 긍정적인 사고였다. '과연 될까?' '안 될 거야' '실패할 텐데' 등과 같은 부정적인 생각이 아니라 '일단 행동으로 옮겨보는 거야' '잘하면 될 수도 있어' '우리가 해보는 거야' 등과 같이 적극적이고 긍정적으로 사물을 바라본 것이다. 모든 멤버들은 고개를 끄덕이고 자리에서 벌떡 일어났다. 이것저것 따져볼 것 없이 바로 해보기로 했다. 오리건 대학과 스탠피드 경영대학원을 졸업한 나이트는 가진 것이 아무것도 없어 트럭에 러닝화를 싣고 운동경기장을 찾아다니며 신발을 팔았다. 나이트는 대학시절 코치였던 보워먼에게 도움을 청했고, 보워먼은 아내가 사용하는 와플 굽는 틀을 바라보다가 틀 속에 약간의 고무를 집어넣고 고무 와플을 만들었다. 그런 다음 그것을 잘라 신발의 밑창에 아교로 접착시켰다. 그리고 자신이 가르치는 팀의 선수들에게 그 신발을 나누어 주고는 그것을 신고 뛰어보라고 했다. 선수들의 반응은 좋았다. 발이 편안하고 탄력성도 좋았다. 이 신발로 나이키는 커다란 성공을 거두었고 1970년대 가장 혁신적인 신발 제조업체로 이름을 날리게 되었다. 나이키의 'Just Do It!' 정신은 이렇게 시작되었다.

그들은 지금 아디다스를 능가하는 세계 최고의 스포츠 브랜드가 되어 있다. 세계적인 농구선수 마이클 조던, 골프선수 타이거 우즈, 테니스 선수 페더러 등이 나이키 광고를 했거나 광고계약을 맺고 있는 선수들이다.

나이키 로고는 그리스 신화에 나오는 승리의 여신 '니케^{NIKE}'의 날개를 형상화했다. 승리^{Victory}의 상징인 'V'자를 비스듬히 눕힌 모양과 닮았다.

이처럼 자신에게 주어진 일을 사랑하는 사람을 성공의 여신은 외면하지 않는다. 성공을 일군 사람들은 타고나는 것이 아니라 작고 낮은 곳에서 시작해 쌓아가는 것이다.

성적에 맞춰 꿈을 바꾸지 마라

잠깐 책 읽기를 멈추고 자신의 현실을 한번 생각해보라. 대부분의 한국 학생들이 고등학교 3학년까지는 꿈과 희망을 이야기하지 않는다. 대학에 합격하기까지는 그것조차 사치에 불과하다. 대학에 입학할 때까지는 오로지 공부에만 몰두한다.

어릴 때부터 소중하게 간직했던 꿈이나 직업은 점점 크기가 작아지거나 변질된다. 자신의 적성과 재능을 살리는 방향으로 학과를 선택하는 것이 아니라 수능성적에 맞춰 대학과 학과를 선택한다.

어릴 때 꿈꾸었던 직업은 수능 성적에 따라 변한다. 의사가 꿈이었는데 호텔경영학과를 지원하거나, 선생님이 장래희망이었는데 전혀 상관이 없는 관광학과를 지원한다.

어떤 학생들은 학과공부에 적응하지 못해 재수를 하거나 다른 학과의 편입시험을 치르기도 한다. 반 총장이나 버핏 회장처럼 자신만의 꿈을 간직하지 않았기 때문에, 아니면 간직하고 있었더라도 실천에 옮기지 못했기 때문에 나타나는 현상이다.

  반 총장과 버핏 회장은 우리들에게 빨리 장래 직업과 꿈을 결정하고, 그 꿈을 향해 노력하라고 강조한다. 목표 없이 이리저리 흔들리면 그만큼 시간과 인생을 허비하게 되고, 자신의 일에 만족하지 못한 채 평생을 불행하게 살 수도 있기 때문이다.

31

실력이 있어야
행운도 따른다

실력

> 흔히 사람들은 기회를 기다리고 있지만,
> 기회는 기다리는 사람에게 잡히지 않는다.
> 우리는 기회를 기다리는 사람이 되기 전에
> 기회를 얻을 수 있는 실력을 갖춰야 한다.
> 일에 더 열중하는 사람이 되어야 한다.
> — 도산 안창호

뉴욕 맨해튼의 유엔본부 3층과 4층에는 기자실이 있다. 일본의 NHK, 중국의 신화통신, 영국의 BBC방송, 미국의 CNN 등 세계 유수의 방송과 신문사들이 반 총장의 일거수일투족을 취재하고, 반 총장이 전개하고 있는 유엔개혁과 세계 평화를 알리기 위해 치열한 보도 경쟁을 벌이고 있다.

기자실 자리는 제한되어 있고 새로 들어오려는 기자들은 많아 유엔 홍보실에서는 기자들이 유엔 출석을 제대로 하고 있는지 수시로 체크한다. 한 달가량 자리를 비울 경우에는 일단 '경고'를 주고 이후에도 기자실 자리를 지키지 못할 경우에는 '퇴거조치'를 내린다.

나는 유엔본부 3층의 기자실에서 취재를 했다. 홍콩과 중동 기자와 같이 한 방을 사용했다. 반 총장이 당선된 이후 반 총장에 대해 기삿거리가 없는지, 뭔가 중요한 단서라도 찾아볼 심산으로 나에게 이것저것 물어오는 해외 기자들이 많았다. 나도 어깨가 으쓱해지는데 한국인으로서의 자긍심이 아닐까 한다.

행운은 땀의 대가로 주어지는 것

홍콩 기자가 나에게 물었다.
"반 총장은 운이 좋은 것 같습니다. 총장이 된 이후로는 복잡했던 문제들이 잠잠해지니까요. 이전까지만 해도 유엔은 골칫거리가 많았는데 반 총장이 당선된 이후로는 조금씩 풀려가는 신호가 나타나잖아요. 북한 핵 문제가 대표적이죠."
사실 유엔본부에서는 반 총장이 당선 전 선거운동 때부터 행운이 따라다닌다는 말이 나돌았다. 어려운 상황에서 이상하게도 반 총장에게 일이 유리하게, 순조롭게 돌아가는 현상들이 많이 나타났다.
"한국에서는 '하늘은 스스로 돕는 사람을 돕는다'는 말이 있답니다. 반 총장이 땀 흘리는 모습에 하늘도 돕는 것이 아닐까요?" 반 총장의 행운은 단지 '운'이 아니라 '노력'과 '땀'의 대가로 주어지는 하늘의 보너스일 것이라고 내가 대답했다. 이 같은 사례는 얼마든지 발견할 수 있다.
2006년 12월 5일 존 볼턴 주유엔 미국 대사가 자리에서 물러났다. 볼턴 대사는 유엔의 운영방향에 큰 영향력을 미치고 있는 미국의 입장을

유엔본부 1층에 걸려 있는 역대 유엔 사무총장의 얼굴 그림. 반 총장은 행운은 땀의 대가로 주어지는 것이라고 강조한다.

대변하는 인물로 유엔의 실세였다. 당시 코피 아난 사무총장이 제시하는 정책에 반대의 목소리를 높일 정도로 실세 중의 실세였다.

볼턴 대사는 미국 보수주의를 표방하는 정치 성향을 가지고 있고, 조지 부시 미 대통령이 북한을 '악의 축'이라고 불렀던 것에 대해 공감하는 인물이었다. 우리말로 극우보수였던 셈이다.

북한은 대화로는 통하지 않는 국가이니까 무력과 채찍으로 다스려야 한다고 주장했다. 북한 핵실험으로 국제사회가 한창 시끄러울 때 유엔의 대북제재 결의안 처리를 주도할 정도로 그야말로 북한 킬러killer였다.

한 달 뒤에 유엔에 입성해 북한 문제를 대화를 통해 풀어야 하는 반 총장 입장으로서는 곤혹스러운 상대임에 틀림없었다. 북한에 대해 강경하게 대응해야 한다고 주장하는 볼턴 대사와 협상을 강조하는 반 총장 간의 갈등이 표면화될 것이라는 게 유엔 주변의 일반적인 분석이었다.

그런데 볼턴 대사가 반 총장의 취임 한 달을 남겨두고 전격 물러나게 되었다. 유엔을 출입하는 특파원들 사이에서는 평소 볼턴 대사와 친분이 두터웠던 반 총장이 그의 퇴임을 바랐던 것은 아니지만, 결과적으로 반 총장의 앞길을 열어주는 계기가 되었다는 데 대체로 공감하고 있다.

실제 볼턴 대사는 반 총장이 당선되기 전, 4차 예비투표 결과에 대해 제일 먼저 유엔 안보리 회의장을 나와 "나는 반 총장을 지지한다"고 말할 정도로 반 총장에 깊은 신뢰와 지지를 보내 주었던 인물이었다.

반 총장은 취임 이후 이라크 전쟁과 이란의 핵무기 개발 등 중동 문제를 풀어야 하고, 아프리카 수단에서 자행되고 있는 인종 학살 등에 대처해야 하는 어려운 상황에 있었는데, 일단 북한 문제에 대해서는 한숨 돌리게 된 셈이었다.

이후 북한과 미국은 북한 핵 문제를 대화와 협상을 통해 해결하는 모습을 보이고 있으며, 반 총장도 무거운 짐을 하나 더는 결과를 얻게 되었다.

저는 운이 좋은 사람입니다

반 총장은 선거 운동 기간 중 운이 많이 따랐다는 것을 뉴욕 특파원단과의 모임에서 직접 소개하기도 했다.

선거운동이 뜨겁게 달아올랐던 2006년 6월말, 아프리카연합[AU] 정상회의에서 반 총장을 비롯한 유엔 사무총장 후보들이 연설할 기회가 있었다.

외교관례상 이런 경우 자국에서 맡고 있는 직책이 높은 사람부터 연설하는 것이 보통인데, 어찌 된 영문인지 당시 부총리인 태국의 수라키앗 후보 대신 반 총장에게 먼저 마이크가 돌아왔다.

하지만 마이크가 제대로 작동되지 않아 반 총장은 자신의 비전과 목표를 알리는 데 진땀을 흘려야 했다. 자신의 의견이 제대로 아프리카 대표들에게 전달되었는지 의심스러울 정도였다. 하지만 이마저도 천만다행이었다.

다음 순서로 나선 수라키앗 후보가 연설을 할 때에는 아예 정전이 되어 회의장은 아수라장이 되고 말았다. 반 총장의 가장 강력한 라이벌이었던 수라키앗 후보는 그 해 9월 태국 군부 쿠데타로 상황이 더욱 악화되었다.

뜻밖의 행운은 연이어 찾아왔다. 반 총장은 아프리카 연합 회의에 이어 2006년 7월초 브라질, 멕시코, 엘살바도르 등 중남미 국가들을 잇따라 방문할 계획을 갖고 있었다. 아프리카 일정을 마친 뒤 한국에 들어오지 않고 바로 유럽을 거쳐 첫 방문지인 브라질로 갈 예정이었다.

당시 반 총장은 한국과 아프리카, 한국과 중남미 간 비행거리가 너무 멀어 보통 몇 개 국가를 며칠에 걸쳐 집중적으로 순방하는 계획을 가지고 있었다. 이는 반 총장의 건강이 뒷받침되었기에 가능한 것이었다.

하지만 브라질이 현지 사정으로 양국 외교장관 회담을 가질 수 없다는 통보를 보내왔다. 반 장관은 할 수 없이 일단 7월 3일에 일시 귀국을 하게 되었다.

7월 3일, 귀국한 반 장관은 당시 북한 미사일 발사 동향이 심상치 않게 돌아가고 있는 것을 직감하고 중남미 방문일정을 모두 연기했다.

반 장관의 우려가 현실로 나타나 결국 7월 5일, 북한은 미사일 실험을 강행하고 말았다. 만약 한국 외교의 실무책임자인 반 장관이 한국으로 일시 귀국하지 않고 유럽에서 바로 중남미를 방문했더라면 한국 여론의 십자포화를 맞을 것은 불을 보듯 뻔한 일이었다.

단순한 비판 정도가 아니라 반 장관이 외교부 장관직을 유지한 채 사무총장 선거운동을 하고 있다는 점이 문제시될 수 있었을지도 모를 상황이었다. 결국 반 장관은 브라질 덕분에 격랑의 소용돌이 속에서 외교부 청사를 지킬 수 있었던 것이다.

반 총장 스스로가 자신은 운이 좋은 사람이라고 항상 겸손한 마음으로 말한다. 하지만 반 총장이 말하는 '운運'의 이면에는 직접 발로 뛴 땀방울과 거친 호흡이 감추어져 있다는 것을 나는 알고 있다. 반 총장이 우리들에게 가르치는 '행운론幸運論'의 핵심이다.

32 | 잠들어 있는 **도전 DNA를 깨워라**

도전

꿈꿀 수만 있다면, 무엇이든 이룰 수 있다.
나는 불가능이라는 것을 몰랐다.
나는 뛰어가서 기회를 잡았다.

-월트 디즈니

2007년 4월초 봄볕이 내리쬐는 오후였다. 유엔본부 로비를 걸어가고 있는데 한국 아이로 보이는 꼬마 소녀가 로비에 전시되어 있는 사진을 뚫어지게 쳐다보고 있는 것이었다. 궁금해진 내가 다가가 물었다.

"이름이 뭐니?"
"이소희예요."
"몇 살이니?"
"12살이요. 초등학교 5학년이에요."

꼬마 아가씨가 대답했다. 소희가 호기심 어린 눈으로 보고 있었던 것은 아프리카 난민들의 생활상을 찍은 사진으로, 제대로 먹지 못해 뼈가

앙상하게 남은 흑인들과 병원에서 치료를 받고 있는 흑인 아이들의 모습이었다. 사진으로 보는 것만으로도 얼굴이 찡그려질 정도로 참혹한 광경이었다.

"유엔은 어떻게 왔니?"

내가 다시 물어보았다.

"부모님이랑 여동생 소민이랑 같이 왔어요."

소희는 미국 미시건 주에 살고 있었다. 아빠 회사 일로 1년간 미시건 주에 살게 되었는데 방학을 이용해 뉴욕을 방문했다고 한다. 전날에는 자유의 여신상과 엠파이어스테이트 빌딩을 보았다고 했다.

"유엔에는 왜 왔니? 맨해튼에는 더 재미있는 곳이 많은데."

"반기문 할아버지가 있잖아요. 유엔에서 제일 높다고 하던데요. 한국에서 그렇게 훌륭한 사람이 나왔다는 게 너무나 자랑스러워요. 오늘 유엔에 오기를 참 잘한 것 같아요."

소희는 연신 싱글벙글 웃었다.

"아빠가 반기문 할아버지처럼 꿈을 가지고 항상 도전해야 한다고 말씀하셨어요. 여기 오기 전에는 그게 무슨 말인가 잘 몰랐는데, 반기문 할아버지가 계시는 유엔본부를 보니까 이해할 수 있을 것 같아요. 할아버지가 너무 훌륭해 보여요."

소희가 폴짝폴짝 뛰면서 앙증맞게 대답했다. 소희 엄마가 유엔 관광 견학할 시간이라고 손짓을 하자, 소희는 나에게 손을 흔들며 엄마에게로 달려갔다.

평온한 바다는 결코 유능한 뱃사람을 만들 수 없다

반 총장은 기회 있을 때마다 도전을 강조한다. 지난 1970년 외무고시 3회에 합격해 외교관의 꿈을 이룬 것도 꿈을 향한 도전의 결과였고, 한국인으로는 처음으로 유엔 수장에 오른 것도 도전의 열매였다.

반 총장이 유엔이라는 거함(巨艦)의 선장이 되어 격랑과 파도가 몰아치는 망망대해를 향해 나아가는 데는 큰 걸림돌도 많고, 장애물도 많지만 그는 특유의 도전정신으로 역경을 헤치고 앞으로 나가고 있다. 전임 사무총장들이 아무리 애를 써도 성공하지 못했던 과제를 떠안아 유엔개혁을 진두지휘하고 있으며, 중동 평화와 아프리카 내전종식을 위해 팔을 걷어붙이고 있다. 유엔을 출입하는 300명 이상의 세계 각국 기자들은 반 총장의 유엔을 개혁하려는 도전정신이 어떠한 결과를 낳을지 예의주시하고 있다.

반 총장은 60년 이상의 역사를 가지고 있는 유엔의 조직개편과 인적쇄신을 반드시 해결하고야 말겠다는 굳은 의지로 가득 차 있다.

반 총장이 2006년 2월 14일 유엔 사무총장 출마를 선언했을 당시, 반 총장의 당선을 기대하는 사람은 그리 많지 않았다. 유엔 출입기자들도 다른 후보들과 비교해 반 총장을 낮게 평가했으며, 여러 후보 중의 한 명에 불과하다며 대수롭지 않다는 생각을 했었다.

반 총장에 앞서 이미 수라키앗 사티라타이 태국 부총리와 스리랑카의 자얀티 다나팔라 전 유엔사무차장 등이 출마를 선언했었고, 국제적인 지명도를 가지고 있었던 싱가포르의 고촉동 전(前) 총리를 비롯해 요르단의 제이드 후세인 왕자, 유엔 홍보국을 이끌고 있었던 인도의 샤시 타루르 등이 예상후보로 거론되고 있었기 때문이다. 하나같이 모두들 강력한 경쟁 상대였다.

하지만 반 총장은 '가능성이 있다' 며 긍정적으로 생각했고, 결코 주저하지 않았다. '실패할 것이다' 라고 생각하고 출발하면 결국 실패로 끝날 것이고, '성공할 것이다' 라고 생각하면 불리한 상황도 유리하게 변할 것이라고 확신했다. 싱겁게 뒤로 물러설 생각이었다면 아예 출마조차 하지 않았을 것이다.

반 총장의 뒤에는 열렬히 성원하는 대한민국 국민과 정부가 있었고, 그가 36년의 외교관 생활을 통해 얻은 경험과 경륜이 있었기에, 적극적으로 나선다면 승산이 있는 싸움이라고 확신했다.

하지만 상황은 반 총장에게 결코 유리하게 돌아가지 않았다. 당선되기 위해서는 실질적으로 유엔을 움직이는 유엔 안전보장이사회의 5개 상임이사국, 즉 미국, 영국, 중국, 러시아, 프랑스 등으로부터 모두 찬성표를 얻어야 했다. 어느 나라 하나라도 기권을 하거나 반대표를 던질 경우 당선은 물 건너가게 된다.

당시 유엔 회원국들은 이번에는 아시아에서 사무총장이 나와야 한다는 데 암묵적인 합의를 한 상태였지만, 미국과 영국의 입장이 모호했다. 흰 수염이 인상적이었던 당시 존 볼턴 유엔주재 미국대사는 "지역이 돌아가며 사무총장을 뽑아야 한다는 기존관행을 인정할 수 없으며, 지역에 관계없이 가장 유능한 인물이 선출되어야 한다"며 아시아 이외의 인물을 선호하는 듯한 발언을 하기도 했다.

이와 함께 한국이 분단국가이고, 북한과 대치상태에 있다는 것도 반 총장의 앞길에 장애 요인이었다. 역대 사무총장 중 분쟁국가 출신이 당선된 적은 없었으며, 반 총장의 경우 한반도 문제 해결에 있어 중립적인 입장을 취하기가 힘들 것이라는 주장도 간간이 흘러나왔다.

당시 한국 정부의 국제사회에 대한 재정지원이 인색했다는 점도 장애물로 꼽혔다.

세계 11위를 자랑하는 경제대국으로 올라섰지만 1억 3,000만 달러의 유엔 분담금을 납부하지 않은 상태였다. 또 국제사회는 국가별로 가난한 국가지원을 위한 공공개발원조^{ODA} 기금을 국내총수입^{GNI}의 0.7%까지 확대할 것을 권고하고 있었지만, 우리나라는 당시 그 비율이 0.06%에 불과했다.

유엔 사무총장을 후보로 낸 국가가 유엔 분담금을 제대로 내지 않고 있고, 국가 경제규모에 비해 훨씬 낮은 개발원조금을 낸다는 것이 회원국들에게 좋게 보일 리 없었다.

반 총장은 이러한 악조건에서도 도전의 깃발을 내리지 않았으며, 오히려 더욱 높이 치켜 올렸다. 2월에 공식 출마선언을 하고 10월에 사실상 사무총장으로 내정될 때까지 8개월 동안 4차례의 예비투표가 있었다.

예비투표는 유엔 회원국들이 반 총장의 업무능력과 사람 됨됨이를 모의투표로 알아보는 것으로, 반 총장으로서는 회원국들로부터 '성적표'를 받아보는 시험이었다. 유엔에서 예비투표는 '스트로폴$^{straw\ poll}$'이라고 부른다. 스트로^{straw}는 우리말로 '지푸라기'를 뜻하며, 폴^{poll}은 '여론조사'를 의미한다.

그럼 어떻게 지푸라기로 여론동향을 알 수 있을까. 골프경기를 보면 쉽게 이해할 수 있다. 골프 TV중계를 자세히 보면 골프 황제인 타이거우즈나 한국이 낳은 세계적인 여자 골프스타인 미셸 위, 박세리 선수가 종종 잔디를 뜯어 바람에 날리는 것을 볼 수 있다.

바람이 어느 방향에서 어디로 불고, 얼마 정도의 속도로 불어오는지를 파악하는 것으로, 이를 감안해 자신의 샷을 하게 된다. 골프선수가 잔디를 날려 바람의 방향을 알아내는 것처럼 스트로폴을 통해 여론의 동향을 파악할 수 있다.

실패를 모르는 사람은 도전하지 않은 사람이다

그럼 과연 반 총장의 예비투표 결과는 어떻게 나타났을까. 기대 이상이었다. 1차부터 4차까지 모두 선두를 달린 것으로 나타났다. 투표를 하면 할수록 반 총장에게 좋은 성적표가 주어졌다.

초등학교부터 대학 때까지 항상 '수'를 받는 우등생이었던 반 총장이 사무총장 선거에서도 당당히 '수'를 받았던 것이다. 대세가 반 총장에게 기울어지고 있다는 것을 감지한 일부 후보들은 중도에 스스로 물러났다. 승산이 없다는 것을 일찌감치 깨달았기 때문이다. 마지막 4차 투표가 있었던 2006년 10월 3일, 사실상 반 총장이 유엔 사무총장에 당선된 그날의 감동과 기쁨을 나는 잊을 수가 없다. 투표결과를 기다리며 한국 특파원들은 유엔 안전보장이사회 회의실 앞에 있는 언론 브리핑 구역에 진을 치고 있었다. 200명 이상의 외신 기자들도 숨을 죽이고 결과를 기다리고 있었다.

드디어 각국 유엔 대표들이 하나 둘씩 회의장을 빠져나오며 반 총장의 '승리'를 알리기 시작했고, 한국 특파원들은 핸드폰을 꺼내 들고 한국 본사로 서둘러 기쁜 소식을 타전했다.

외신들도 긴급뉴스로 대한민국의 반기문 총장이 제8대 유엔 사무총장에 당선되었다는 소식을 보도하기 시작했다.

평소 가깝게 지내던 일본 특파원이 나의 어깨를 툭툭 치며 '축하한다'고 인사했고, 내 옆을 지나가던 중국 특파원은 엄지손가락을 치켜들며 '대단하다'는 뜻을 전하기도 했다.

내가 마치 사무총장이 된 것처럼 가슴 뿌듯했고, 반 총장이 사무총장으로 결정되는 역사적인 순간을 직접 지켜보았다는 기쁨도 함께 밀려왔다. 그날은 한국 특파원들이 반 총장 관련기사를 쓰느라고 무척 바쁜 날이었지만, 가장 보람된 하루가 아니었나 생각된다.

33 자신부터 변화하라

자기 개혁

CHANGE(변화)의 'G'를 'C'로 바꾸어보라.
CHANCE(기회)가 되지 않는가?
변화 속에는 반드시 기회가 숨어 있다.
―빌 게이츠

반 총장의 집무실은 유엔본부 38층에 있다. 사무총장, 부총장 등 고위 임원들의 방이 몰려 있는 곳이다. 38층 안내 직원들은 "반 총장이 엘리베이터에서 내려 총장실로 걸어가면서 만나는 비서들에게 일일이 인사를 건넨다"며 "항상 그의 웃는 얼굴이 좋다"고 말한다.

반 총장의 집무실은 유엔본부 남쪽의 월스트리트에 있는 투자은행 CEO들의 사무실처럼 화려하고 고급스럽지는 않지만, 뉴욕에서 가장 전망 좋은 방 중의 하나로 꼽힌다. 동쪽으로 이스트 강이 흐르는 것을 볼 수 있고, 서쪽으로는 맨해튼의 고급빌딩 마천루를 감상할 수 있다.

반 총장은 2007년초 당선 직후 38층에서 근무하는 직원들을 모아 놓고 "38층부터 개혁에 들어갈 것"이라고 조용하지만 묵직한 지침을 내렸

유엔본부 38층에 있는 반 총장의 집무실이다. 반 총장은 자신부터 개혁해야 미래에 발전이 있다고 말한다.

다. 38층 직원들은 바짝 긴장했지만 이날 반 총장의 지침은 자기 자신에게 한 약속이었다. 거대한 유엔조직을 효율적으로 이끌어가고, 자신의 선거 공약이었던 유엔개혁을 성공적으로 수행하기 위해서는 '자신으로부터의 변화와 개혁'이 필수적이라고 생각했기 때문이다.

반 총장이 당선되기 전 2006년까지만 하더라도 유엔은 '도덕성 위기'에 놓여 있었고, 주위로부터 따가운 눈총을 받은 것이 사실이다. 비리의 대표적인 케이스가 '유엔 석유식량프로그램OFFO'으로 도덕성이 무엇보다 중요한 유엔의 위상에 먹칠을 한 사건이었다.

유엔 석유식량프로그램은 지난 1996년부터 2003년까지 이라크에 최소한의 인도적 물자공급을 지원했던 프로그램으로, 유엔이 주도적으로 운영했다. 이라크는 1990년 쿠웨이트 침공 이후 세계 각국들로부터 경제

제재를 당하고 있었는데, 유엔이 인도적인 차원에서 이라크 정부가 필요로 하는 식량과 의약품을 구입할 수 있도록 제한적으로 석유판매를 허용했던 것을 말한다. 기아와 가난에 허덕이는 이라크 국민들에게 재정적인 도움을 주자는 취지에서 시행되었다.

7년간 진행된 이 사업의 규모는 600억 달러에 달했다. 외부로부터의 경제제재 때문에 원유수출이 중단됐지만 사담 후세인 전 이라크 대통령은 유엔의 감독과 지시 아래 석유를 팔아 해외에서 사들인 식량을 국민들에게 제공할 수 있었다. 유엔은 이라크의 석유를 해외에 판매할 수 있는 권리를 가진 대행업체를 선정하고, 수출단가를 결정하는 일을 맡았다.

이처럼 막대한 이권이 개입되다 보니 일부 유엔 관리들이 '돈의 유혹'에 흔들리고 말았다. 일부 유엔 관리들이 이라크 석유수출을 주도했던 대행업체로부터 뇌물을 받고, 수출단가를 조작하는 비리를 저질렀다. 또 대행업체들은 남는 이문을 후세인 대통령에게 전달하는 등 '부패의 연결고리'가 고구마 줄기 얽히듯 엉키고 말았다.

세계 언론들은 '이라크의 석유식량프로그램 운영과정에서 세계 각국의 정부관계자와 석유업자, 유엔 관리 등이 연루된 것으로 나타났으며, 이는 전형적인 부패의 연결고리'라며 연일 매도했다.

이들 업체들은 '유엔관리1' '유엔관리2'라는 익명을 사용해 유엔 고위 관리, 실무진들과 접촉한 것으로 나타났다. 불똥은 당시 유엔 사무총장이었던 코피 아난 전前 총장에게까지 번졌다.

코피 아난 사무총장이 이른바 '오일 게이트'로 이름 붙여진 석유식량프로그램에 연루된 계약업체와 직접 접촉한 사실을 암시하는 메모가 발견된 것이었다. 미 의회에까지 제출된 이 계약업체의 메모에는 '우리는 SG유엔 사무총장, Secretary General 및 그의 측근들과 간단한 협의를 가졌다'고 분명하게 명시돼 있었다.

또 이 회사에 근무했던 아난 총장의 아들 코조는 해당 기업에서 거액의 연봉을 받은 사실까지 속속 드러났다.

이 비리사건 이후 코피 아난 사무총장은 책임을 묻는 국제여론의 집중포화를 맞아야 했고, 미국 정부는 줄기차게 아난 총장의 사퇴를 요구했다. 투명성과 도덕성을 지상 최고의 가치로 여기고 있는 유엔의 위신이 땅에 곤두박질친 것은 물론이다.

미 의회도 감탄한 솔선수범

반 총장이 당선 직후 첫 일성一聲으로 직원들에게 요구한 것이 '재산공개'였다. 한국에서 이미 정부 고위관료와 국회의원들을 대상으로 시행되고 있었던 제도를 유엔에 바로 적용한 것이다. 사무차장보 이상 200여 명의 직원 재산을 유엔 내부에 신고하는 것은 물론 일반에 공개하도록 했다.

반 총장은 처음 시도되는 작은 개혁으로 야기될 수 있는 직원들의 저항과 동요를 사전에 차단하기 위해 "나도 공개하겠다"며 못을 박았다. 반 총장이 총대를 멘 것이다.

2007년 1월 26일 반 총장의 재산내역이 유엔 사무총장 웹사이트에 공개되었다. 반 총장이 부인 유순택 여사의 재산을 포함해 공개한 내역은 서울에 있는 아파트 등을 포함해 120~250만 달러 사이로 평가됐다. 반 총장은 자신의 임기기간에는 이 제도를 유지할 것이라는 입장을 분명히 밝히기도 했다.

동요했던 직원들도 더 이상 버틸 재간이 없었다. 장군이 창을 들고 적진으로 들어가는데, 뒤따르는 사람들이 도망을 치는 일은 양심의 문제였다.

직원들의 재산내역은 사무국에 일괄적으로 모아졌고, 회계컨설팅 회사인 프라이스워터하우스쿠퍼스의 검토를 거쳐 공개됐다. 반 총장은 2007년 1월 17일 미 의사당에서 하원 위원들을 만나 "유엔의 문화를 반드시 바꾸고야 말겠다는 약속을 지킬 것"이라고 밝혔는데, 이는 그 약속 이행의 시작에 불과했다.

미 하원 외교위원장인 톰 랜토스 위원은 "유엔개혁을 다짐하고, 자신의 재산내역을 공개하겠다는 약속을 한 것은 유엔 역사상 처음 있는 일"이라며 감탄하기까지 했다.

"한국에서는 상식이 되어버린 일이 유엔에서는 새롭게 받아들여지는 일들이 많습니다. 유엔의 개혁 강도가 낮다고 볼 수 있죠. 한국처럼 강도 높게 공직사회 개혁을 추진하는 나라가 드뭅니다. 한국에서의 경험을 유엔에 적용한다면 충분히 성공할 것이라고 자신합니다. 무엇보다 내 자신이 떳떳하기 때문이죠. 리더가 불투명하고, 깨끗하지 않으면 개혁은 출발조차 힘듭니다."

반 총장은 자기로부터의 변화와 개혁이 뒤따라야지만 다른 사람들을 지도할 수 있고, 조직을 리드할 수 있다고 말한다. 자신은 변하지 않으면서 남들에게만 변화를 강요해서는 리더십을 발휘할 수 없다.

마이크로소프트의 빌 게이츠 회장은 자기 개혁을 다음과 같이 설명한다.

"CHANGE변화의 'G'를 'C'로 바꾸어 보라. CHANCE기회가 되지 않는가? 변화 속에는 반드시 기회가 숨어 있다. 내가 성공할 수 있었던 것은 날마다 새롭게 변화했기 때문이다."

변화는 이를 두려워하는 사람에게는 위협이지만, 꿈과 희망이 있는 사람에게는 힘을 북돋아주는 원동력이 된다고 반 총장과 빌 게이츠 회장은 우리들에게 가르치고 있는 것이다.

34
여러분의 가치는 얼마입니까

자기 가치

> 오만한 사람에게는 자기 가치의 절대적인 높이만이 중요하며,
> 허영심이 많은 사람에게는 자기 가치의 상대적인 높이만이 중요하다.
>
> —게오르그 짐멜

해외에 나가면 모두 애국자가 된다는 말이 있다. 이국땅에서 말이 통하지 않아 서러움을 당하고 향수병에 걸리기도 한다.

뉴욕을 찾는 한국 사람들은 두 가지 사실을 확인하고 한국이 얼마나 위대한 나라이고, 한국에 태어난 것이 얼마나 큰 행운인지를 실감하게 된다. 뉴욕에 이민 온 교포들은 요즘 어깨에 더욱 힘이 솟는다고 한다.

소수민족으로 눈에 보이지 않게 차별을 당하기도 하고, 이국땅에 하루라도 빨리 정착해야 하는 어려운 생활을 꾸려나가면서도 이들은 맨해튼 42가에만 나오면 어깨춤이 절로 난다.

42가 브로드웨이Broadway에서 동쪽으로 가면 반 총장이 있는 유엔본부가 웅장하게 서 있고, 위쪽으로 눈을 돌리면 커다란 삼성 광고판과 제품

전시장이 있다.

세계의 금융 중심지인 뉴욕. 뉴욕의 한복판 맨해튼을 방문하는 한국 관광객들은 이제 자유의 여신상보다 반 총장이 세계 외교를 진두지휘하는 유엔본부를 더 보고 싶어 한다. 한국을 대표하는 글로벌 기업 삼성과 대한민국의 자존심인 반 총장의 브랜드 효과는 과연 얼마나 될까.

삼성전자와 같은 존재가 되라

맨해튼 42가에는 삼성 전자 광고판이 걸려 있다. 한국 기업으로는 LG전자와 삼성전자, 단 두 개 기업이 42가에 광고판을 걸고 있을 뿐이다.

브로드웨이에서 일본 회사를 제외하고는 아시아 기업 광고판을 구경하기는 거의 힘들며, 월스트리트를 지배하는 금융기관과 세계적인 글로벌 기업만 광고판을 내걸고 있을 정도이다.

뉴욕의 심장부라고 하는 엠파이어스테이트 빌딩을 배경으로 한 영화 '킹콩'을 보면 삼성전자 광고판이 나온다. 또 한 해를 보내는 마지막 날인 12월 31일, 전 세계로 중계되는 맨해튼의 새해 표정을 비추는 42가 타임스퀘어Time Square 광장을 유심히 지켜보면 뉴요커들의 환호와 탄성 속에 자랑스럽게 보이는 삼성전자 로고와 광고판을 확인할 수 있다.

브로드웨이에서 한껏 고무된 기분으로 약 10분가량 북쪽으로 올라가면 더욱 신나는 일이 벌어진다. 한국의 여의도공원과 같이 시민들의 휴식 공간인 센트럴 파크가 보인다. 여기서 왼쪽으로 고개를 돌리면 굴지의 언론 기업인 타임워너 빌딩이 나오고 이 안에 삼성전자 전시장이 있다.

아시아 기업으로는 일본의 소니와 함께 단 두 개 회사만이 맨해튼에 전시장을 가지고 있을 정도로 삼성전자는 높은 가치를 인정받고 있다. 삼성전자가 세계 시장에 내다팔고 있는 핸드폰과 컴퓨터, 카메라, TV 등과 같은 첨단 제품들이 전시되어 있다. 뉴욕 사람들뿐 아니라 뉴욕을 방문하는 해외 관광객들이 삼성제품을 구경하고, 직접 체험하기 위해 들르는 관광명소가 된 지 오래다.

매월 엄청난 금액의 건물 월세를 내고 있지만 삼성 브랜드를 알리기 위해서는 맨해튼만큼 최적의 장소는 없다고 판단해 전략적으로 브랜드 가치 육성장소로 키우고 있다고 한다.

삼성전자 전시장에 모여 호기심 어린 눈으로 이것저것 살펴보는 세계 사람들을 보고 건물 밖으로 나오면 더 한층 한국인으로서의 자존심과 긍지를 느끼게 된다. 볼 것 많고, 들을 것 많은 뉴욕을 둘러보느라 피곤했던 발걸음이 다시 가벼워지는 것을 느낄 수 있다.

삼성전자는 브랜드 인지도를 높이기 위해 매년 '삼성 희망의 4계절'이라는 자선행사를 이곳 전시장에서 개최한다. 골프 황제 아놀드 파머와 전前 NBA 농구선수 매직 존슨, 뉴욕 양키즈 야구단의 조 토레 감독, 루디 줄리아니 전前 뉴욕시장이 모두 회원으로 참여한다. 나도 뉴욕 특파원으로 일했던 지난 3년 4개월 동안 매년 초대를 받아 이들 회원들과 인터뷰를 하곤 했다.

맨해튼 길거리를 지나가는 사람들에게 삼성을 아느냐고 물어보라. 십

중팔구 '예스'라고 대답한다. 삼성의 제품도 뛰어나지만 브랜드 가치를 높이기 위해 삼성이 들이는 수고와 노력이 뒷받침되고 있기 때문이다.

그럼 삼성의 브랜드 가치는 얼마나 될까.

영국의 브랜드 컨설팅 회사인 인터브랜드와 경제 주간지 「비즈니스위크」가 2006년 조사한 '세계 100대 브랜드' 조사결과에 따르면 삼성의 브랜드 가치는 161억 6,900만 달러로 2005년의 150억 달러보다 8% 상승한 것으로 나타났다. 순위는 세계 20위이다.

삼성의 브랜드가치는 일본의 도요타 자동차[7위]와 혼다[19위]에 이어 아시아 지역 3위를 기록했으며, 동종 전자제품 회사인 일본의 소니[26위], 파나소닉[77위]보다 크게 앞섰다. 삼성의 브랜드가치는 글로벌 기업을 지향하고 있다는 것을 실감할 수 있다.

자기계발로 가치를 높여라

기업뿐 아니라 개인도 마찬가지이다. 자신의 능력을 배가시키고, 아이디어를 개발해 자신만의 브랜드 가치를 높여나가야 한다. 삼성전자가 세계무대에서 기업 가치를 높여나가고 있는 것처럼 우리들도 사회생활에서 인정받을 수 있도록 가치를 끊임없이 개발하고 높여나가야 한다.

옛날 일본에서 있었던 일이다.

지난 1600년 9월. 도쿠가와 이에야스[德川家康]가 정권을 잡기 전 세키가하라 전투에서 적군과 격돌했을 때의 일이다. 천하 거상[巨商]인 요도야 죠

야은 도쿠가와 가문이 이길 것을 직감하고 비용을 묻지 않고 이에야스에게 군사들이 사용할 천막을 지어주었다.

요도야의 예상대로 전쟁은 도쿠가와 측의 승리로 끝이 났고, 이에야스는 요도야에게 보답을 하고 싶으니 원하는 것이 있으면 말해보라고 했다.

몇 번이나 사양하기를 거듭한 끝에 요도야는 "들판에 널려 있는 시체들을 치우게 해주십시오"라고 청을 넣었다. 시체 처리에 골머리를 앓고 있던 이에야스는 요도야의 청원이 황당하기도 했지만 막대한 돈을 들여 시체처리에 나설 필요가 없어 당장 허락했다.

다음날부터 요도야는 시체 처리에 착수했으며, 시체 옆에 군사들이 사용했던 투구와 갑옷, 창, 칼 등을 따로 모았다. 손익계산을 따져보니 시체 처리 비용을 다 뽑고도 몇 배의 이익을 챙길 수 있었다.

"역시 천하의 장사꾼이야!"

이에야스가 무릎을 치며 감탄사를 연발했다.

자신의 브랜드가치를 높이는 것이 당장 비용이 많이 들어가고 수고를 아끼지 않아야 하기 때문에 손해를 보는 것처럼 보이지만, 장기적으로 보면 자신의 가치를 높이는 지름길이 된다는 것을 알 수 있다.

삼성전자나 코카콜라 등 글로벌 기업들이 천문학적인 비용을 들여가며 브랜드 인지도를 0.01%라도 끌어올리기 위해 안간힘을 쏟고 있는 것은 이 때문이다.

이제 반 총장의 브랜드 가치에 대해 알아보자. 맨해튼 서쪽에 삼성전자 전시장이 있다면 동쪽에는 반 총장이 우뚝 서 있다. 반 총장의 브랜드

반 총장이 유엔본부 안전보장이사회 회의실에서 관계자들과 함께 한자리에 모였다. 그림 한 가운데 있는 불사조는 꿈과 희망을 상징한다.

가치에 매료된 세계 관광객들이 유엔본부로 몰려들고 있다. 42가 주변의 유엔거리에는 반 총장을 취재하려는 방송사 차량들이 줄을 서 있고, 세계 각지에서 온 관광객들은 유엔본부 건물을 사진에 담으려고 연신 카메라를 터뜨린다.

조금이라도 유엔본부를 더 자세히 보고 싶어 하는 극성 관광객들은 신분증을 맡기고 건물 안으로 돌아와 이곳저곳을 둘러본다. 아예 1층 관광안내소에 신청서를 내고 유엔 가이드의 '유엔 투어'를 경험하기도 한다.

영어뿐 아니라 한국어, 일본어, 중국어, 아랍어 등 언어를 마음대로 선택할 수 있다. 학교 교과서에서만 보고 배웠던 안전보장이사회, 신탁통

치이사회, 유엔 총회실 등을 둘러보기도 하고 반 총장의 성품과 지위에 대해서도 자세한 설명을 들을 수 있다.

관광 가이드의 이야기로는 반 총장 당선 이후 관광객 수가 20~30%가량 크게 늘어 요즘은 눈코 뜰 새 없이 바쁘다고 한다. 특히 1층 로비를 돌아다니다 보면 한국, 일본, 중국 등 동양계 관광객들을 특히 많이 보게 되는데, 마치 여기가 미국이 아니라 아시아의 중심에 와 있는 듯한 착각이 들 때도 있다.

과연 반 총장의 브랜드 위력은 어떠할까.

2006년 11월 산업정책연구원이 '브랜드 컨퍼런스 2006'에서 세계 39개국의 브랜드 가치를 평가한 결과 한국의 브랜드 가치는 8,659억 달러로 세계 10위에 해당되는 것으로 나타났다. 이는 2005년의 5,948억 달러로 세계 13위에서 3계단 뛰어오른 것이다.

연구원 관계자는 "한국 브랜드 순위가 높아진 것은 외국인들의 한국에 대한 심리적 친근도가 크게 향상되었기 때문이기도 하지만, 반기문 유엔사무총장 당선이 브랜드 파워지수에 상당한 영향력을 미쳤습니다"라고 설명했다.

반 총장 개인의 브랜드가 국가 브랜드 상승에 큰 도움이 된 것이다.

반 총장의 개인 브랜드는 유엔 사무총장 당선 때부터 갑자기 만들어진 것이 아니라 과거 반 총장이 뿌린 자기계발의 노력이 모이고 모여 만들어진 것이다. 삼성 브랜드도 마찬가지이다.

기업이건 개인이건 브랜드가치는 어느 한 순간에 만들어지는 것이 결코 아니다. 하루하루 흘린 작은 땀방울과 노력이 모여 나중에 큰 가치를 지니게 되는 것이다. 우리 모두는 아직 젊다.

신체지수는 나이가 들어감에 따라 낮아지겠지만, 열정과 의욕을 가지고 있다면 정신적인 젊음지수는 높은 상태를 유지할 수 있다. 젊다는 것은 무한한 가능성과 잠재력, 열정과 의욕을 가지고 있다는 것을 뜻한다.

우리가 가지고 있는 가장 큰 무기는 돈이나 명예가 아니라 바로 '젊음'이라는 두 글자이다. 지금이라도 늦지 않았다. 자신만의 브랜드를 만들고 가치를 높이기 위해 무엇을 해야 할 것인지 곰곰이 고민해야 할 때이다. 우리 인간의 존재이유는 '가능성' 그 자체라는 사실을 잊지 말아야 한다.

6장 성공 습관

35

벙어리처럼 침묵하고 **임금처럼 말하라**

경청

중대사를 결정할 때에는 내 생각이 100% 확고하더라도
부하들에게 다양한 정보를 연구하게 한다.
여러 사람의 생각을 모으면
만에 하나 발생할 수 있는 실수를 막을 수 있기 때문이다.
그들의 의견을 듣고 나면 실수할 가능성이 거의 없다.
특히 의견이 거의 일치하면 실수할 확률이 절대적으로 줄어든다.
-아시아 최고의 부자 리자청

반기문 유엔 사무총장이 2011년 6월 6일 눈시울을 붉혔다. 좀처럼 연약한 모습을 보이지 않는 그였지만 이날 만큼은 눈동자에 눈물이 살짝 맺혔다. 이날 반 총장은 맨해튼 유엔본부에서 유엔 주재 아시아 각국 대사들과 조찬모임을 갖고 있었다. 이 자리에서 반 총장은 "앞으로 5년 더 유엔과 국제사회를 위해 일하고 싶다"며 연임 의사를 아시아 대사들에게 전달했다. 2011년 유엔 사무총장 임기가 끝나지만 회원국들이 다시 한 번 기회를 준다면 유엔을 위해 견마지로犬馬之勞를 아끼지 않겠다는 뜻을 내비친 것이다. 반 총장의 발언이 끝나자마자 여기저기에서 찬성한다는 지지발언이 잇따라 터져나왔다. 마치 기다렸다는 듯이 반 총장의 연임을 반기는 진풍경이 펼쳐졌다. 53개국으로 구성된 아시아그룹 대사 중 30여 개국 대표들이 이 순간을 기다렸다는 표정으로 차례차례 지지 의사를 표했다. 이는 반 총장이 아시아 출신이라는 동질감에서 비롯된 것이 아니라 반 총장의 업무처리 능력과 인간적인 면모에 감동을 받았기 때문이었다.

생각만 하지 말고 현장으로 나가라

아시아 대사들은 4년 이상 반 총장을 지근거리에서 지켜보면서 유엔이라는 거대한 배를 이끌만한 지도력과 리더십을 갖춘 인물로 반 총장을 대체할 만한 사람이 없다고 판단했다. 1시간 45분 동안 진행된 이날 모임에서 아시아 대사들은 너도나도 지지발언을 신청했지만, 반 총장의 바쁜 일정 때문에 지지발언을 하지 못하는 사태까지 벌어졌다. 순간 반 총장의 눈가에 엷은 눈물이 고였다.

'아시아 대사들이 나의 진심을 믿고 다시 한번 지지를 보내주는구나!'

'지금까지의 노력이 결코 헛된 것이 아니었다는 것을 이분들이 인정해주는구나!'

반 총장은 만감이 교차했다. 내전이 끊이지 않아 신변보장이 되지 않는 아프리카 국가를 방문한 일과 환경오염의 심각성을 알리기 위해 빙하의 극지방을 찾아갔던 순간들이 주마등처럼 지나쳐갔다. 이날 아시아그룹은 약속이라도 한 듯이 반 총장 연임을 지지한다는 뜻을 안전보장이사회 의장과 총회 의장에게 전달하기로 합의했다.

그럼 세계 각국은 반 총장의 어떤 점을 높이 평가해 연임에 동의한 것일까? 왜 다른 후보가 아닌 반 총장을 유일한 후보로 추대한 것일까? 연임 이유를 들여다보면 그 해답을 찾을 수 있다. 그리고 그 해답 속에 반 총장이 유엔 사무총장으로서 뿐만 아니라 '인간 반기문'으로 성공할 수 있었던 요인을 찾아낼 수 있다.

"반 총장은 문제가 있는 곳이라면 세계 어디든지 금방 달려갑니다. 몸을 사리지 않습니다. 전쟁이 끝난 뒤 이라크의 안정과 민주화를 위해 위험을 무릅쓰고 달려와 바로 앞에서 폭탄이 떨어지는 상황도 있었습니다. 항상 솔선수범하는 모습에 고개가 숙여집니다."

이라크 대사의 지지발언이다.

파키스탄 대사는 이렇게 말했다.

"2010년 파키스탄에서 큰 홍수로 2,000만 명이 재난을 당했을 때 반 총장이 직접 방문해 국민들에게 위로와 희망의 메시지를 전해 주었습니다."

반 총장은 '현장現場'을 중시한다. 책상 앞에서 명령하고 지시하는 스타일이 아니라 자신이 직접 현장으로 달려가 문제점을 보고 해결책을 찾으려고 한다. 현대그룹을 일으킨 고故 정주영 창업주가 강조한 '해보기나 했어?' 정신과 맥을 같이 한다. 직장생활이나 사회생활을 하다보면 책상 앞에서 펜대를 굴리며 명령과 지시만 하다가 실무진의 노력과 성과를 중간에서 가로채는 상사들을 흔히 보게 된다. 일시적으로는 능력있는 인물로 평가받을 수 있겠지만, 시간이 지나면 모든 허상이 드러나게 되고 결국 회사에서 따돌림을 당하게 된다. 부지런히 움직이고 항상 현장에서 해답을 찾으려고 하는 열정을 품고 있다면 그 사람은 이미 성공을 손에 거머쥔 것이나 다름없다. 시간이 지날수록 성공의 열매는 더욱 탐스럽게 익게 된다. 반 총장의 성공요인은 바로 '현장과 실천을 중시하는 열정'에 있는 것이다.

"고민은 어떤 일을 시작했기 때문에 생기기보다는 일을 할까 말까 망설이는 데서 더 많이 생긴다. 성공하고 못하고는 하늘에 맡겨두는 게 좋다. 모든 일은 망설이기보다는 불완전한 채로 시작하는 것이 한 걸음 앞서는 것이다. 재능 있는 사람이 이따금 무능해지는 것은 성격이 우유부단하기 때문이다."

영국의 철학자이자 노벨문학상 수상자인 버트런드 러셀1872~1970년이 그의 저서 『행복의 정복』에서 강조한 말이다. '몸소 실천하는 정신이 행복으로 가는 지름길'이라는 가르침을 담고 있는 이 말은 반기문 총장의 성공요인과 일맥상통한다.

내기베이터가 되지 말고 내비게이터가 되라

반 총장은 우리에게 '내기베이터nagivator'가 아니라 '내비게이터navigator'가 되라고 말한다. 차를 운전할 때 내비게이터는 우리가 가야할 방향을 정확하게 말해준다. 안전하고 편안하게 운전을 할 수 있도록 도와준다.

반면 내기베이터란 "차선을 바꿔라." "직진을 해야 하는데 좌회전했다." "깜박이를 넣어라." 등과 같이 잔소리^{nagging}만 계속해서 운전자를 헷갈리게 하고 초조하게 만드는 사람이다. 반 총장은 우리에게 내기베이터형 인간이 되지 말고, 내비게이터형 인간이 되어야 한다고 몸소 보여주고 있다.

반 총장이 연임의사를 표명했을 때 아시아 국가뿐 아니라 안전보장이사회 5개 상임이사국을 비롯해 선진국들도 잇따라 지지의사를 밝혔고, 심지어 북한도 지지한다는 반응을 보였다.

중국 외교부는 '반 총장은 본토박이 아시아인으로서 유엔 사무총장직을 4년간 잘 수행해왔으며, 중국은 사무총장으로서 그의 역할에 갈채를 보낸다'며 지지입장을 공개했다. 중국 신문인「환구시보」는 '반 총장이 연임에 나섰다' 라는 제목으로 16면에 걸쳐 상세하게 보도했다.「환구시보」는 '반 총장은 미국과 중국 간 문제는 물론 대부분 사안에서 균형감각과 조정능력을 가진 인물이며, 현재로서는 그에게 필적할 사람을 찾기가 어렵다'고 평가했다. 유엔 사무총장 자리는 균형감각을 잃기 쉬운 자리이다. 국제사회가 선진국 중심으로 돌아가다 보니 선진국의 입장과 입김을 많이 반영해야 하는 것이 일반적이지만 반 총장은 선진국과 후진국, 유럽과 아시아의 이해관계를 적절하게 조절하면서 균형감각을 유지했다. 아시아, 아프리카의 가난한 나라들이 반 총장 연임에 더욱 환호성을 지른 것은 바로 이 때문이다.

4년 전, 반 총장의 유엔 사무총장 선출에 미온적인 반응을 보였던 일본도 이번에는 "연임의사를 밝힌 반기문 유엔 사무총장에게 지지 메시지를 전달한다. 반 총장이 세계적 과제와 국제사회의 중책을 현명하게 수행하기 기대한다"고 말했다. 프랑스는 "지난 5년간 반 총장은 평화와 개발에 대한 유엔 업무를 추진하면서 흔들리지 않는 모습을 보여주었다"라며 추진력에 높은 점수를 주었다.

북한도 지지를 표명했다. 신선호 유엔주재 북한 대사는 반 총장을 만나 "공개 지지 연설은 안 하겠지만 반 총장의 재선을 적극 지지한다"고 말했다. 한국에 적대적인 북한까지도 반 총장의 연임 지지를 선언하고 나선 것에 대해 국제 사회는 다소 의외라는 반응을 보일 정도였다.

반 총장은 유엔 회원국의 전폭적인 지지와 응원에 힘입어 2011년 6월 유엔 총회에서 다시 유엔 사무총장에 선출됐다. 경합할 다른 후보가 없는 상태에서 사무총장 추천 권한을 갖고 있는 유엔 안보리는 반 총장의 연임에 관한 결의안을 채택했고, 유엔 총회는 이를 최종 승인했다.

비리프라카 여신처럼 들어라

세상 사람들은 왜 반기문 총장에게 열광하고 그에게서 감동을 받는 것일까? 그의 성공코드는 과연 무엇일까? 우리가 반 총장에게서 배워야 할 '성공으로 가는 길'은 무엇일까?

먼저 경청하는 자세를 꼽을 수 있다. 자기주장을 일방적으로 내세우며 독불장군식으로 일을 처리하는 것이 아니라 남의 의견을 경청하면서 조화와 화합을 꾀하려고 한다. 남의 의견이 나의 생각보다 뛰어나다고 전제하고 항상 가슴과 귀를 열어둔다. '세 사람이 가면 그중 반드시 나의 스승이 있다 三人 行必有我師焉' 라고 설파한 성현 공자의 가르침을 생활에서 실천하고 있는 것이다.

　대통령이나 총리가 한 국가를 운영하는 데에도 수많은 이익집단의 이해관계로 마찰과 갈등이 상존한다. 하물며 180개 이상이나 되는 회원국을 대상으로 유엔을 이끌어가는 데에는 얼마나 많은 갈등이 발생하겠는가. 반 총장이 회원국들의 지지를 얻으며 연임에 성공할 수 있었던 것은 강대국과 약소국을 떠나 마음을 터놓고 그들의 이야기를 들었기 때문일 것이다. 반기문 총장의 '경청하는 자세' 를 음미하다보면 고대 로마의 비리프라카 여신女神을 떠올리게 된다.

　로마인이 믿는 신神 중 '비리프라카' 라는 여신이 있다. 부부싸움의 수호신이다. 비리프라카 여신은 부부싸움으로 이혼하려는 사람들을 화해시키고 다시 화목하게 살도록 도와준다. 비리프라카 여신을 모신 신전에서는 지켜야 할 규칙이 하나 있다. 차례대로 한 번에 한 사람씩 여신에게 자신의 처지를 이야기해야 한다는 것이다. 두 사람이 동시에 말을 해서는 안 된다.

　남편이 이야기를 끝내고 나면 아내가 말을 하는 식이다. 비리프라카 여신은 담담하게 두 사람의 이야기를 들을 뿐이다. 이렇게 되면 어느 한쪽이 자신의 처지를 호소하는 동안 다른 한쪽은 남의 이야기를 들을 수밖에 없다. 이야기를 잠자코 듣고 있는 시간이 길면 길수록 상대방의 입장과 처지를 이해하고 동정하는 마음이 생기게 된다.

　처음에는 이해하지 못했던 상대방의 주장에도 일리가 있다는 것을 깨닫는다. 평소에는 대화를 하지 않아 몰랐던 부분을 알게 되면서 상대방의 입장을 이해할 수 있게 된다. 닫혔던 마음의 문이 조금씩 열리는 것이다. 이처럼 서로 상대방의 말을 듣고 소통하게 되면 자연스럽게 오해도 풀리고 응어리진 마음도 사라지게 된다. 비리프라카 신전에 들어선 예비 이혼부부들이 신전을 나올 때는 상대방을 더욱 아끼는 부부가 되는 것은 바로 경청하고 소통을 했기 때문일 것이다.

연임에 성공한 진짜 이유

반 총장은 자신의 생각만을 고집하며 결정을 내리는 명령형 지도자가 아니다. 비리프라카 여신처럼 상대방의 이야기를 끝까지 듣는 경청형 지도자이다. 유엔 회원국들이 반 총장에게 열광하고 지속적인 지지를 보내고 있는 것은 이 같은 열린 마음을 가지고 있기 때문이다.

미국의 일간지인 「뉴욕타임스NYT」는 2011년 1월 5일자 신문에서 유엔 기구와 규모가 방만하게 운영되고 있다고 날카롭게 비판했다. 반 총장은 2007년 유엔 사무총장에 취임한 이후 '유엔개혁'을 최우선 순위에 놓고 업무를 추진했으며, 지금까지도 방만한 유엔조직을 슬림화하는데 노력하고 있다. 하지만 「NYT」의 눈에는 개혁속도가 느린 것으로 보였던 모양이다. 유엔은 사무국, 총회, 안전보장이사회, 국제사법재판소, 경제사회이사회, 신탁통치이사회 등 6개 주요 기구로 구성되어 있다. 산하 관계기관을 포함해 7만 5,000명이 근무하고 있다.

유엔은 뉴욕과 제네바, 로마, 빈, 나이로비 등에 센터를 두고 있으며 이외에도 크고 작은 지사와 사무소 등을 세계 각지에 두고 있다. 16개 지역에서의 평화유지군 활동, 기부금으로 운영되는 기구의 예산과 기금 등을 모두 합할 경우 실제 연간 예산은 200억 달러에 달할 것이라는 분석도 있다. 굳이 「NYT」의 비판이 아니더라도 국제 사회는 유엔 조직이 너무나 비대해졌으며 운영방식도 방만하다는 것을 수시로 지적하고 있다. 반 총장의 유엔 슬림화 노력이 결실을 맺으면서 이 같은 비판의 강도는 줄어들기는 했지만 유엔 개혁은 약방의 감초처럼 지적되는 내용이다.

국제 사회의 이 같은 목소리를 반영해 반 총장은 2011년 3월 9일 유엔 고위간부들에게 "2012~2013년 유엔 예산을 전년대비 3% 삭감하는 방안을 검토하라"고 지시했다.

고위 책임자들에게 국제사회의 여론을 반영해 어떻게 하면 창의적인 방법으로 예산을 줄여나갈 수 있는지에 대해 구체적인 실천방안을 마련해보라는 것이었다.

반 총장은 예산 삭감의 필요성을 이렇게 설명했다.

"우리는 현재의 세계경제 상황을 감안할 때 현실적이 되어야 합니다. 가장 부유한 나라들조차 허리띠를 졸라매고 예산을 줄이고 있는 상황에서 유엔도 효율적인 행정을 펼칠 필요가 있습니다. 유엔은 이전과 같은 사업방식을 그대로 답습해서는 안 됩니다. 더 적은 돈으로 더 많은 일을 하는 방안을 찾아야 합니다. 우리가 길을 만들어야 합니다."

반 총장은 자기 자신이 유엔 개혁의 필요성을 일찌감치 주장해온 데다가 「NYT」 등 세계 굴지의 신문들이 다시 한 번 유엔 조직의 비효율성에 대해 문제를 제기하자 이를 받아들여 적절한 조치를 취하도록 지시한 것이었다. 남의 말에 귀를 기울이고, 그 주장이 합리적이라면 기꺼이 받아들이는 경청과 겸손의 리더십이 세상 사람들을 감동시키고 열광시키는 것은 아닐까.

남의 말을 들을 때에는 알고 있는 내용이더라도 벙어리처럼 침묵하는 겸손함이 필요하다. 다른 사람이 이야기하는 동안 자기 자신의 주장을 내세우며 말을 중간에서 끊어버리는 무례한 행동을 해서는 안 된다. 또 다른 사람의 말을 경청하고 나서 말할 때에는 임금처럼 위용이 있고, 단호하게 말해야 한다. 즉 벙어리처럼 침묵하고 임금처럼 말해야 하는 것이다. 이것이야말로 반 총장이 우리들에게 보여주는 성공코드의 핵심이 아닐까.

36
자기를 낮추는 **지혜를 배워라**

겸손

진정으로 용기 있는 사람만이 겸손할 수 있다.
겸손은 자기를 낮추는 것이 아니라 오히려 자기를 세우는 것이다.
―브하그완

　많은 사람들은 자신의 지위와 능력, 권력, 부^富를 다른 사람에게 자랑하는 것을 좋아한다. 자신이 다른 사람들보다 훌륭하거나 뛰어나다는 것을 과시하고 싶기 때문이다. 하지만 진정한 위엄과 명예는 자기를 높이는 데서 오는 것이 아니라 오히려 자기를 낮추는 데서 찾아온다.
　역사적인 위인들에게서 나타나는 공통점은 철저하게 자신을 낮추고, 고개를 숙인 채 자신만의 실력과 능력을 개발했다는 점이다. 이 책의 주인공인 반기문 총장과 워렌 버핏 회장을 통해서도 이 같은 사실을 확인할 수 있다.
　지난 2006년, 신문과 방송사들이 일종의 짝짜꿍을 한 적이 있었다. 당시 반기문 외교통상부 장관이 유엔 사무총장 출마를 공식 선언하기 이전의 일이다. 한국 언론들은 반 장관이 유엔 사무총장에 출마한다는 사실을 알면서도 기사화하지 않았다. 자신에게 상황이 유리하게 돌아가기 전까지는 좀처럼 자신을 앞으로 내세우지 않는 반 장관의 간곡한 요청이 있었기 때문이었다.

지금은 나설 때가 아니다

신문이나 방송사에 종사하는 사람들은 이를 전문용어로 '엠바고embargo'라고 하는데, 일정 시점까지는 특정 내용에 내해 보도를 하지 말자고 암묵적으로 약속하는 것을 말한다.

반 장관은 "아직 제가 나설 때가 아닙니다"라며 당시 외교통상부 장관으로서의 지위에서 각 언론사 간부와 외교부 출입 기자들에게 자신의 유엔사무총장 출마 사실을 몇 개월 동안 불문에 붙여줄 것을 요청했다.

유엔 회원국과 좀 더 많은 대화와 면담을 통해 자신을 알려야 하는 상황에서 섣불리 나섰다가는 이미 출마를 선언한 경쟁자들로부터 견제를 당하는 것은 물론 악성루머에 시달릴 위험이 있다고 판단했기 때문이다.

반 장관은 철저하게 앞으로 용龍이 될 자신의 모습을 그리며 발톱을 감춘 것이다. 이 기간 동안 유엔을 출입하는 해외 특파원들이 심증은 있지만 물증은 없는 반 총장의 출마설에 귀를 쫑긋 세우고 있었다.

특히 유엔 안전보장위원회의 상임이사국 진출을 노리고 있는 일본 특파원들의 관심이 높았다. 한국 특파원들에게서 반 장관에 대한 작은 정보라도 하나 얻어내려고 이들은 한국 특파원들과 수시로 접촉했다. 한국 특파원들이 반 장관의 출마사실을 알려줄 리 만무했다.

반 장관은 이 기간 동안 철저하게 위를 향하지 않고 밑바닥을 닦았다. 실질적인 유엔 사무총장 결정 권한을 가지고 있는 15개 안전보장이사회 이사국의 지지를 얻어내는데 그치지 않고, 전 세계에 걸쳐 지지 세력을 이끌어내기 위해 세계 방방곡곡을 방문했다.

한 달에 한 번 '버려진 땅' 아프리카를 방문한 것은 이를 잘 말해 준다. 빈곤과 질병, 내전, 인종 학살 등으로 국제사회에서 소외된 아프리카를 찾아 반 장관이 이들 지역에 지대한 관심을 가지고 있다는 것을 몸으로 보여주었다.

그리고 '때가 되었다' 고 생각한 2006년 2월 공식 출마를 선언했다. 반 장관에 앞서 일찍 출마를 선언한 경쟁자들이 서로 상대방을 비난하고 자화자찬의 말을 토해낼 때, 반 장관은 철저하게 자신을 가린 채 내실을 다졌다. 허허실실虛虛實實 전략이라고나 할까.

유엔의 해외 특파원들 사이에서 "과연 반 장관이 출마하는 것이 맞느냐"는 의아한 반응이 나올 정도로 반 총장은 가려진 인물이었다.

하늘의 때와 시운時運이 올 때까지는 머리를 굽혀 자신을 낮추는 겸손한 자세가 반 장관이 세계의 외교 대통령으로 설 수 있었던 원동력이 되었던 것이다.

날카로운 발톱은 숨겨라

반 총장은 날카로운 발톱을 숨기기 위해 외교부 장관직을 가능한 한 오랫동안 유지하는 치밀함을 보였다. 각국 대사들을 만날 때 외교부 장관직이 큰 도움이 된다는 실리적인 이유도 있었지만, 외교부 장관직을 그만둘 경우 유엔총장 출마를 위한 준비가 완료되었다는 인식을 경쟁 후보자들에게 심어줄 우려가 있었기 때문이었다.

학교나 기업이나 조직생활을 하다 보면 행동보다 말이 앞서는 사람들을 보게 된다. 이들은 화려한 미사여구로 자신을 꾸며 언뜻 보기에 잘나가는 것처럼 보이지만, 시간이 지날수록 한계가 드러나게 된다.

반면 있는 둥 없는 둥 일을 하지만 시간이 경과할수록 더욱 빛을 내고 주위에서 인정받는 사람들이 있다. 반 총장은 과시하는 인간형이 아니라 겸손한 인간형을 우리들에게 요구하고 있다.

자신을 드러내지 않고 자기계발에 몰두하다가 결정적인 순간이 되면 자신의 목소리를 키우는 사람. 날카로운 발톱을 숨기고 묵묵히 자기 일을 하다가 기회를 움켜쥐는 사람. 반 총장이 몸소 보여주었던 인간형이고, 반 총장이 우리에게 요구하는 인간형이기도 하다.

반 총장의 '겸손 속에 숨겨져 있는 위엄'은 반 총장 가족들에게서도 확인할 수 있다. 반 총장이 유엔 사무총장으로 내정된 2006년말, 임시관저로 사용하고 있는 뉴욕 맨해튼의 월도프 아스토리아 호텔로 한국 특파원들을 초대한 적이 있었다.

유엔이 마련해 준 스위트룸에 머무르고 있었던 반 총장과 부인 유순

나뭇가지에 가려진 유엔본부 전경이다. 반 총장은 1등을 하더라도 꼴찌처럼 겸손한 마음을 가져야 한다고 말한다.

택 여사가 뉴욕의 한국특파원들을 따뜻하게 맞아 주었다. 반 총장은 특파원들이 음으로 양으로 도와줘서 고맙다는 말을 건넸고, 앞으로 할 일이 너무도 많아 한국인으로서 큰 책임감을 느낀다고 말했다.

2시간가량 이어진 대화 속에 유순택 여사는 시종일관 미소를 지으며 다소곳이 반 총장과 특파원단의 대화를 경청하고 있었다. 말을 많이 하는 분도 아니었고, 보통의 귀부인에게서 풍기는 도도함도 전혀 없었다.

특파원들은 백옥같이 하얀 피부와 건강미를 보고 한마디씩 덕담을 건넸고, 유순택 여사는 손사래를 치며 그냥 웃어넘길 뿐이었다. 하지만 유순택 여사의 조용함 속에는 위엄이 함께 녹아 있었다는 것이 2시간 동안 자리를 같이 한 특파원단의 한결같은 반응이었다.

반 총장이 일부 잘못된 설명을 할 경우에는 따끔하게 정정시켜 주는 엄격함도 보여주었다. 두 분의 인연에 대해서도 간간이 들려주었다.

반 총장은 1963년, 충주 고등학교 3학년 때 유순택 여사를 만났다. 그해 반 총장은 장학생으로 선발되어 미국을 방문하게 되었다. 충주고 옆에 있던 충주여고 학생들이 까까머리 반기문에게 미국에 가서 쓰라며 행운의 복주머니를 만들어주었고, 이 주머니를 반기문에게 대표로 전달한 사람이 당시 충주여고 학생회장이었던 유순택 여사였다고 한다.

고등학생 때 맺어진 천생연분의 끈은 이렇게 이어져 인생의 동반자가 되었다. 결혼을 앞두고 유순택 여사의 친정어머니는 유순택 여사에게 "남편이 해 지기 전에 집에 들어오는 것은 직업이 없거나 큰 병을 앓고 있을 때이니 반 서방이 늦게 들어오는 것에 대해 뭐라고 하지 말라"고 당부했다고 반 총장은 당시를 회고하기도 했다.

뾰족한 송곳은 감춰도 드러나는 법이다

반 총장은 '일벌레'로 이미 유엔본부 내에서 정평이 나 있다. 누구보다 일찍 출근하고 바쁘게 움직이는 업무 태도는 오랜 외교관 생활을 거치면서 이미 습관이 된 지 오래다.

반 총장이 이처럼 업무에 매진할 수 있었던 것도 유순택 여사가 친정어머니로부터 받은 당부와 충고가 있었기 때문이 아닌가 생각된다.

이날 저녁식사를 하는 동안 유순택 여사에게서 받은 인상은 이를 확인시켜주기에 충분했다. 남에게 드러내기를 싫어하는 반 총장의 겸손함은 자식들의 비밀 결혼식에서도 여실히 나타난다.

반 총장은 유순택 여사와 슬하에 1남 2녀를 두고 있는데 모두 떨어져서 살고 있다. 현재 아시아재단 사업부장으로 일하고 있는 맏딸 선용 씨와 유엔아동기금UNICEF 케냐 사무소에서 국제기구초급전문가JPO로 일하고 있는 막내 딸 현희 씨는 모두 비밀리에 결혼을 했다.

당시 반 장관은 차관과 비서관 이외에는 일체 비밀로 하고 결혼식이 끝난 후에 공지할 정도로 공公과 사私를 엄격히 구분하는 모습을 보였다.

반 총장은 '재능과 능력을 연마하되, 소리 없이 갈고 닦아라' 라는 교훈을 우리에게 들려준다. 요란하게 빛을 발하다 금방 사라져 버리는 섬광이 아니라 언제 분출될지 모르지만 저 밑에서 끊임없이 끓고 있는 화산이 되라고 한다.

뾰족한 송곳은 주머니 안에 있어도 언젠가는 밖으로 나오게 되는 법이다. 이를 고사성어로 '낭중지추囊中之錐'라고 한다. 애써 자신을 드러내지 않아도 세상 밖에서 인정을 받는 '주머니 속의 송곳'과 같은 존재가 되어야 한다고 반 총장은 가르치고 있다.

37

자신의 생각이 옳다면
굽히지 마라

소신

반드시 이겨야 하는 건 아니지만, 진실할 필요는 있다.
반드시 성공해야 하는 건 아니지만,
소신을 가지고 살아야 할 필요는 있다.

−에이브러햄 링컨

2007년 3월말 미국 국경 바로 밑에 있는 멕시코를 방문한 적이 있었다. 지난 1994년 미국과 자유무역협정FTA을 체결한 멕시코 경제가 어떻게 변화하고 있고, 한국 경제가 멕시코에서 어떤 교훈을 배울 수 있을까 알아보기 위해 방문한 것이다.

16세기 초 스페인의 침략을 받고 오랜 기간 스페인의 식민지로 남아 있었던 멕시코는 스페인어를 사용하는 국가이기 때문에 영어가 전혀 통하지 않았다. 호텔이나 고급 레스토랑처럼 외국인이 많이 드나드는 곳이 아니면 영어로는 전혀 의사소통이 되지 않는다. 나는 스페인어를 구사하지 못해 할 수 없이 통역사와 같이 일을 해야 했다.

전문 통역사가 멕시코의 역사에 대한 재미있는 이야기를 들려주었다.

다른 사람들의 의견에 흔들리지 않고 자신만의 객관적인 판단력을 가지고 있는 것이 얼마나 중요한 것인가를 일깨워주는 역사적인 사실이기에 독자들에게 간단히 소개하고자 한다.

남의 말에 흔들리지 말고 올바로 판단하라

"멕시코 조상들은 1519년 '헤르난 코르테스Hernan Cortes'를 대장으로 하는 스페인의 소부대에 의해 침략을 받았어요. 우리가 익히 교과서에서 배워 알고 있는 것처럼 아즈텍 문명이 멸망하는 때이죠. 멕시코 조상들은 처음 스페인 군대가 쳐들어왔을 때 전혀 저항하지 않고 순순히 그들에게 길을 내주었습니다. 왜 그런지 아세요?"

통역사가 질문을 던졌지만 나는 중남미 국가의 역사에 대해서는 문외한이었다.

"당시 멕시코에는 옛날부터 전해져 내려오는 전설이 있었어요. 언젠가는 멕시코 사람을 구원해 줄 구세주가 나타나는데 그들은 네 개의 다리를 가지고 있고, 머리에는 깃털을 달고 있다는 것이었어요. 멕시코 조상들은 이러한 모습을 한 구세주가 그들을 천국으로 인도할 것이라는 생각을 가지고 있었답니다."

점점 호기심이 생겼다. 통역사가 설명을 계속했다.

"멕시코를 침략한 스페인의 코르테스 군대는 말을 타고 있었지요. 당시 멕시코 대륙에는 말馬이라는 동물이 없었습니다. 멕시코의 말은 모두 이때 유럽에서 들어온 거랍니다. 저 멀리서 희뿌연 먼지를 날리며 말을 타고 들어오는 스페인 군대를 본 멕시코 조상들은 다리가 네 개인 말을 보고 전설상으로 전해져 온 그들의 구세주로 착각했답니다. 또 코르테스 군대는 갑옷과 투구를 입고 있었는데, 머리에는 모두 깃털을 꽂았답니다. 전설상으로 전해져 온 그들의 구세주가 틀림없다고 생각한 멕시코 조상들은 저항할 생각은커녕 스페인 군대를 오히려 융숭하게 환대했다고 합니다. 이때부터 멕시코는 처참하고도 처절한 스페인의 식민지로 전락하게 되었지요."

통역사의 설명은 흥미진진했다. 결국 멕시코 조상들은 옛날부터 입에서 입으로 전해져 온 전설만 믿고, 객관적이고 중립적인 사고와 판단을 하지 못했기 때문에 스페인의 식민지로써 치욕을 겪어야 했던 것이다.

통역사와 이런 저런 얘기를 나누다가 점심시간이 되어 한국 식당에 들렀다. 멕시코에도 한국 교민들이 꽤 많이 살고 있다. 한국 기업의 주재원들과 멕시코로 아예 이민을 와 생활터전을 잡은 사람들이 많이 있다. 우리는 멕시코의 수도 멕시코시티에서 한국 음식점으로 유명한 '영빈관'이라는 식당에 들렀다.

"뉴욕에서 오셨군요. 반갑습니다. 요즘 뉴욕 사람들도 살맛이 나지요?"

식당 주인이 대뜸 질문을 했다.

"무슨 말씀이시죠?"

영문을 몰라 내가 되물었다.

"아, 반기문 사무총장님 말씀이에요. 뉴욕 맨해튼에 계시잖아요."

그제야 나는 식당 주인의 질문을 이해할 수 있었다.

"멕시코에 사는 우리 교민들도 그동안 그다지 좋은 일이 없었는데, 반 총장님이 유엔본부 수장으로 당선돼 모두들 무한한 영광으로 생각하고 있어요. 우리처럼 한국을 떠나와 사는 외로운 사람들에게는 이보다 더 기쁜 일이 어디 있겠어요? 공평하고, 올바르게 세계 평화를 위해 일하리라 믿어요. 대한민국 역사에 두고두고 남을 분이죠."

얼굴에 웃음이 가득한 식당 주인이 신이 난 듯 말했다.

틀린 것을 옳다고 얘기해서는 안 된다

반 총장은 중립적인 입장에서 공정하게 일을 해결한다. 이는 38년간의 외교관 생활은 물론 유엔 사무총장 취임 1년의 행동과 행적을 살펴보면 충분히 이해할 수 있다. 몇 가지 대표적인 예를 들어보기로 하자.

2007년 1월 유엔 산하 기구인 유엔개발계획UNDP이 북한에 제공하고 있는 대북지원금이 제대로 쓰이지 않고, 김정일 국방위원장의 자금줄로 전용되고 있다는 신문보도가 나왔다.

미국의 대표적인 경제 일간지 「월스트리트저널」은 북한 김정일 국방위원장이 유엔개발계획이 추진하고 있는 대북사업을 이용해 1998년 이후 수천만 달러의 자금을 개인적으로 이용했을 의혹이 있다고 보도했다.

기아와 빈곤에 허덕이는 북한의 경제발전을 도와주기 위해 유엔에서 지원한 돈이 김정일 국방위원장 개인 호주머니로 들어갔을 가능성이 있다는 설명이었다. 이 사실은 비서진을 통해 곧바로 반기문 사무총장 집무실로 보고됐다.

당시 한국과 미국 정부는 '북한 달래기'에 몰두하고 있었다. 2006년 10월 핵실험을 감행한 북한이 핵무기 개발을 포기하고, 국제사회의 일원으로 돌아오도록 다양한 유인책을 제공하고 있을 때였다.

한국과 미국은 물론 중국, 러시아, 일본 등이 수차례 회담을 개최하면서 북한이 핵개발을 포기하고, 한반도 평화에 기여할 수 있도록 경제적인 혜택과 물질적인 도움을 주는 방안을 강구하는 시점이었다. 어떻게 해서든지 좋은 분위기를 만들어보자는 데 모두가 공감하고 있었다.

하지만 김정일 국방위원장의 비리의혹 보고를 받은 반 총장은 단호했다. 아무리 북한을 달래고 어루만져주는 유화적인 태도가 중요하지만 비리를 눈감아 줄 수는 없는 일이었다.

반 총장은 바로 애드 멜커트 유엔개발계획 총재에게 전화를 걸어 철저하고 폭넓은 조사를 지시했다. 북한의 불법과 탈법까지 용서해서는 안 된다는 판단이었다.

반 총장은 한발 더 나아갔다. 유엔개발계획뿐 아니라 유엔이 북한에 지원하는 모든 자금에 대해서도 철저하게 조사하라고 지시했는데, 이는 유엔 사업의 투명성과 공정성을 확보하지 않고서는 다른 사업을 제대로 진행할 수 없다고 생각했기 때문이다.

일부에서는 반 총장의 북한에 대한 강경한 자세가 한국과 미국이 주도하고 있는 북한과의 대화 분위기에 나쁜 영향을 미칠 수도 있다고 우려했지만, 반 총장은 결코 불의를 용서해서는 안 된다는 생각을 가지고 타협하지 않았다.

북한에게 회초리를 꺼내 드는 반 총장의 마음이 편할 리 없었다. 반 총장은 북한과의 지속적인 대화와 협상을 통해 한반도 평화와 안정을 유도해야 한다고 주장했던 사람이 아니었던가.

반 총장은 특파원들과의 만남에서 기회 있을 때마다 "북한을 방문해 평화의 다리를 놓고 싶습니다"라고 말하곤 했다.

북한과의 화해를 강조했던 반 총장이 이처럼 북한에 대해 강경한 태도를 보인 것은 아무리 대화와 협력이 중요하다고 하더라도 유엔 정신과 원칙을 훼손해서는 안 된다는 신념 때문이었다.

공정성과 객관성을 생명으로 하는 유엔정신이 한번 무너지면 다른 회원국들에게 권위와 위엄이 서지 않고, 결국 유엔이 지구촌의 웃음거리가 되고 말 것이라고 판단한 것이다.

약자에게는 고개를 숙이고
강자에게는 강하게 맞서라

반 총장은 강한 자에게 결코 굽히지 않고, 자신의 소신대로 일을 처리하는 스타일로 유명하다. 2007년 1월 미국이 아프리카의 소말리아를 공습했을 때도 반 총장의 소신과 원칙이 빛을 발했다.

미국은 1월 7일, 아프리카 동부에 위치한 소말리아 남서쪽 지역을 군용기와 전투헬기를 동원해 공습을 퍼부었고 항공모함 아이젠하워 호까지 배치했다.

미국은 국제테러 단체인 알카에다 인사 3명을 제거하기 위해 소말리아 공습을 단행했다는 발표를 했지만, 무력으로 나라를 침공했다는 국제사회의 비난이 쏟아졌다. 미국의 그릇된 행동을 비판한 선봉장은 반 총장이었다.

"소말리아에 대한 미국의 공급이 소말리아 내전 혼란을 가중시키고, 무고한 민간인을 희생시키는 상황으로까지 악화될 수 있습니다. 미국의 공습 동기가 무엇이든 간에 미군 공습이 앞으로 초래할 새로운 상황과 적대행위의 증가 가능성에 대해 우려합니다."

반 총장이 공습 소식을 전해 듣자마자 즉각 우려를 표명했다.

아무리 유엔에 가장 많은 분담금을 내고, 세계 최고의 파워를 자랑하는 미국일지라도 함부로 남의 나라 영토를 침략해서는 안 된다는 강한 메시지를 국제사회에 전달한 것이다.

반 총장 당선에 미국이 직·간접적으로 도움을 준 것은 사실이지만, 사사로운 감정에 연연해서는 안 되며, 원칙에 따라 객관적인 입장에서 판단해야 할 문제라고 반 총장은 생각했다.

이에 대해 세계 굴지의 통신사인 「AP 통신」은 "반기문 사무총장이 미국의 강력한 지지에 힘입어 유엔 사무총장에 선출되었음에도 불구하고 미국의 소말리아 공습에 분명하게 반대 입장을 표명했다"며 반 총장의 소신 있는 행동을 격찬했다.

반 총장은 유엔본부 3층에 위치한 유엔 안전보장이사회 회의실 앞을 지날 때마다 커다랗게 전시되어 있는 '자네티 벽화'를 눈여겨본다. 도미니카공화국의 자네티 화가가 그린 벽화로 그림 중간 부분에 커다란 추를 잡고 있는 남자가 그려져 있다.

　유엔이 강대국의 논리에 휘둘리거나 강대국의 목소리에 복종해서도 안 되며, 언제나 중립적인 입장에서 원칙에 따라 행동하고 의사결정을 내려야 한다는 뜻을 담고 있다. 반 총장이 자네티 벽화를 좋아하는 이유가 여기에 있다.

　우리 주변을 둘러보면 회사에 나가서는 빌빌거리지만 집에만 들어오면 마치 자신이 황제인 양 큰소리를 치는 가장家長이 있다. 남편에게는 꼼짝도 못하면서 아이들에게는 신경질적으로 대하는 엄마들이 있다. 자신보다 힘이 센 친구는 슬슬 피해 다니면서 힘이 약한 친구들은 집단적으로 괴롭히는 학생들이 있다.

　반 총장은 여러분들에게 약한 사람에게는 고개를 숙이고 강한 사람에게는 더욱 강해지라고 가르치고 있다. 남들보다 재산이 많다고, 권력이나 사회적 지위가 높다고 남들을 멸시하는 사람들이 있다. 그들은 순간적으로는 남들의 부러움을 살 수도 있겠지만 시간이 지나면 그들의 곁에는 점점 친구가 사라진다는 것을 깨닫게 된다.

　남들에게 군림하는 자는 권력이 사라지면 사람들도 떠나지만, 남들에게 고개를 숙인 자는 권력이 사라져도 남에게 도움을 받는 법이다.

　반 총장은 생각이 옳다면 자신의 소신대로 행동할 수 있는 용기를 가져야 한다고 역설한다.

38
자신이 누구인지 알려라

긍지

인생의 첫발을 내디딜 때는 자신의 재력이나 장점에 의지하지 마라.
중요한 것은 남들과 다른 일을 하는 것이다.
머리를 짜내 자신만의 장점을 발견하라.

-루치아노 베네통

남들과 부대끼며 하루하루를 살아가야 하는 조직생활은 여간 어려운 일이 아니다. 철창에 갇혀 창공을 날지 못하는 새 같기도 하고, 둥근 쳇바퀴를 반복적으로 돌 듯 무미건조하게 생활하는 다람쥐 같다는 생각이 들 때도 있다.

웃음과 여유가 넘치고 내가 편안하게 쉴 수 있는 곳이 가정이라면, 조직이나 학교생활은 분명 생존경쟁의 실험장이요, 정글임에 틀림없다.

요즘은 기업들 중에서도 가족적인 분위기와 화합을 강조하는 곳이 늘어나고 있어 보다 살맛나는 기업 문화를 만들어가는 곳도 있지만, 기업은 역시 투쟁과 대결의 장인 것을 부인하기는 힘들다.

항시 능력을 검증받아야 하고 조그마한 실수라도 하게 되면 인사고과

평가에서 뒤로 밀리게 된다. 좋은 직장을 구하기는 점점 힘들어지고 있지만, 정년 연령은 점점 짧아지고 있다. 오죽하면 한 달에 평균 88만 원의 월급을 받는 비정규직 젊은이들을 두고 '88만 원 세대'라고 일컫겠는가.

정글 투쟁에서 자신을 알려라

정글의 법칙이 원시적인 형태로 가장 잘 나타나고 있는 곳이 뉴욕 맨해튼의 월스트리트이다. 실적이 좋으면 바로 연봉이 몇 백만 달러로 올라가고 승진도 빠르지만, 회사에서 인정받지 못하는 직원으로 낙인찍히면 바로 짐을 싸야 한다.

미국경제와 글로벌 경제를 분석하는 애널리스트들은 무수한 보고서를 쏟아내고, 자신의 보고서가 언론과 방송에 노출되도록 하기 위해 안간힘을 쓴다. 이러한 자기 알리기 활동이 인사고과에 반영되고 자신의 연봉금액으로 연결되기 때문이다.

방송에 출연한 애널리스트와 경제 분석 전략가들의 뒤 배경에는 반드시 그 직원이 속한 기업들의 이름과 로고가 비쳐진다. 이 직원이 어느 회사를 위해 일하고 있는지 시청자들은 단박에 알 수 있다.

회사에서 의도적으로 연출한 것이다. 골드만삭스, 씨티그룹, 모건스탠리, UBS 등 월스트리트의 대표적인 투자은행들은 그렇게 직원들을 훈련시킨다.

'너 자신을 적극 홍보PR하라.'

반 총장이 유엔평화유지활동(PKO)에 참가하고 있는 한국 국군들을 만나는 모습. 반 총장은 자신만의 장점을 발견하고 항상 자신에 대한 긍지를 가져야 한다고 말한다.

2007년 3월말이었다. 한미 자유무역협정FTA 타결이 임박했을 즈음에 멕시코로 출장을 간 일이 있었다. 이미 미국과 FTA를 체결한 멕시코 경제가 FTA 체결 이후 어떻게 변화되고 있고, 부작용은 어떠한 것인지 알아보고, 한국 경제가 멕시코 경제의 경험에서 어떤 것을 배울 수 있을까를 르포형식으로 취재하기 위해서였다.

전 세계를 누비며 '경제 외교관'의 역할을 톡톡히 하고 있는 코트라대한무역투자진흥공사의 멕시코 무역관 도움을 얻기로 했다. 멕시코 대학교수, 산업단체장 등 현지인들의 인터뷰 섭외와 관련자료 확보를 위해 도움을 요청했다.

직원들은 내가 멕시코에 머문 2박 3일간의 일정동안 따뜻하고 세심한 배려를 아끼지 않았다. 영어가 거의 통하지 않는 멕시코에서 무사히 일정을 소화할 수 있었던 것은 멕시코 무역관 직원들의 도움이 있었기에 가능했다.

이들 직원들은 한국 본사에 통보를 한다. 한국의 취재 기자들이 협조요청을 해오거나, 한국 기업들이 시찰단 형식으로 방문할 경우 이를 담당한 직원이 누구인지 본사에 알린다. 인사고과에 반영되기 때문이다. '자기 PR' 정신이 고스란히 묻어 있는 것을 실감할 수 있다.

반 총장의 은은한 자기 PR

반 총장이 사무총장에 당선되기 전 선거활동을 할 때의 일이다. 이번에는 아시아 지역에서 사무총장이 나와야 한다는 암묵적인 합의가 유엔 내부에서 있었기 때문에 이미 많은 아시아 후보들이 출사표를 던지고 선거활동에 들어갔을 때의 일이다. 반 총장은 후발주자였다. 경쟁 레이스에서 일단 스타트가 늦었던 셈이다.

인도의 샤시 타루르 유엔 사무차장, 아세안(동남아시아국가연합) 후보로 나선 태국의 수라키앗 사티라타이, 요르단의 제이드 알후세인 왕자, 아프가니스탄의 아슈라프 가니 카불대 총장, 스리랑카의 자야나타 다나팔라 등 쟁쟁한 후보들과 유엔 회원국들의 표심을 잡기 위해 동분서주하던 때였다.

반 총장은 '지각 후보생'의 약점을 만회하기 위해 '자기 PR'에 몰두했다. 평소에 나서기를 좋아하지 않는 성격이지만 개인적인 명예와 함께 국가적인 위신이 걸려 있는 만큼 반드시 이겨야 한다는 강박관념이 그를 엄습했다. 뉴욕과 워싱턴에서 벌어지는 웬만한 행사에는 얼굴을 모두 내밀었다.

미국에서의 PR은 주로 미국 정치인과 해외 언론들을 대상으로 한 것으로 유엔개혁에 대한 당위성과 중동지역 평화, 한반도 비핵화 등에 대한 공약으로 채워졌다.

일부 다른 후보들이 상대방의 약점을 꼬집고 허물을 캐내는 네거티브 전략을 구사하기도 하고, 자신들의 업적을 과대평가하는 선거 전략을 펼치기도 했지만 반 총장은 오로지 정책으로 승부수를 띄웠다.

반 총장의 입에서 상대방을 헐뜯는 말은 한 번도 들은 적이 없다. 오히려 상대방의 강점을 인정하는 여유로운 모습을 보여주었다.

당시 반 총장의 선거활동을 곁에서 지켜본 사람들은 '저렇게 부드러워서야 제대로 선거활동을 할 수 있을까'라고 걱정했을 정도였다. 하지만 반 총장은 원칙과 소신대로 밀고 나갔다.

반 총장은 미국 정치권의 여론을 형성하는 전미외교협회^{CFR, Council on Foreign Relation}를 적극적으로 이용했다. 헨리 키신저 전^前 국무장관과 앨런 그린스펀 전^前 연방준비제도이사회^{FRB} 의장, 요슈카 피셔 전^前 독일 외무장관 등 등 저명한 인물들이 회원으로 있는 단체이다.

2001년 이후 유엔난민고등판무관실^{UNHCR} 친선대사로 활동하며 반 총장과 인연을 맺고 있는 미국 여배우 안젤리나 졸리가 회원으로 가입해 화제가 되기도 한 곳이다. 반 총장은 전미외교협회^{CFR} 조찬 모임을 통해 수백 명의 정치가, 평론가, 해외 특파원들 앞에서 지속적으로 그의 정책과 입장을 전달했다. 상대편 후보에 대한 평가보다는 자신의 유엔개혁구상과 철학을 집중적으로 홍보했다.

맨해튼 중부지역에 위치한 뉴욕 CFR에서 웨이터로 일하는 한 관계자는 "반 총장처럼 몇 번이나 CFR에서 오피니언 리더를 대상으로 연설을 한 후보는 없었습니다"라며 반 총장의 집요한 PR노력에 혀를 내둘렀다.

부지런함과 바지런함을 천성적으로 타고난 반 총장은 하루에도 몇 개의 공식 선거운동을 소화했으며, 심지어 기회가 있을 때마다 아프리카 오지로 날아가 선거운동을 전개했다. 다른 후보들은 거리가 멀다는 이유로, 전략적인 회원국이 아니라는 이유로 아프리카 가기를 꺼렸지만 그는 자신을 알릴 수 있는 곳이라면 거리의 멀고 가까움을 구분하지 않았다.

오히려 유엔 회원국의 표심을 사로잡기에는 아프리카가 제격이라는 긍정적이고 전향적인 사고를 가지고 있었다. 아프리카대륙에서 개최되는 공식행사에 참석한 아프리카 대표들이 반 총장의 출현에 고개를 갸우뚱했을 정도였다.

돌이켜보면 유엔 내부에서도 반 총장의 '선거 역전'에는 그의 체계적이고 조직적인 '자기 PR'이 큰 역할을 했다는 분석이 나오고 있다. 요란하고 호들갑스럽지는 않지만 조용하고 차분한 'PR'이 오늘날의 반 총장을 만든 숨은 공로라는 것이다.

'침묵이 금金'이 되는 상황이 있는가 하면 '침묵이 독毒'이 되는 경우도 있다. 생존경쟁과 적자생존의 법칙이 지배하는 학교와 직장생활에서 자신의 장점을 침묵으로 일관하기보다는 적극적인 PR을 통해 자신을 알리는 노력이 필요하다. 지나친 겸손은 무능력으로 비쳐질 수 있는 곳이 조직사회라는 것을 우리는 반 총장을 통해 배울 수 있다.

39
헛된 이름을
쫓지 마라

절제

> 교만한 자는 자기 자신에게 욕하는 사람이다.
> 그는 자신의 잔, 자신의 나팔, 자신의 조상을 욕보이는 사람이다.
> — 윌리엄 셰익스피어

4월이 되면 유엔본부가 있는 맨해튼도 봄 날씨가 완연하다. 42가(街)와 45가 사이에 유엔본부가 위치하고 있는데, 반 총장이 새로운 사무총장으로 취임하고 유엔개혁에 대한 기대가 높아지면서 유엔을 찾아오는 세계 관광객들도 부쩍 늘었다.

무엇보다 반 총장이 대한민국 출신이라는 점이 부각되면서 한국은 물론 중국, 일본 등 아시아 관광객들이 예년에 비해 눈에 띄게 증가했다.

유엔본부 앞에는 미국의 폭스 TV, CNN 등 방송사 차량들이 반 총장의 일거수일투족을 화면에 담기 위해 상시 대기하고 있고, 유엔가(街) 거리에는 유엔본부 전경을 카메라 앵글에 잡으려는 관객들이 연신 플래시를 터뜨린다.

총의 앞부분을 구부려 전쟁을 끝내고 평화를 구현하자는 의미로 세워진 '총 동상'은 관광객들이 찾는 가장 좋은 사진 배경이고, 바로 옆의 황금색 원형 동상도 사진촬영 장소로 인기를 끈다. 뒤쪽으로 들어가면 맨해튼 동쪽을 유유히 흐르는 이스트 강을 감상할 수 있고, 4월의 봄 냄새도 만끽할 수 있다. 유엔본부 주위를 거니는 것만으로도 '마음의 평화'를 느낄 수 있는 곳이다.

맨해튼은 관광 상품도 많고, 둘러보아야 할 곳도 많다. 남쪽에는 횃불을 높이 치켜든 자유의 여신상과 9·11테러로 무너진 월드 트레이드 센터 자리 그라운드 제로, 금융 거리인 월스트리트, 차이나타운 중국 마을 등이 있다.

또 세계 최대 규모를 자랑하는 뉴욕증권거래소 NYSE와 야경이 너무나 아름다운 브루클린 다리 Brooklyn Bridge, 개성 있는 쇼핑가로 유명한 소호 SoHo 지역도 빼놓을 수 없다.

남쪽에서 조금만 북쪽으로 올라오면 맨해튼 중간지역이 나오는데 이곳에서는 미국에서 가장 큰 세인트 패트릭스 성당과 맨해튼 심장부를 상징하는 엠파이어스테이트 빌딩, 세계 최고 수준을 자랑하는 현대미술관 MoMA, 연말연시를 밝히는 초대형 크리스마스트리로 유명한 록펠러 센터가 있다.

또 세계의 교차로로 불리는 타임스퀘어가 있고, 대형 콘서트의 대명사인 메디슨 스퀘어가든, 도심 속의 공원인 센트럴 파크 중앙공원가 자리 잡고 있다.

다시 조금 위로 올라가면 맨해튼 북쪽 지역이 나오는데 이곳에서는 세계 3대 박물관의 하나로 평가받는 메트로폴리탄 박물관과 구겐하임

미술관, 세계 최대의 자연사 박물관인 미국 자연사박물관, 미국에서 가장 큰 교회인 세인트 존 대성당이 자리하고 있다.

　이처럼 사람들의 이목을 끄는 관광명소가 많고, 교육적인 효과도 얻을 수 있는 박물관도 많아 맨해튼은 연중 관광객들로 붐빈다.

　반 총장이 집무하는 유엔본부는 맨해튼 중부지역인 42~45가 사이에 있다. 출입문이 두 개 있는데 하나는 유엔 출입증을 가진 직원이나 상주 기자들이 출입하는 문이고, 다른 하나는 유엔본부 내부를 구경하고 싶어 하는 관광객들을 위한 문이다. 관광객들은 개인 신분증을 맡기고, 간단한 검문절차를 거치면 내부로 들어갈 수 있다.

　반 총장이 새로 부임하면서 관광객들의 발길이 부쩍 늘었다는 게 경비직원의 설명이다. 검문을 통과하고 큰 로비로 들어서면 역대 유엔 사무총장 사진들이 걸려있는데, 관광객들의 발길이 가장 먼저 멈춰서는 곳이기도 하다. 사진을 배경으로 관광객들은 카메라 플래시를 터트려댄다.

　그런데 벽면에는 큼지막한 역대 사무총장들의 얼굴 사진이 일렬로 걸려 있지만, 반 총장의 얼굴 사진은 찾아볼 수 없다. 왼쪽부터 1대 사무총장인 노르웨이의 튀뤼그베 할브단 리 1946~1953년, 2대 총장인 스웨덴의 다그 함무르셸드 1953~1961년, 3대 총장인 버마의 우 탄트 1961~1971년, 4대 총장인 오스트리아의 크르트 발트하임 1971~1981년, 5대 총장인 페루의 하비에르 페레스 데 케야르 1982~1991년, 6대 총장인 이집트의 부트로스 부트로스 갈리 1992~1996년, 7대 총장이자 반 총장의 전임자로 가나 출신인 코피 아난 총장의 사진들이 금테 사진틀에 놓여 있다.

인생 최대의 지혜는 겸손

그런데 왜 반 총장의 사진은 없는 것일까. 유엔은 사무총장이 현직에 재임하는 기간에는 사무총장 사진을 문입구에 진열하지 않는다고 한다.

세계 평화와 국제협력 등 산적한 업무를 추진하는 동안에는 사무총장이 할 일에만 전념할 수 있도록 사진진열 같은 전시행정은 되도록 웬만하면 피한다고 한다. 사무총장이 훌륭히 업무를 수행하고, 임기를 마칠 때에 비로소 사진제작에 들어간다.

반 총장도 유엔본부의 원칙에 공감하고 있다. 이제 유엔을 이끌어야 할 출발선에 서 있는데 화려하게 자신의 사진이 내걸리는 것은 합당하지 않다고 생각하고 있다. 반 총장은 현재 임무에 최선을 다하고 내실을 다지는 것이 중요하지, 남에게 보이기 위해 과시하는 것은 자신의 천성과 맞지 않는다는 말을 자주 했다.

이는 뉴욕의 한국특파원들과의 만남에서도 반 총장이 곧잘 하곤 했던 말이다. 2007년초, 반 총장이 특파원들과 만날 기회가 있었다. 항상 부드러운 미소와 온화한 표정으로 말을 꺼내는 그였지만, 그날은 다소 얼굴 표정이 굳어보였다. 뭔가 고민이 있는 듯 한 모습이었다. 반 총장이 말을 꺼냈다.

"취임 한 달밖에 지나지 않았는데 지금 고향에서 나의 대형 조각상을 만드는 방안을 강구하고 있다고 합니다. 아무것도 이룩하지 못한 현 시점에서 과연 그런 일이 타당한 것일까 부담이 가는 것이 사실이에요. 저의 고향 사람들과 국민들이 저에게 보내주는 성원과 응원의 목소리는 큰 힘이 되지만, 조각상을 세우는 일은 시기상조가 아닌가 생각합니다. 사무총장으로서 저의 직분과 소임을 다하고, 올바른 평가가 나온 다음에 생각해도 늦지 않다고 봅니다. 제가 국제무대에서 좀 더 큰 활약을 할 수 있도록 옆에서 지켜봐 주셨으면 좋겠습니다."

반 총장은 자신의 일에 대해 언론에 좀처럼 부탁하는 일이 없지만, 이 날 그가 했던 말은 언론들이 좀 기사화해 주었으면 좋겠다는 말도 덧붙였다. 반 총장이 느낀 심적 부담감을 알 수 있는 대목이다.

반 총장은 당선 전 선거기간 동안에도 지방자치 단체들이 후원회를 결성하거나, 다른 경로를 통해 간접 지원하는 것에 대해서도 일일이 지방자치 단체에 전화를 걸어 정중하게 사양하기도 했다.

반 총장은 겸허하고 겸손한 사람이다. 자신의 능력 이상으로 자신을 부풀리지도 않을 뿐더러 남들이 자신을 과다하게 대우하는 것에 대해서도 부담감을 느낀다.

꾸준한 노력과 열정으로 자신의 내면을 성숙시켜 나가지만, 밖으로는 겸손하게 자신을 낮춘다. 내가 보기에는 반 총장이 세계를 경영하는 지도자로서 갖추고 있는 가장 큰 덕목이 아닌가 한다.

겸손한 자만이 다스릴 수 있다

한번은 이런 일도 있었다. 반 총장이 2006년 11월 1일, 러시아의 크렘린 궁전을 방문했을 때의 일이다. 반 총장은 자신을 맞이하기 위해 기다리고 있는 블라디미르 푸틴 러시아 대통령과 취재 기자들에게 허리를 굽혀 인사를 했는데, 러시아의 한 유명 언론인은 이를 두고 반 총장이 너무나 유약한 모습을 보였다고 보도했다. 과연 이렇게 약해 보이는 사람이 유엔이라는 거대조직을 제대로 끌고 갈 수 있겠느냐는 비아냥거림이 섞여 있었다.

하지만 이 러시아 기자는 사람 보는 눈이 없었던 모양이다. 그날 반 총장이 보여준 행동은 반 총장 내면의 모습이었다. 유엔총장이라는 권위와 위엄을 내세워 교만하게 행동하지 않고, 내면에서 품어져 나오는 위엄을 언제나 겸손하게 표현한다.

러시아 대통령이 아니라 저잣거리의 소시민이 손을 내밀어도 그는 허리를 굽혀 인사를 할 사람이다. 유엔을 출입하는 세계 각국의 기자들도 반 총장의 취임 초기에는 그가 '약한' 사무총장이 아닌가 하는 의구심을 가졌던 게 사실이다.

반 총장에 대한 기사도 그런 방향으로 많이 나갔다. 하지만 지금은 그들의 생각이 잘못되었다는 것을 인정하고 있다.

반 총장은 '이제부터' 시작이라고 말한다. 유엔총장 당선이 인생의 종착역이 아니라 새로운 출발선이라고 강조한다. 인생의 정상에 도달한 사람은 권세와 위용을 자랑하기를 좋아하지만, 출발선에 있는 초심자들은 항상 겸손하게 사람을 대하는 법이다.

반 총장은 내실을 다지되 언제나 출발선에서 두근거리는 마음으로 출발사인을 기다리는 운동선수처럼 겸손하라고 우리들에게 말한다.

40

지금 잠을 자면 꿈을 꾸지만
공부하면 꿈을 이룬다

공부

> 학습을 그만두는 사람은 스무 살이든 여든 살이든 늙은 것이다.
> 학습을 계속하는 사람은 스무 살이든 여든 살이든 젊다.
> —헨리 포드

뉴욕 맨해튼은 말 그대로 '인종 박물관' 이다. 세계 각국의 이민자들이 '아메리칸 드림' 을 안고 미국으로 날아온다. 100년 이상의 역사를 자랑하지만 볼품은 없는 뉴욕 지하철을 타 보면 한국어는 물론 스페인어, 러시아어, 일본어, 중국어, 아랍어 등 마치 세계의 모든 언어들이 품평회라도 여는 것 같은 착각이 들 정도로 알아듣지 못할 말들이 귓가를 때린다.

내가 2004년부터 2007년까지 3년간 살았던 뉴욕 플러싱Flushing의 한 외국어학원에는 영어를 배우려는 사람들로 매일 인산인해였다. 평일에는 트럭운전사, 레스토랑 웨이터, 음식점 주방장 등 직업의 귀천을 막론하고 사람들이 몰려들었고, 주말에는 중국에서 이민 온 초등학교 아이들로 정신이 없다.

중국인 부모들의 자녀 교육열은 한국 강남 어머니들의 치맛바람 못지 않다. 부모 자신들도 물론이거니와 아이들에게 영어가 마치 '생명줄' 인 것처럼 공부를 시킨다.

여름이나 겨울방학이 되면 한국에서 두 달 동안만 원정 영어교육을 오는 한국인 아주머니도 많이 만났다. 살림이 그리 넉넉하지는 않아 초등학생 자녀를 조기 유학시키는 것은 힘들지만 그동안 모아놓은 돈으로 아이들 방학이 되면 미국에 잠시 와서 정규교육을 받도록 하는 것이었다. 한국인 아주머니는 이렇게 하는 것이 '미래를 위한 투자'라고 말했다.

뉴욕에서는 중국인 파출부를 구하는 광고가 눈에 많이 보인다. 아이들에게 영어와 함께 중국어를 배우도록 하기 위해서다. 또 상점 점원을 구하는데도 영어와 한국어, 영어와 중국어, 영어와 스페인어 등 2개 국어 구사자가 기본이다. 모국어만으로 자신의 경쟁력을 키워가는 시대는 끝나가고 있다는 사실을 뉴욕에서는 금방 확인할 수 있다.

한 가지라도 특성을 키워라

2007년초 반 총장이 유엔 출입기자단과 첫 상견례 기자회견을 열었을 때의 일이다. 개별 국가의 국제적인 이슈를 반 총장이 어떻게 해결할 방안을 가지고 있는지, 각국 기자들이 손을 들어 질문을 요청했다.

대부분 영어로 질문과 대답이 순조롭게 이루어졌다. 하지만 별안간 프랑스어 질문이 하나 날아들었다. 각국 기자들은 재빨리 통역기로 손을 옮겼다. 질문을 한 기자는 자신의 질문에 반 총장이 프랑스어로 답변해 주기를 바란다는 요구를 했다.

누가 보아도 반 총장의 프랑스어 실력을 가늠해 보려는 꼼수임을 금방 알아차릴 수 있었다. 유엔의 공식 언어는 영어, 프랑스어, 중국어, 스페인어, 러시아어, 아랍어 등 6개이다. 하지만 애국심(?)이 투철한 일부 기자들은 왜 사무총장이 꼭 영어를 사용해야 하며 다른 언어, 특히 불어는 사용하지 않는가에 대해 딴죽을 거는 경우가 종종 있었다.

프랑스어를 모국어로 사용하는 국가들의 기자들이 그런 면이 강하다. 반 총장이 맞닥뜨린 경우가 이에 해당되는 케이스다.

사실 반 총장은 불어가 능수능란하다. 선거 기간 동안에도 아프리카 방문 시에는 프랑스 식민 지배를 받았던 이들 나라 정상이나 외교 장관들과 통역 없이 프랑스어로 대화해 이들을 지지 세력으로 끌어들일 수 있었다.

하지만 이날 마이크 상태가 좋지 않아 질문 내용이 제대로 전달되지 않았고, 반 총장도 프랑스어 구사에 어려움을 겪었다. 단어 하나 사용에도 민감한 뉘앙스의 차이가 있고, 잘못하다가는 오해의 소지도 생겨 엉뚱한 기사가 나갈 수 있는 상황에서 반 총장은 정중하게 영어로 답변하겠다는 말을 했다.

"앞으로 질문은 되도록이면 영어로 해주시기 바랍니다. 그리고 더욱 프랑스어를 공부해서 다음에는 유창한 불어로 답변해 드릴 수 있도록 하

반 총장은 출장을 가는 비행기 안에서도 자료를 검토할 정도로 시간을 소중하게 여긴다. 반 총장은 성공의 첫걸음은 시간관리에서 비롯된다고 강조한다.

겠습니다."

반 총장이 공손하게 답했다. 질문을 던진 기자만 무안해졌다. 자신을 시험하려 들지 말라는 반 총장의 엄중한 경고임과 동시에 프랑스어 공부를 좀 더 하겠다며 상대방의 위신도 살려준 재치 있는 답변이었다.

반 총장은 영어와 불어뿐만 아니라 독일어를 별다른 어려움 없이 구사한다. 2006년 11월 사무총장에 취임하기 전 반 총장이 프랑스를 방문했을 때의 일이다. 반 총장은 프랑스에 있는 한국 특파원들과의 간담회에서 "내가 차기 총장으로 선출되는 과정에 프랑스가 아낌없는 지원을 해주었고, 특히 불어를 잘 하지는 못하지만 열심히 배우려는 열성을 높이 평가해 준 것으로 알고 있습니다"라고 말한 적이 있다.

실제 「AP통신」은 반 총장이 프랑스 방문기간 중 시라크 대통령과 오찬 회동 내내 불어로만 이야기를 해 중요한 테스트에서 통과했으며, 시라크 대통령은 반 총장의 불어 구사력을 높이 평가했다고 보도하기도 했다.

프랑스가 국제 외교의 중심이었던 과거에는 불어가 국제무대의 제 1공용어였지만 지금은 영어에 밀려 2인자의 위치에 머물고 있는 것에 대해 프랑스는 못내 아쉬워하고 있다.

외국어 공부를 시작하라

반 총장이 2006년 10월 유엔 안보리 4차 예비투표에서 압도적인 지지를 얻자 프랑스의 일간지인 「르피가로」는 반 총장이 1주일에 4시간씩 집중적으로 불어 과외교습을 받고 있다며 관심을 나타내기도 했다. 또 시라크 대통령은 반 총장의 당선 축하 서한에서 유엔에서 불어를 적극 사용해 달라고 당부하기도 했다.

이뿐만 아니라 반 총장은 선거기간 중 맨해튼 외교협회CFR 연설에서는 영어와 불어를 섞어가며 대화를 전개해 좌중을 휘어잡기도 했다. 반 총장은 외국어는 글로벌 경쟁시대에서는 '선택'이 아니라 '필수'라고 강조한다.

반 총장은 뉴욕의 한국특파원들을 만날 때면 "자신의 영어발음이 아직도 마음에 안 든다"며 불만을 토로한다. 우리가 보기에는 거의 완벽한

데도 말이다. 최성아 유엔 대변인보를 통해 수시로 발음교정을 하고 훈련을 받는다고 하는데, 완벽을 추구하는 반 총장의 천성 때문일 것이다.

지난 1975년 외무부 국제연합과 차석으로 시작해 79년 유엔대표부 1등 서기관 신분으로 처음 유엔본부에 발을 들여놓은 반 총장이 점심시간을 이용해 불어를 익힌 일은 외교가에서도 유명한 일화로 남아있다.

또 1998년 오스트리아 대사를 역임할 당시 반 총장은 자투리 시간을 이용해 독일어를 공부했고, 독어권 대사들과 모인 자리에서는 주로 독어로 연설을 했었다.

반 총장은 전문 외교관이기에 당연히 외국어를 배워야 한다는 의무감에서가 아니라 글로벌 경쟁력의 원천은 다양한 외국어 구사능력에 달려 있다는 것을 일찌감치 깨달은 것이다.

나도 비슷한 경험을 한 적이 있다. 대기업을 출입할 때의 일이다. 한 대기업의 임원 방에 잠깐 들렀는데 그분은 이어폰을 끼고 라디오를 듣고 있었다. 점심시간이 끝나려면 30~40분은 남은 것 같은데 점심을 일찍 끝내고 들어온 모양이었다.

"음악 들으세요?"

내가 책상 앞으로 다가갔다. 책상 위에 일본어 라디오 교과서가 펼쳐져 있고 여기저기 빨간 줄이 그어져 있는 것이었다.

"일본어를 시작한 지 좀 됐어요. 40대 중반에 새로운 것을 하자니 힘이 드네요."

"학원에 가는 게 효과적이지 않나요?"

"아니에요. 이런 저런 시간과 비용을 따져 보니까 라디오를 통해서 매일 공부하는 게 효율적이에요. 학원까지 왔다 갔다 하는 시간도 만만치 않고 해서요."

그분은 그렇게 매일 15분씩 일본어 공부를 했고 공부한 지 5년이 지난 지금은 일본어가 수준급이다. 일본에서 연수를 한 것으로 착각할 정도로 높은 수준을 자랑하지만, 그는 일본에 한번 가지 않고도 일본어를 능수능란하게 마스터했다.

외국어는 꼭 현지에 나가서 배워야 한다는 생각은 잘못이다. 나는 한국인 밀집지역인 플러싱에 살면서 10년이 지나도 영어로 의사소통조차 못하는 사람들을 많이 봤다. 반 총장이 학생 때부터 영어에 매달려 결실을 맺은 것처럼, 일상생활 속에서 또 다른 언어에 도전했던 것처럼, 여러분들도 끊임없이 외국어 공부에 도전해야 한다. 글로벌 무대가 이 글을 읽는 독자들이 도전하고 나아가야 할 지향점이기 때문이다.

41
 근면한 사람에게
'정지'란 없다

근면

> 큰 재주를 가졌다면 근면은 그 재주를 더 빛나게 해줄 것이며,
> 보통의 능력밖에 없다면 근면은 부족함을 보충해줄 것이다.
> —J. 레이놀즈

2007년 1월 2일 오전 10시 30분 유엔본부 제 1회의실. 사방이 쥐 죽은 듯이 조용했다. 반 총장과 유엔 직원 간 공식적으로 첫 만남이 이루어지는 자리였다.

선거기간 중 유엔개혁과 직원들의 기강확립을 기회 있을 때마다 강조했기 때문에 반 총장을 처음 대하는 직원들의 태도에는 뭔가 긴장한 모습이 어려 있었다.

'무슨 말씀을 할까' '폭탄선언을 하는 것은 아닐까' 뒷자리에서는 수군거리는 목소리도 들렸다. 반 총장이 문을 열고 들어섰다. 입술을 한번 지그시 깨물고 인사말을 시작했다. 중요한 발언을 하기 전에 특유의 유머와 재치로 분위기를 부드럽게 하고, 이 후에 핵심을 얘기하는 반 총장

반 총장은 상대방과 나의 의견이 다르고 마찰이 나타날 때에는 강압이 아니라 대화와 타협으로 해결하라고 역설한다. 반 총장이 원탁회의를 주재하고 있다.

특유의 언변이 여기서도 나타났다.

"방금 사회자가 '반Ban'으로 표기된 나의 이름을 '밴Ban: 영어로 금지한다는 뜻'으로 발음했는데, 나는 여러분의 행동과 모든 것을 금지하는 '밴Ban'이 아닙니다. 나는 여러분과의 건설적이고 협력적인 대화를 금지할 의도가 전혀 없으니 '반'으로 불러 주십시오."

뭔가 심각한 발표가 있을 것으로 생각하고 긴장의 고삐를 늦추지 않았던 유엔 직원들 사이에서 폭소가 터져 나왔다. 팽팽했던 첫 상견례 자리는 봄날에 얼음 녹듯 부드러운 분위기로 변했다. 분위기가 무르익자 반 총장이 본론으로 들어갔다.

"지난 수년간 불미스러운 일들로 국제사회에서 유엔의 신뢰가 크게 떨어진 만큼 이제는 신뢰회복을 위해 과감하고 건설적인 조치들을 취해 나갈 것입니다."

반 총장이 포문을 열었다. 모든 직원들이 '앗 뜨거워' 할 정도로 정곡을 치르는 말이었다.

이라크에 식량을 지원하는 과정에서 부정거래와 비리가 불거지면서 무엇보다 도덕을 중시하는 유엔의 위신이 크게 떨어졌었고, 느슨한 조직문화로 국제사회의 '철밥통'이라는 비난을 받아온 것을 익히 알고 있었던 터였다.

여러분을 뛰게 만들겠다

이어 반 총장은 내일부터 전원 8시까지 출근하라는 명령을 내렸다. 이 소식을 전해들은 유엔 사무국 직원들은 놀라움과 당혹감을 금치 못했다. 50년 이상 되는 유엔 역사에 이 같은 일이 없었고, 현재와 같이 근무하는 것이 지극히 정상적인 일로 여겨졌기 때문이다.

유엔 사무국의 한 관계자는 "반 총장이 처음에 군기를 잡으려고 힘을 주는 것 같은데 곧 원상 복귀하겠지. 직원들이 가만히 있을 리가 없을 거야"라고 투덜거렸다. 반 총장의 '8시 출근제'는 유엔본부 직원들의 생활 패턴을 완전히 개조시키는 것이었다.

유엔에서는 통상 회의가 오전 10시에 시작되기 때문에 직원들은 9시가 넘어야 출근한다. 오후 6시가 되면 일을 모두 중단하고 가방을 싸서 현관문을 나갈 정도로 '칼 퇴근'이다. 통역요원의 경우도 예외가 아니어서 국제회의가 6시를 넘어갈 경우에는 통역원에게 거의 2배의 수당을 별도로 책정해 주어야 한다.

한국 기업처럼 아침 일찍 출근해 그날의 일정과 시간표를 챙기고 형식상으로 정해진 6시 퇴근시간이 되어도 끝맺지 못한 일이 있으면 잔업을 하는 것과는 천양지차이다. 반 총장의 아침 '8시 출근제'는 천성적으로 부지런함을 달고 태어난 반 총장이 한국생활에서 고집해 왔던 것으로 대수로운 것이 아니었다.

총장 당선 뒤 인수 작업을 진행할 때에도 반 총장은 임시숙소에서 아침 7시에 나와 유엔본부를 지키고 있었다. 반 총장은 유엔 직원들을 '아침형 인간'으로 개조하는 것은 물론 물렁물렁한 조직도 개혁하고 말겠다는 굳은 의지를 천명한 것이었다.

예상대로 며칠이 지나지 않아 직원들의 항의와 탄원이 이어졌다. '왜 갑자기 바꾸느냐' '총장님만 일찍 나오면 되는 것 아니냐' '너무 가혹하다' 등 날이 갈수록 불만의 목소리는 거세졌다.

사실 유엔본부 직원들은 아침에 아이들을 학교에 데려다주고 출근하는 경우가 많다. 출근시간이 당겨지면 아이들을 학교에 보내기 위해 다른 사람에게 부탁해야 하는 불편함이 있다.

또 맨해튼 집값이 비싸 유엔본부 가까운 곳에 집을 구하지 못하고 뉴저지 등 다소 거리가 떨어진 곳에 살고 있는데 출근시간 단축으로 생활

패턴이 완전히 바뀌어야 하는 불편을 감내해야 한다.

유엔 일각에서는 반 총장이 직원들의 어려움을 받아들여 이를 철회할 것이라는 전망도 나오고 있지만, 원칙이 중요할 때는 '자기만의 원칙'을 강조하는 반 총장이 이를 받아들일지는 미지수이다.

반 총장은 뉴욕의 한국특파원들과의 모임에서 "내가 유엔 직원들을 뛰게 만들겠다I will make you run"라는 말을 자주 했다. 한국인의 근면성과 부지런함을 유엔 조직에도 심어보겠다는 굳은 의지를 나는 이미 오래 전에 알고 있었다.

변화를 거부하는 순간, 남는 것은 죽음뿐이다

반 총장의 '8시 출근경영'은 쇠락의 길을 걷고 있는 미국 자동차 산업에 빗대 보면 얼마나 중요한 메시지를 담고 있는지 알 수 있다. 시대의 흐름에 역행하며 변화와 쇄신을 거부하는 조직은 살아도 산 조직이 아니다. 자신도 모르는 사이에 숨통이 오그라든다. 반 총장이 '8시 출근경영'을 통해 유엔이라는 조직에 새로운 바람을 불어넣으려고 하는 것도 이같은 이유에서다.

다음은 2006년 4월 내가 옛날 영화로웠던 '자동차제국'의 과거를 뒤로 하고 '죽음의 도시'로 쪼그라들고 있는 미국 미시건 주의 디트로이트를 방문해 르포기사를 작성했을 때의 느낌을 적은 특파원 칼럼이다. 반 총장의 지론처럼 '변화가 없으면 곧 죽고 만다'는 가르침을 이해하는 데 큰 도움이 될 것으로 생각해 소개한다.

"도시에 생기가 없습니다. 생산과 소비와 고용이 살아나면서 미국 경제가 4~5%의 성장률을 이어가는 기쁨을 맛보고 있지만 디트로이트는 예외입니다. 따뜻한 봄볕이 내리쬐는 공원의 분수대에는 물방울 하나 없고, 직장이 없어 한가로이 어슬렁거리는 사람들만 보입니다.

디트로이트 인근에는 제너럴모터스^{GM}·포드·다임러크라이슬러 등 한때 세계 자동차 산업을 호령했던 소위 '빅3'의 본사와 공장이 있습니다. 이들 빅3는 디트로이트 경제의 대부분을 차지하고 있으며, 미시건 주 전체에서도 자동차 산업이 차지하는 비중은 20%에 달합니다.

자동차산업의 대명사였던 디트로이트의 추락은 이들 '빅3'의 몰락과 궤를 같이합니다. 2006년 4월 10~11일 제너럴모터스가 한국 자동차 부품업체 85개사를 초청해 구매전시회를 열었습니다. 경비절감과 품질향상이 지상 과제인 제너럴모터스가 경영악화를 돌파하기 위한 일환으로 한국 부품 회사들에 눈독을 들이기 시작한 것이죠.

구매총괄 부사장이 일일이 부품업체 전시장을 돌며 가격과 품질·생산규모·납품현황 등을 꼬치꼬치 캐물으며 한국 회사들을 껴안으려는 노력을 보였습니다. 제너럴모터스는 현재 강도 높은 인력 구조조정과 금융자회사 매각 등을 통해 회사갱생에 사활을 걸고 있지요. 오는 2008년까지 미국 공장 종업원 3만 명 이상을 감원하고, 11만 3,000명에 대해서는 명예퇴직을 단행하기로 하는 등 뼈아픈 자구노력을 진행하고 있습니다.

이처럼 미국 제조업의 자존심이었던 GM이 골칫덩이로 전락한 배경에는 큰 것은 결코 망하지 않는다는 '대마불사大馬不死'의 잘못된 경영의식이 자리 잡고 있었기 때문입니다. 일본과 한국 자동차 회사들이 새로운 디자인과 품질로 무장하고 추격전을 펼치는 동안 제너럴모터스는 구매자들의 변화된 소비패턴을 제대로 파악하지 못하고 구태의연한 옛날 방식을 고수했습니다.

제품 경쟁력이 떨어질 수밖에 없지요. 생산비용을 초과하는 지나치게 높은 근로자 임금과 사회복지비용도 제너럴모터스가 만성적자에 빠진 요인으로 꼽힙니다. 결국 경영진과 노조가 시대흐름을 똑바로 읽지 못한 것이 오늘날의 제너럴모터스를 만든 것이죠.

뉴욕·로스앤젤레스 등 대부분의 미국 도시들이 새로운 경제활동인력 유입으로 콧노래를 부르고 있지만, 디트로이트는 옛날의 화려했던 자태를 잃어가고 있습니다."

조직을 일으켜 세우기는 힘들지만 무너지는 것은 한순간이다. 최고의 자리에 오르는 것보다 최고의 자리를 지키는 것이 더욱 힘든 법이다. 여러분 개인도 예외일 수 없다.

제자리에 머물러 있을 때 다른 사람들은 자기계발과 혁신을 통해 여러분을 앞질러 나아간다. 제자리에 머물러 있지만 결과적으로 후퇴하고 마는 꼴이 되는 것이다. 반 총장은 여러분에게 더 뛰어야 한다고 얘기한다. 과거의 관행을 답습하다가는 한 발짝도 앞으로 나아가지 못한다. 오늘이 내 인생의 마지막 날이라는 각오로 생활한다면 꿈은 현실로 다가올 것이다.

스페셜 에디션

워렌 버핏처럼 부자되고
반기문처럼 성공하라

초판 1쇄 펴낸날 | 2011년 10월 20일
초판 3쇄 펴낸날 | 2012년 4월 3일

지은이 | 서정명
펴낸이 | 이금석
기획·편집 | 박수진
디자인 | 김현진
마케팅 | 곽순식, 김선곤
물류지원 | 현란
펴낸곳 | 도서출판 무한
등록일 | 1993년 4월 2일
등록번호 | 제3-468호
주소 | 서울 마포구 서교동 469-19
전화 | 02)322-6144
팩스 | 02)325-6143
홈페이지 | www.muhan-book.co.kr
e-mail | muhanbook7@naver.com

가격 13,500원
ISBN 978-89-5601-290-2 (03320)

잘못된 책은 교환해 드립니다.